协同治理

杭州"上城经验"

王有强 叶岚 吴国庆 著

清华大学出版社
北京

本书封面贴有清华大学出版社防伪标签,无标签者不得销售。
版权所有,侵权必究。举报:010-62782989,beiqinquan@tup.tsinghua.edu.cn。

图书在版编目(CIP)数据

协同治理: 杭州"上城经验"/王有强,叶岚,吴国庆著. —北京: 清华大学出版社,2015(2023.8重印)

ISBN 978-7-302-38049-8

Ⅰ.①协… Ⅱ.①王… ②叶… ③吴… Ⅲ.①地方政府－社会管理－研究－杭州市 Ⅳ.①D625.551

中国版本图书馆 CIP 数据核字(2014)第 219908 号

责任编辑: 周　菁
封面设计: 傅瑞学
责任校对: 宋玉莲
责任印制: 杨　艳

出版发行: 清华大学出版社
网　　址: http://www.tup.com.cn, http://www.wqbook.com
地　　址: 北京清华大学学研大厦 A 座　　邮　编: 100084
社 总 机: 010-83470000　　邮　购: 010-62786544
投稿与读者服务: 010-62776969, c-service@tup.tsinghua.edu.cn
质量反馈: 010-62772015, zhiliang@tup.tsinghua.edu.cn

印 装 者: 三河市春园印刷有限公司
经　　销: 全国新华书店
开　　本: 155mm×235mm　　印　张: 23.5　　字　数: 356 千字
版　　次: 2015 年 1 月第 1 版　　印　次: 2023 年 8 月第 6 次印刷
定　　价: 56.00 元

产品编号: 059572-01

序　言

中国共产党第十八届中央委员会第三次全体会议提出："全面深化改革的总目标是完善和发展中国特色社会主义制度，推进国家治理体系和治理能力现代化。"推进国家治理体系和治理能力现代化是加强政治、经济、文化、社会、生态文明和党的建设伟大进程的重要命题。全球化、信息化和网络化使得我国当前面临的公共治理问题更加复杂多变，这就迫切需要政府、企业和社会三界联合，协同应对。

现实中，中央和地方政府都在进行着不同层面、不同程度、不同方式的治理创新，跨部门、跨层级、跨地区、跨界别的合作日益紧密和深化。在不断进行实践创新的同时，加强相关理论研究具有十分重要的意义。尽管国内外关于治理的研究资料汗牛充栋，然而，在中国语境下对"协同治理"现象进行系统阐述和深入分析的研究目前几乎没有。

为此，在充分考虑现实社会情境复杂性和协同治理形式多样性的基础上，本书提出了"协同治理 2×2 分析框架",对协同治理过程中各个主体之间的相互关系及其互动机制进行研究。"协同治理 2×2 分析框架"包括宏观与微观两个层次:在宏观层次,主要分析政府、企业和社会组织等跨界别主体之间的结构关系和运作方式;在微观层次,主要分析相同界别的主体之间的结构关系和运作方式。运用此分析框架,本书对杭州市上城区社会管理与公共服务创新实践进行实证研究。受篇幅所限,本书重点围绕上城区的几大典型案例进行宏观层次的研究,并以政府为主体分析微观层次的结构与运作。本书应用"协同治理 2×2 分析框架"的思路和方式,适用于政治、经济、文化、社会和生态保护等不同领域,适用于其他层级政府主导实施的治理活动,也适用于分析以企业或社会组织为主体的情形。

本书致力于服务三大读者群体:政府部门工作人员、高等院校教学科研人员和社会公众。本书为政府部门工作人员提供了大量生动鲜活的案例,展现了上城区在社会管理和公共服务创新实践中的理念变迁、实际做法及其取得的成效,并对上城区协同治理的创新经验提出了规律性的总结。高等院校教学科研人员可使用本书提出的"协同治理 2×2 分析框架"以及附录 A 中的两套研究政府部门结构与运作的问卷,开展政府部门结构与运作实证研究工作。书中的社会管理服务案例为教学人员的案例教学提供了丰富的素材。本书为社会公众更好地认识政府、企业和社会的互动关系,了解政府组织运作方式,从而有效参与国家治理提供了启示。

本书的研究、写作和出版得到了相关方面的领导、学者与专业人士的指导、关心和支持。杭州市上城区委区政府以及相关部门为调研工作提供了大力支持,相关领域的学者对实证研究提出了宝贵建议,清华大学出版社为出版发行做了大量的专业性编辑工作。在此,我们一并表示崇高的敬意和衷心的感谢!

本书作者

2014 年 12 月

目　录

| 第一章 | 导论 …………………………………………… 1 |

第一节　研究背景与研究问题 …………………… 1
第二节　杭州上城区的实践探索 ………………… 5
第三节　研究设计与本书结构 …………………… 7

| 第二章 | 国家治理：理论与实践 …………………… 22 |

第一节　国家治理理论概述 ……………………… 22
第二节　当今国家治理主要趋势之一：
　　　　协同治理 ………………………………… 26
第三节　我国国家治理的实践探索：
　　　　政府机构改革 …………………………… 31
第四节　新时期我国国家治理的重点领域：
　　　　社会管理与公共服务 …………………… 52

| 第三章 | 协同治理 2×2 分析框架 ………………… 66 |

第一节　框架概述 ………………………………… 66
第二节　框架的宏观层次 ………………………… 72
第三节　框架的微观层次 ………………………… 82

第四章	上城经验：三界联合　资源共享 　　　　条块协作　制度保障 …………… 89
	第一节　"平安365"社会服务管理联动 ………… 89
	第二节　宏观层次： 　　　　协同治理的驱动、过程与结果 ……… 117
	第三节　微观层次： 　　　　政府的组织变革与精细化管理 …… 127
	第四节　小结与启示 …………………………… 138
第五章	上城经验：多元主体　功能互补 　　　　平台整合　流程优化 …………… 141
	第一节　社区建设、"湖滨晴雨"与基层党建 …… 141
	第二节　宏观层次： 　　　　政府主导作用的具体表现 ………… 171
	第三节　微观层次： 　　　　政府主导作用的间接影响 ………… 193
	第四节　小结与启示 …………………………… 194
第六章	上城经验：公私伙伴　服务外包 　　　　部门协调　考评监督 …………… 196
	第一节　居家系列服务 ………………………… 196
	第二节　宏观层次： 　　　　政府购买服务促成合作伙伴关系 … 216
	第三节　微观层次： 　　　　以协调促整合，实现部门服务整合 … 219
	第四节　小结与启示 …………………………… 220

第七章	上城经验：长期合作　相互信任　组织扁平　技术支撑 …………… 221
	第一节　城市管理智能管控平台建设 ………… 221
	第二节　宏观层次：政府与市场有效结合实现公共利益 …… 233
	第三节　微观层次：信息技术与业务流程优化 ………… 238
	第四节　小结与启示 ………… 253
第八章	上城经验总结：协同治理效果分析 ………… 254
	第一节　协同治理 2×2 分析框架分析结果 …… 254
	第二节　公务员对政府部门结构与运作的微观感知 ………… 257
	第三节　政府部门绩效：公务员感知与社区居民评价 ………… 264
	第四节　政府绩效评价：居民幸福感 ………… 297
第九章	结论：上城经验的启示 ………… 306
	第一节　构建政府、企业、社会关系新格局 ……… 306
	第二节　优化政府部门结构与运作 ………… 308
	第三节　公众舆论、国民素质与诚信文化 ……… 311
附录 A	中国政府部门结构与运作调查问卷 ………… 313
附录 B	上城区政府管理与公共服务标准化建设情况 …… 348

参考文献 …………………………………………… 356

第一章 导 论

第一节 研究背景与研究问题

治理体系和治理能力现代化是现代社会文明进步的产物,是政府、企业和社会边界不断清晰的结果。中共十八届三中全会《中共中央关于全面深化改革若干重大问题的决定》指出:"全面深化改革的总目标是完善和发展中国特色社会主义制度,推进国家治理体系和治理能力现代化"①,这是"治理能力"第一次出现在中

---

① 授权发布:中共中央关于全面深化改革若干重大问题的决定. 新华网,2013-11-15. http://news.xinhuanet.com/politics/2013-11-15/c_118164235.htm

共中央文件当中。2013年12月31日,习近平在题为《切实把思想统一到党的十八届三中全会精神上来》的文章中提出:"国家治理体系和治理能力是一个国家制度和制度执行能力的集中体现。国家治理体系是在党领导下管理国家的制度体系,包括经济、政治、文化、社会、生态文明和党的建设等各领域体制机制、法律法规安排,也就是一整套紧密相连、相互协调的国家制度;国家治理能力则是运用国家制度管理社会各方面事务的能力,包括改革发展稳定、内政外交国防、治党治国治军等各个方面。国家治理体系和治理能力是一个有机整体,相辅相成,有了好的国家治理体系才能提高治理能力,提高国家治理能力才能充分发挥国家治理体系的效能。"①

在2014年2月17日的省部级主要领导干部学习贯彻党的十八届三中全会精神全面深化改革专题研讨班上,习近平强调:"必须适应国家现代化总进程,提高党科学执政、民主执政、依法执政水平,提高国家机构履职能力,提高人民群众依法管理国家事务、经济社会文化事务、自身事务的能力,实现党、国家、社会各项事务治理制度化、规范化、程序化,不断提高运用中国特色社会主义制度有效治理国家的能力";"只有以提高党的执政能力为重点,尽快把我们各级干部、各方面管理者的思想政治素质、科学文化素质、工作本领都提高起来,尽快把党和国家机关、企事业单位、人民团体、社会组织等的工作能力都提高起来,国家治理体系才能更加有效运转";"一个国家选择什么样的治理体系,是由这个国家的历史传承、文化传统、经济社会发展水平决定的,是由这个国家的人民决定的";"推进国家治理体系和治理能力现代化,要大力培育和弘扬社会主义核心价值体系和核心价值观,加快构建充分反映中国

---

① 习近平:切实把思想统一到党的十八届三中全会精神上来.新华网,2013-12-31. http://news.xinhuanet.com/fortune/2013-12-31/c_118787463.htm

特色、民族特性、时代特征的价值体系"。①

习近平总书记的讲话精神明确了国家治理体系的三重内涵：一是国家治理体系内嵌于一个国家的历史沿袭、文化传统、民族特质、经济水平和社会基础，选择和构建国家治理体系，必须基于对本国国情的深刻了解和准确判断，不能盲目照搬国外；二是建设国家治理体系是一项涉及经济、政治、文化、社会、生态以及党和军队建设等多个领域的系统工程，需要团结党委、政府、企事业单位、人民团体、社会组织和普通公众的力量来共同实现；三是国家治理体系的核心是完备的国家制度体系，因此"法治"是国家治理体系的内在价值取向。

如何实现国家治理体系与治理能力现代化？至少包含三个方面：一是多主体共治，具体表现为党的执政能力和执政水平的提升、国家机关履职能力的提升、市场机制的合理发挥、市场主体的积极参与以及社会力量的有效激活。党的领导决定了国家的前途命运和前进方向，国家机关的履职能力决定了制度和政策的执行效果，市场和社会分别为国家治理体系和治理能力现代化提供了物质资本和社会资本，这两者都是行政资源的有益补充。二是多渠道共治，转变单纯自上而下命令、自下而上汇报的传统格局，形成自上而下、自下而上、中间铺展、水平交错的全新治理格局，为信息的有效传输和资源的高效匹配创造条件。三是以理念更新带动治理现代化，转变单纯强调秩序、控制、维稳的传统思路，提倡主动提供服务、激发社会共治以及投入、过程与结果全环节关注的现代思维，不断改进治理手段，创新治理方式。

深化行政管理体制改革是实现国家治理体系和治理能力现代化的重要方面。2007年中共十七大首次将建设服务型政府作为行政管理体制改革的目标，2012年中共十八大对坚持走中国特色

---

① 习近平：坚持制度自信不是要故步自封. 新华网，2014-02-17. http：//news.xinhuanet.com/politics/2014-02/17/c_119373758.htm

社会主义政治发展道路和推进政治体制改革作出全面部署,特别对深化行政体制改革提出明确要求。党的十八大明确了改革的具体目标,即"建设职能科学、结构优化、廉洁高效、人民满意的服务型政府",提出了实现这一目标的具体举措,包括:深化行政审批制度改革,继续简政放权,推动政府职能向创造良好发展环境、提供优质公共服务、维护社会公平正义的转变。稳步推进大部门制改革,健全部门职责体系。优化行政层级和行政区划设置,有条件的地方可探索省直接管理县(市)改革,深化乡镇行政体制改革。创新行政管理方式,提高政府公信力和执行力,推进政府绩效管理。严格控制机构编制,减少领导职数,降低行政成本。推进事业单位分类改革。完善体制改革协调机制,统筹规划和协调重大改革。①2013年11月召开的党的十八届三中全会提出"必须切实转变政府职能,深化行政体制改革,创新行政管理方式,增强政府公信力和执行力,建设法治政府和服务型政府"的要求。"转变政府职能必须深化机构改革。优化政府机构设置、职能配置、工作流程,完善决策权、执行权、监督权既相互制约又相互协调的行政运行机制。严格绩效管理,突出责任落实,确保权责一致。"

在政府、企业和社会关系不断调整与行政管理体制改革不断深化的背景下,公共管理研究者必须思考两个问题:在政府、企业和社会共建、共治、共享的治理格局下,如何更好地发挥党的领导能力和政府的主导作用?党委和政府又如何在职能转变的过程中,调整结构、优化运作,与不断变化的社会治理需求相适应?回答和解决好这两个问题,依赖于对不断涌现的中央和地方政府治理实践的深入剖析,也依赖于实践基础上的经验提升、抽象和凝练。

---

① 胡锦涛在中国共产党第十八次全国代表大会上的报告.中国日报网,2012-11-19. http://www.chinadaily.com.cn/dfpd/18da/2012-11-19/content_15942580.htm

第二节　杭州上城区的实践探索

本书采用解剖"麻雀"的形式,选择杭州市上城区作为案例分析的研究对象。所选取的典型案例必须可看、可圈、可点。可看,是指案例真实、丰富、有内涵,能够反映基层治理的生动实践;可圈,是指案例具有亮点、特色和可供借鉴、推广、普及的一般化经验;可点,是指案例能够在反映现阶段治理实践的基础上,为优化治理格局,提升治理效果提供启示、指明方向。未来,可以将更多的典型案例纳入分析对象的范畴,为国家治理体系和治理能力现代化进程中已经出现的中国治理实践提供全局布景。

上城区是杭州市的中心城区,东南面濒临钱塘江,中南部夹枕凤凰山和吴山,西面紧贴旅游胜地西湖,中部有东河和中河自南而北纵贯全区境内。这里既是吴越文化和南宋文化的发祥地,也是南宋皇城遗址的所在地。新中国成立后,这里诞生了"新中国第一个居委会"、"浙江省第一个党组织"、"浙江省第一个团组织"、"浙江省第一个铁路工人运动小组"、"浙江省第一个妇女组织"等。

经历了几千年的朝代更迭和斗转星移,上城区逐渐形成老、小、精、强的鲜明特点。全区总面积18.1平方公里,辖湖滨、小营、清波、望江、紫阳和南星6个街道,共有54个社区,户籍人口32.96万人,流动人口9.6万人,每平方公里人口密度为2万人,人均建设用地面积为48.9平方米。全区有主要道路67条,次要道路69条,背街小巷391条,沿街商铺7860余家;区域内列入杭州市保护规划的历史建筑、历史地段、历史街区超过全市的50%。上城区经济基础良好,地区生产总值年均增长率为8.5%,人均地区生产总值超过3.6万美元。2013年,全区财政总收入90.59亿元,其中,服务业对地方财政收入贡献占90%。全区人口老龄化现象严重,60周岁以上老人约占人口总数的25%。

良好的经济基础有助于满足人们的物质需求,但与之相伴随的是,上城区居民对物质生活和精神文明的需求层次也在不断提升,突出表现为:居民的利益诉求更容易被触发,对公共服务的需求更加多元,对社会管理也提出了更高要求。与此同时,上城区还面临着诸多发展限制,主要表现为老人多、老房多、空间小和资源少等。这些特定发展阶段出现的困难许多地区尚未遇到,但在上城区却已经比较突出。如何在保障经济健康发展的同时,更好地实现社会的安定、有序、和谐,是摆在上城区区委区政府和全体上城人民面前的共同挑战。经过几年的探索与实践,上城区逐渐摸索出一条治理创新之路。宏观层面上,上城区主动转变行政机关"家长式"的管理思路,疏通沟通渠道、整合市场主体、培育社会主体、鼓励公众参与,变重管理轻服务为寓管理于服务,在不少方面实现了政府、企业和社会的协同治理。微观层面上,区委领导率先作出表率,使服务型政府的理念融入部门文化,以先进技术支撑结构调整与运作优化,努力将转变政府职能落到实处。

研究以上城区"平安365"社会服务管理联动、社区建设、基层党建与"湖滨晴雨"、居家系列服务、城市管理智能管控等特色工作为切入点,分析政府、企业和社会主体在协同治理中的结构关系、连接互动以及各个主体内在的自我更新和行为选择,重点分析党委和政府如何在转变政府职能、促进协同治理、实现社会共治的过程中,进行结构与运作的调整与优化,以更好地发挥领导和主导作用。结果表明,现阶段单纯依靠行政资源的供给已经无法满足日益增长和多元变化的社会需求,要求政府通过职能转变将市场机制可以自发调节的事项还给市场,将社会组织可以自我消化的项目还给社会;政府在为市场和社会释放空间的同时,如果能够依托有效的协同关系,不仅不会出现"大乱",反而能够实现"大治",政府也可以腾出更多的资源和精力用于克难攻坚。

结合研究提出的"协同治理2×2分析框架",上城区"平安365"社会服务管理联动工作的经验可以被概括为"三界联合、资源共享,条块协作、制度保障"。社区建设、"湖滨晴雨"与基层党建从三个不同侧面共同折射出基层党组织和居民自治组织如何在"党委领导、政府主导、社会协同、公众参与、法治保障"的大格局下提升机构自主性、更好地在协同关系中发挥作用的,其实践经验可以被概括为"多元主体、功能互补,平台整合、流程优化"。居家系列服务体现了政府是如何通过经济杠杆和信任关系来撬动企业和社会组织的服务的,其工作经验可以被概括为"公私伙伴、服务外包,部门协调、考评监督"。城市管理智能管控平台建设既反映了政府与市场有效结合的良好格局,也有助于理解信息技术对政府部门内部关系网络优化的促进作用,其创新经验可以被概括为"长期合作、相互信任,组织扁平、技术支撑"。

第三节 研究设计与本书结构

一、现有研究基础

协同治理是国内乃至国际学术界的前沿。国内学术界对协同治理的研究处于初级阶段,现有文献主要以初步的理论阐述和碎片化的案例研究为主,普遍缺乏系统性的分析框架,规范的实证研究更是少见。国外学术界对协同治理的研究方兴未艾,比较有代表性的学者有阿格拉诺夫(Agranoff)、麦圭尔(McGuire)、赫克萨姆(Huxham)和奥图尔(O'Toole)等,这些研究大多关注协同关系的诱因、协同过程中的领导力、协同优势和协同惰性等。由于中国的政治体制与经济社会基础与西方国家存在较大差异,西方学者提出的协同治理理论能够为我们提供部分参考,但在不少方面需要进行本土化。

协同治理的实现依赖于政府职能的转变。党委和政府的制度优势和资源优势需要其成为从计划式管理向社会协同治理转型时期的领导力量和主导力量。本书不对党政关系加以展开,而是将其进行一般化处理,即党委决策、政府执行。在上城区的案例分析中,党委和政府的行为取向比较一致,因此这种处理不会对研究结果带来多大影响。2013年《国务院机构改革和职能转变方案》明确了职能转变的重要性,但事实上,在历次机构改革中,职能转变贯穿始终,已经不是什么新鲜事物,问题在于如何才能更好、更快地将政府职能转变到位。

政府的组织结构形态和运行管理方式既反映出政府的职能及其优先次序,也决定着政府履行职能的绩效水平,因此在分析政府、企业和社会关系的同时,对协同治理格局下政府部门自身的结构与运作进行分析,同样具有重要意义。改革开放30多年来,我国经历了6次大的机构改革,期间穿插着众多涉及多个部门的职责划分、人员划转、机构调整或管理方式转变,但许多行政管理问题仍旧突出。如现行改革对"权力上收、责任下沉"的体制性障碍缺乏有力突破、对基层政府的"共谋"行为缺乏制度约束、对行政执法人员的自由裁量权缺乏技术指导等。①②

学术界对于政府部门结构与运作的研究缺乏统一的范式。部分学者关注政府部门的分类,如徐仁璋根据设置目的和功能差异,将我国地方政府划分为地域型政府、民族区域型政府、城镇型政府和特殊型政府;③威尔逊根据产出和成果测量的难易,将政府部门划分为生产型组织、程序型组织、工艺型组织和解决型组织;④敦利威根据政府部门在预算分配中的角色重要性,划分出供给型部门、管制型部门、契约型部门和控制型部门;⑤明兹伯格则提出了

---

① 肖立辉.县委书记眼中的中央与地方关系.经济社会体制比较(双月刊),2008(4):145-157
② 周雪光.基层政府间的"共谋现象"——一个政府行为的制度逻辑.社会学研究,2008(6):1-21
③ 徐仁璋.中国地方政府的系统结构.中国行政管理,2002(8):29-31
④ 詹姆斯·威尔逊.官僚机构:政府机构的作为及其原因.北京:生活·读书·新知三联书店,2006
⑤ 帕特里克·敦利威.民主、官僚制与公共选择.北京:中国青年出版社,2004

更为抽象的五种组织结构：简单结构、机械式官僚结构、专业式官僚结构、事业部制结构和变形虫结构。①

不少研究围绕中央和地方政府机构改革展开。有学者将我国政府部门机构改革概括为三种表现形式：省管县改革、区域行政整合和大部制改革，并指出，大部制改革的内在逻辑是政府规模的适度化和政府结构的合理化。② 在优化政府结构方面，学术界提出了四种不同的见解：一是寻求管理层次和管理幅度的最佳匹配；③二是形成部门内部管理成本与部门间交易成本的平衡；④三是实现部门专业化分工的边际收益与部门间协调的边际成本对等；⑤四是构建机构精简、建制合理、分工明确、权责匹配、沟通顺畅以及组织设置弹性化的合理化结构。⑥⑦

合理的政府结构有助于提升政府绩效是学术界的普遍共识。⑧ 宋雅琴等人的实证研究发现，部门间关系通过部门制度和部门文化对部门绩效产生间接影响。⑨ 赫克萨姆（Huxham）等人的研究表明，在协同治理的议程设定过程中，参与者结构影响着协同运行机制的设计，并决定着参与者的行动能力；运行过程设计影响着结构的形态和参与者的影响力；参与者对结构和运行都会产

---

① 明兹伯格.卓有成效的组织.北京：中国人民大学出版社，2012：7
② 李和中，方国威."大部门体制"：地方政府规模与结构优化的逻辑选择.学习与实践，2009(9)：62-66
③ 李和中，高娟.地方政府结构合理化的三维透视.中国行政管理，2011，5：27-29
④ 倪星，付景涛.大部制体制：英法经验与中国视角.天津行政学院学报，2008(1)：47-52
⑤ 杨冠琼，吕丽，蔡芸.政府部门结构的影响因素与最优决定条件.中国行政管理，2008(7)：23-26
⑥ 李和中，方国威."大部门体制"：地方政府规模与结构优化的逻辑选择.学习与实践，2009(9)：62-66
⑦ 张成福，李丹婷，李昊城.政府架构与运行机制研究：经验与启示.中国行政管理，2010(2)：10-18
⑧ 张成福，李丹婷，李昊城.政府架构与运行机制研究：经验与启示.中国行政管理，2010(2)：10-18
⑨ 宋雅琴，王有强，张楠.政府绩效视角下的行政管理体制改革战略反思——基于地方政府公务员的感知调查.公共管理学报，2012(4)：1-10

生影响。① 单纯关注结构因素有时也会陷入改革悖论,如怀斯曼(Witesman)等人比较了集权政府结构与分权政府结构对腐败监督和政策技能训练效果的影响,结果发现,尽管训练的目标是实现分权结构下的民主化,但集权政府结构下的训练成效更为明显。②

相比于结构,理论界对于政府运作的研究大多关注于某个具体环节或领域。张成福等人认为,人力资源、财政支持、信息技术和法治保障是促进政府高效运作的保障性措施。③ 陈世香等人通过因子分析发现,尽管无法排除公务员追求个人利益最大化的动机,但公共性价值取向、公共性利益因素、机关外部动力因素和制度因素已经成为保障政府执行能力的动力来源。④ 谭海波通过个案研究,分析了某行政服务中心"名实分离"的内在原因。⑤

国内外学者的研究为认识政府部门结构与运作提供了诸多启发和思考。首先,政府部门结构与运作长期受到国内外学者的普遍关注,主要表现为学术界对机构改革与中央和地方关系等问题的重视;其次,从理论界对政府部门结构与运作的分析中,可以提炼出一些共性的分析维度,如权力配置、职责划分以及机制设计等,以待进行深入挖掘;最后,运用先进研究方法开展实证研究的

---

① Huxham, Chris, and Siv Vangen. Leadership in the Shaping and Implementation of Collaboration Agendas: How Things Happen in a (Not Quite) Joined-up Word. The Academy of Management Journal, Vol. 43, No. 6 (2000): 1159-1175

② Witesman, Eva M., and Charles R. Wise. The Centralization/Decentralization Paradox in Civil Service Reform: How Government Structure Affects Democratic Training of Civil Servants. Public Administration Review, Vol. 69, No. 1 (2009): 116-127

③ 张成福,李丹婷,李昊城.政府架构与运行机制研究:经验与启示.中国行政管理,2010(2):10-18

④ 陈世香,王志华.中国政府执行行为动力机制构成的实证分析——以湖北省为例.公共管理学报,2011(2):34-42

⑤ 谭海波.地方政府服务机构的运作机制及其逻辑——广东省J市行政服务中心的个案考察(1997—2011).公共管理学报,2012(4):39-54

过程值得借鉴和普及。但学术界对于政府结构的研究大多停留在形态阐述层面,对其内涵和实质的研究比较少见;对于政府运作的研究相对零散,主要聚焦于局部领域或局部环节,尚未形成能够反映政府运作总体情况的分析框架;此外,有关机构改革或地方政府创新绩效的研究也不太多见。针对政府部门结构与运作的实证研究尤其值得提倡。

二、研究设计:数据来源与采集过程

(一)总体情况

现有国内外理论研究结果显示,无论是协同治理还是政府部门的结构与运作研究,都没有现成的分析工具可以使用。本书的研究设计包括两个主要部分:质性研究与定量分析。其中,质性研究的素材有四个来源:互联网信息、公开出版发行书籍、访谈记录及被访谈者提供给的辅助资料(如政策文件、领导讲话、工作总结和宣传资料等)。质性研究通过半结构化访谈采集数据,根据特色工作亲历者的讲述,还原事实,服务于案例分析;同时,通过深入观察、文件资料收集等,搜集了从不同方面反映协同治理效果的信息,并对访谈材料进行三角验证①,以确认用于案例分析的素材真实可靠。定量分析主要通过问卷调查的方式采集数据,对政府部门结构与运作状况以及公务员对政府部门绩效的感知进行测量,为分析政府部门结构调整与运作优化的绩效表现提供素材。

(二)半结构化访谈

访谈工作于2013年6月进行,研究者共对上城区14个政府部门共18名相关负责人员开展半结构化深度访谈(表1-1),被访谈者均要求熟悉部门工作整体情况,并直接参与过与本部门相关的特色工作。

---

① 三角验证是指将文献分析、深度访谈和参与式观察等多渠道获得的信息进行相互对照,来评判数据的有效性。

表 1-1 上城区政府部门访谈情况

编号	访谈部门	访谈对象	访谈收获				访谈日期	访谈时长
			创新工作	常规工作	信息佐证	资料提供		
1	大管家服务社	负责人	+++		+	++	2013-06-04	9:30～10:50
2	质监分局	某科长	++	++	+		2013-06-05	9:30～12:00
3	区编委办	某科长		+++	+		2013-06-05	2:30～4:00
4	区民政局	某副局长（A）	+++			++	2013-06-05	4:00～5:30
5	区人社局	某副局长 某主任	+	+++		++	2013-06-06	9:30～11:45
6	区城管局	某副局长（A） 某副局长（B）	+++	++	+	+++	2013-06-06	2:30～4:30
7	南星街道	党工委书记	++	+++			2013-06-07	9:30～12:30
8	区委办公室	某书记秘书	+++		++	++	2013-06-07	2:45～4:00
9	区委组织部	某主任	++			+	2013-06-07	4:30～5:30
10	湖滨街道	党工委书记	+++				2013-06-08	9:00～11:30
11	区民政局	某副局长（B）	+++	+		+++	2013-06-08	2:30～4:30
12	清波街道	党工委某委员 某所所长	++				2013-06-09	9:30～11:00
13	区考评办	某科长	++	++	+	+++	2013-06-09	2:30～4:00
14	紫阳街道	某副书记（A） 某副书记（B）	++			++	2013-06-13	10:00～11:30

注："＋"越多，表示从访谈中获得的该项数据的质量和数量的综合情况越好。

访谈重点围绕上城区在社会管理和公共服务方面推出的特色工作展开，结合政府部门结构与运作的分析框架设计提纲，并根据各个部门的具体工作特点，有针对性地增减问题。访谈工作共形成原始记录约 15 万字，在此过程中，被访谈者也为研究者提供了宣传视频和其他辅助性书面材料。《上城区社会管理和公共服务特色工作访谈提纲》如下：

上城区社会管理和公共服务特色工作访谈提纲

（1）您部门在社会管理方面最突出的特色亮点工作是什么？请对该特色亮点工作的启动背景、时间、发展过程、组织架构、运行机制、人员配备、财政水平、技术依托及该项工作的功能等进行介绍，并提供相关文字和视频资料（无视频材料的不需要提供）。

（2）启动和推进该项特色亮点工作的过程中，区委区政府给予了哪些直接或间接的支持？请具体说明支持的时间、方式（政策、制度、财政、场所、人事等）和力度。对此，您部门的评价和建议是什么？

除来自区委区政府的支持外，启动和推进该项特色亮点工作，还有赖于哪些内外部条件？请逐项列举并说明原因。

（3）在启动和推进该项特色亮点工作的过程中，与您部门业务往来最密切的三个（或多个）部门是哪些？

请按不同部门逐一说明：①您部门与这三个（或多个）部门主要进行哪些方面的业务往来？②业务往来的频率如何？③业务往来顺畅吗？若部门间业务往来顺畅，请说明保障业务往来顺畅的机制是什么；若不顺畅，请说明原因。

（4）您部门、区委区政府领导和民众（当直接利益相关的民众和周围其他民众评价不一致时，请分别说明）评价这项特色工作的指标分别有哪些（如接待人次数、办结率等客观指标，满意度、口碑等主观指标，以及其他绩效考评指标等；视不同工作而定）？请按照不同主体、结合评价指标分别说明评价结果。

您部门觉得不同主体的评价都能反映您部门特色工作的真实效果吗？请说明理由。如果现有评价方式无法全面、公正地反映您部门的工作效果，请说明您部门对改进评价方式的建议以及改进的难度。

（5）为更好地推进该项特色亮点工作，您部门现阶段遇到的困难或挑战有哪些？哪些地方还可以改进、完善或优化？您部门认为包括区委区政府在内的哪些内外部条件发生怎样的变化，才能使您部门更加出色地完成该项工作？

访谈记录以及访谈对象提供的内部文件、视频材料和其他文字宣传材料,帮助研究者全面、细致地了解了上城区在社会管理和公共服务方面的特色工作,为后续的案例研究积累了宝贵的第一手资料。

(三) 问卷发放与回收

研究过程中共使用了两套问卷,分别面向社区居民和政府部门公务员发放。问卷中的所有题目均采用五度李克特量表的形式,居民问卷分为基本需求和政府绩效两部分,共30题;政府问卷分为结构、运作和绩效三部分,共45题。附录A专门对问卷的设计过程进行了详细说明。研究的难点之一是问卷的有效发放和回收。研究政府部门的结构和运作,意味着问卷需面向多个部门发放,才能形成统计意义,这一要求明显增加了问卷发放的难度。

根据政府部门的职责分工,一般可以请办公室协助问卷发放的联络工作,但具体操作中,可能会出现三种情形:一是办公室通过行政指令的方式布置问卷发放和回收工作,即要求相关单位在指定时间内按照指定份数回收问卷;这种形式通常可以较好地保证问卷回收的时间,但问卷填写者容易将问卷调查视为上级布置下来的一项工作任务来完成,因此在填写过程中可能会因为顾虑而隐藏真实想法。二是办公室工作人员与研究者一同前往被调查者所在部门,现场发放和回收问卷,由于研究者能够直接从现场回收问卷并进行封装,较好地保障了问卷的匿名性,因此采用这种方式,能够尽可能地消除被调查者隐藏真实想法的动机;但其弊端在于一旦问卷数量较多,会占用办公室工作人员大量的工作时间和精力,影响其正常工作。三是可以通过办公室发放通知,将不同部门的公务员召集起来统一填写问卷,并由研究者进行现场指导,但其可行性受问卷发放数量、场地安排、物理距离、交通状况、时间协调等诸多因素的影响,实施起来有一定难度。此外,不同被调查者填写问卷的速度有快有慢,不排除被调查者因担心自己动作慢而草率填写的情形,这同样会影响数据的质量。因此,在问卷发放时,必须综合考虑政府部门公务员的工作忙闲情况、发放难易程度、部门间的空间距离、部门的配合程度、在编公务员规模等多方面因素,选择最适合该政府部门的问卷发放和回收方式。

研究者于2013年5月至6月面向杭州市上城区进行抽样调查和问卷发放回收工作。首先,从上城区问卷发放的基础条件来看,不利因素包括调查对象的分布相对分散、政府部门业务比较繁忙、部门正式在编人员规模较小、部门领导班子工作紧张等。有利因素包括公务员工作执行力强、电子政务系统发达、部门间能够通过互联网取得实时联系。基于上述特点,研究者对上城区政府部门和社区居民的问卷调查工作进行了周密设计,具体如下:

一是将问卷发放与访谈工作相结合,避免多次打扰同一个政府部门。由区委分管常委交办、区委办公室牵头,召集需要接受访谈的十几个部门参加调研协调会,研究者在协调会上向各个部门说明调研背景、问卷填写要求和访谈安排等事项,并向各个部门发放问卷样卷(供各部门自行复印)和填写说明等材料。

二是未被要求出席会议但需要填写问卷的部门,由区委办通过邮件形式向相关部门的办公室发放问卷电子版,由各部门办公室按要求打印、发放、回收问卷,密封后在指定时间之前送至区委办。

三是居民问卷由出席会议的全部6个街道带回,复印后交各个社区随机抽取10位居民填写问卷;全部完成后密封交至区委办。

四是区委办回收的所有问卷,由研究者统一拆分、登记、检查、整理和带回。本着对被调查者负责的态度,区委办工作人员不接触已经填写的问卷,只根据研究者整理的情况,对未按时上交问卷的部门进行催交。

问卷发放和回收工作持续近三周,各部门和街道社区均能在指定时间内回收问卷,密封后通过区委办转交给研究者。问卷发放和回收整体情况比较顺利。

三、问卷统计分析[①]

政府问卷面向政府部门领导班子成员、中层干部和普通干部发放,采用分层随机抽样方法,累计发放政府问卷475份,回收问卷425份,问卷回收率89.5%,有效问卷415份,有效问卷占发放问卷和回收问卷的比率分别为87.4%和97.6%,详见表1-2。

表1-2 政府问卷基本统计信息

统计项		人数/人	比率/%	统计项		人数/人	比率/%
性别	男	185	44.6	行政级别	县处级	58	14.0
	女	226	54.5		乡科级	66	15.9
年龄	20~29周岁	103	24.8		非领导职务	208	50.1
	30~39周岁	142	34.2	教育程度	博士	2	0.5
	40~49周岁	119	28.7		硕士	48	11.6
	50~59周岁	48	11.6		本科	273	65.8
基层工作	0~5年	148	35.7		大专	77	18.6
	6~10年	101	24.3		中专	4	1.0
	11~20年	90	21.7		高中	9	2.2
	21~30年	36	8.7		初中及以下	1	0.2
	31年以上	6	1.4	职业资格	社会工作师	40	9.6
负责人	是	140	33.7		助理社会工作师	61	14.7
	否	252	60.7		均无	300	72.3

注:若比率之和不为100%,表明该部分存在漏填的情况。

表1-2为政府问卷的基本统计信息,在填写政府问卷的被调查者中,男性占44.6%,女性占54.5%;20~29周岁的占24.8%,30~39周岁的占34.2%,40~49周岁的占28.7%,50~59周岁的占11.6%;基层工作经验在5年及以下的占35.7%,6~10年占24.3%,11~20年的占21.7%,21~30年的占8.7%,31年及以

---

① 相关研究发表于:叶岚,王有强.城市区级政府部门结构与运作——基于S区社会管理领域公务员调查的实证研究.公共管理学报,2014(10):7-17

上的占1.4%;拥有硕士或博士学历的占12.1%,拥有本科学历的占65.8%,拥有大专及以下学历的占22%。其中,33.7%的被调查者为部门负责人,14%的被调查者为县处级干部,15.9%的被调查者为乡科级干部,9.6%的被调查者为社会工作师,14.7%的被调查者为助理社会工作师。

居民问卷面向上城区54个社区的普通居民发放,按照每个社区10份的数量进行分层随机抽样,累计发放问卷540份,回收问卷520份,有效问卷508份,问卷回收率96.3%,有效问卷占发放问卷和回收问卷的比率分别为94.1%和97.7%,有效问卷覆盖全部54个社区,详见表1-3。

表1-3 居民问卷基本统计信息

统 计 项		人数/人	比率/%	统 计 项		人数/人	比率/%
性别	男	183	36.0	年龄	18~29周岁	89	17.5
	女	322	63.4		30~39周岁	84	16.5
婚姻状况	已婚	423	83.3		40~49周岁	132	26.0
	未婚	69	13.6		50~59周岁	90	17.7
	离异	11	2.2		60周岁以上	111	21.9
	丧偶	2	0.4	身体	良好	274	53.9
就业情况	已退休	143	28.1		一般	206	40.6
	在工作	357	70.3		较差	13	2.6
	没工作	3	0.6	教育程度	博士	2	0.4
	在上学	4	0.8		硕士	10	2.0
居住时间	10年以下	92	18.1		本科	143	28.1
	10年(含)至30年	187	36.8		大专	111	21.9
	30年(含)以上	221	43.5		中专	34	6.7
	出生至今	158	31.1		高中	93	18.3
户籍	上城	417	82.1		初中及以下	113	22.2
	其他	87	17.1	家庭年收入	1万元及以下	59	11.6
家庭人口	独居	18	3.5		1万~5(含)万元	241	47.4
	2人	107	21.1		5万~10(含)万元	150	29.5
	3人	273	53.7		10万~20(含)万元	40	7.9
	4人及以上	102	20.1		20万元以上	11	2.2

注:若比率之和不为100%,表明该部分存在漏填的情况。

表1-3为居民问卷的基本统计信息,在填写居民问卷的被调查者中,男性占36%,女性占63.4%;18~29周岁的占17.5%,30~39周岁的占16.5%,40~49周岁的占26%,50~59周岁的占17.7%,60周岁及以上占21.9%;其中,80%以上的被调查者户籍所在地为上城区,18.1%的被调查者在上城区居住时间不足10年,36.8%的被调查者在上城区居住10~30年,43.5%的被调查者在上城区居住30年以上,31.1%的被调查者从出生至今一直居住在上城区。28.1%的被调查者已经退休,70.3%的被调查者尚在工作。被调查者中,本科及以上学历占30.5%,大专学历占21.9%;绝大部分被调查者认为自己的身体状况一般或良好。家庭收入方面,约10%的被调查者家庭年收入在10万元以上,29.5%的被调查者家庭年收入在5万~10万元之间,约60%的家庭年收入在5万元以下。

从表1-2和表1-3中不难发现,大部分被调查者完整填写了个人基本信息,被调查者的性别、年龄分布比较均匀,样本较好地覆盖了不同受教育程度、不同工作年限和不同行政级别的人群,具有统计意义。

信度①是效度②的前提,信度系数越高,表明测试结果的一致性、稳定性和可靠性越好。克伦巴赫α系数③反映了各测试题目的内部一致性。问卷中,分工、协作、制衡、制度、技术和文化均有5个反映型测量指标,服务、责任、法治、廉洁和效能各有3个反映型测量指标。如表1-4所示,除分工和技术的克伦巴赫α系数为0.872和0.836外,其余均在0.9以上,综合考虑,认为测试结果的内部一致性程度可以被接受。

---

① 信度是指采取相同方法重复测量同一对象时,所得结果的一致性。
② 效度是指测量工具能够准确测出所需测量的事物的程度。
③ 克伦巴赫α系数依据一定公式估量测量的内部一致性,是目前社会研究最常用的信度指标。

表 1-4　克伦巴赫 α 系数

维度	构　　念
结构	分工(0.872) 协作(0.923) 制衡(0.915)
运作	制度(0.923) 技术(0.836) 文化(0.931)
绩效	服务(0.905) 责任(0.923) 法治(0.908) 廉洁(0.923) 效能(0.909)

效度是指测量结果的准确程度,运用验证性因子分析测量问卷的构念效度,结果如表 1-5 所示。测量模型各维度的标准化参数估计值在 0.001 的显著性水平下均显著不为零,标准化后的因子载荷最低为 0.678,最高为 0.937,绝大部分因子载荷都在 0.7 和 0.8 以上,测量指标与构念之间总体上相关程度较高,认为问卷的构念效度能够被接受。综合上述描述性统计分析与问卷信度和效度检验结果,问卷具有统计意义。

表 1-5　验证性因子分析与正态性检验

构念	测量指标	因子载荷	标准差
分工	分工合理	0.770	—
	分工明确	0.755	0.056
	资源充足	0.710	0.060
	边界清晰	0.742	0.055
	牵头明确	0.803	0.055
协作	协调机制	0.825	—
	合作过程	0.883	0.046
	建立合作	0.879	0.048
	积极配合	0.841	0.053
	组织协调	0.791	0.056
制衡	纪律	0.784	—
	规则	0.844	0.052
	财务	0.823	0.055
	人事	0.846	0.063
	决策	0.842	0.060

续表

构念	测量指标	因子载荷	标准差
技术	工作标准	0.678	—
	技术需求	0.707	0.093
	信息收集	0.740	0.087
	工作交流	0.750	0.089
	数据管理	0.700	0.073
制度	日常管理	0.806	—
	人事考评	0.851	0.058
	财务管理	0.836	0.053
	决策过程	0.848	0.061
	责任追究	0.864	0.058
文化	工作积极性	0.890	—
	同事关系	0.852	0.036
	社会口碑	0.849	0.039
	工作认同	0.813	0.046
	工作认真	0.868	0.038
服务	关注民情	0.793	—
	公共服务精神	0.912	0.048
	维护民众利益	0.937	0.047
责任	责任意识	0.915	—
	不回避问题	0.865	0.040
	实事求是	0.913	0.036
法治	依法行政	0.894	—
	熟悉法律法规	0.887	0.038
	运用法律法规	0.839	0.040

续表

构念	测量指标	因子载荷	标准差
廉洁	廉洁奉公	0.885	—
	不铺张浪费	0.921	0.037
	公私分明	0.887	0.041
效能	履职状况	0.884	—
	有效的绩效引导	0.870	0.044
	质量和效率并重	0.876	0.040

注：测量指标为问题的简化表达，并非原始问题。"—"对应的指标为参照指标。

四、本书章节安排

本书共分为九章，第一章为全书导论，在提出研究背景和研究问题的基础上，对上城区的实践探索进行简要介绍，并对研究方法和研究设计加以具体说明。第二章回顾了国家治理的理论与实践，内容包含国家治理、协同治理、政府机构改革和国家治理的重点领域。第三章在充分考虑现实社会情境复杂性和协同治理形式多样性的基础上，结合国内外学术界对政府、企业、社会互动关系、政府部门结构与运作的研究，提出了"协同治理2×2分析框架"，并对分析框架的应用方式加以说明。第四章至第七章为案例分析部分，运用"协同治理2×2分析框架"，对上城区"平安365"社会服务管理联动、社区建设、"湖滨晴雨"、基层党建、居家系列服务和城市管理智能管控平台建设等特色工作进行宏观与微观层次的分析，针对不同案例的特点，总结提炼经验和启示。第八章结合案例分析结果、公务员主观感知、社区居民评价和居民幸福感，对上城区协同治理的效果进行总结归纳与分析评价。第九章为全书结论部分，分别从政府、企业、社会关系，政府部门结构与运作，公众舆论和人文环境等方面提炼上城经验的启示和意义。

第二章　国家治理：理论与实践

第一节　国家治理理论概述

　　国外关于国家治理的研究起步较早，国内的相关理论文献在进入 21 世纪之后才开始陆续增多。治理的概念五花八门，有学者将全球范围内学术界常见的治理概念划分为六个维度，并总结出治理的五种角度；这六个维度分别为作为公司治理的概念、作为新公共管理的概念、作为善治的概念、作为社会控制系统的概念、作为自我组织网络的概念以及作为最小国家的概念；治理的五种角度为来自而非超越政府的制度体系和执行者、明确处理社会经济问题边界和责任的模糊性、明确卷入集体行动中机构间的权利依赖、关于参与者网络的自治以及识别新工具和新能力以解决问题。①1997年世界银行发展报告《变革中的政府》指出,寻求"善治"的政府只需做好"政府擅长的事"。换言之,政府的职能和权力范围是有限的,政府需通过厘清"能做什么"以及"不能做什么"来明确"应该做什么"。②但研究表明,新自由主义模式、人类发展模式和发展人权模式话语体系下的善治在善治目标、善治重点、支持者、核心要素、政府作用、市场作用和公民社会作用等方面存在差异。③

国家治理体系和治理能力现代化得到学术界的普遍关注。竹立家认为,现代化的国家治理体系包含三个方面:一是国家权力体系现代化;二是依法治国体系现代化;三是民主治理体系现代化。国家权力体系现代化表现为政府职能的现代化,即政府的限权、放权和分权,政府应当合理划分职能边界,正确处理好政府间关系,适当向社会组织让渡权力;依法治国体系现代化是指建立立法公正、执法公正和司法公正的现代法治体系;民主治理体系现代化表现为让人民参与改革全过程,让改革价值和改革目标与人民群众的愿望和要求相适应;他认为,让人民监督权力,才能实现公权力的公共性,才能实现干部清正、政府清廉、政治清明,才能形成科学有效的协调机制。④

张贤明认为,制度建构能力、科学发展能力和改革创新能力是国家治理能力现代化的重要表现;制度构建能力包括发展完善民主政治制度和社会主义法治以及优化制度体系内部结构;科学发

---

① 臧雷振.治理类型的多样性演化与比较——求索国家治理逻辑.公共管理学报,2011,(10):40-49
② 世界银行.1997年世界银行发展报告:变革中的政府.北京:中国财政经济出版社,1997
③ 臧雷振.治理类型的多样性演化与比较——求索国家治理逻辑.公共管理学报,2011,(10):40-49
④ 竹立家.着力推进国家治理现代化.中央党政干部论坛,2013,(12):9-11

展能力包括推动经济、政治、社会、文化、生态文明建设和党的建设全面发展,促进人的全面发展;改革创新能力包括深化改革的能力以及理论创新、制度创新和实践创新的能力。①

美国加州大学的迈克尔·曼(Michael Mann)教授将政治权力划分为专断性权力与建制性权力,专断性权力反映出国家强制力,决策过程自上而下进行,决策迅速,但国家和社会之前缺乏互动;建制性权力强调决策过程中的社会协商,决策需尽可能征得社会同意以寻求社会支持。有学者认为,国家治理能力建设的关键就是提升国家的建制性权力。②

在衡量国家治理能力方面,联合国亚太经济与社会委员会(UNESCAP)提出有效国家治理的八项举措,包括保证公民参与、落实法治、强调公共决策的共识导向、实现所有公民的政治平等、提高透明度、强化责任政府与问责制、改善政府对公民需求的回应性以及提升政府效能与行政效率等。世界银行提出世界治理指数(World Governance Indicators,WGI),包括公民表达与政府问责、政治稳定与低暴力、政府效能、管制质量、法治以及控制腐败6个方面。

在不同国情背景和经济社会发展阶段下,国家治理结构的特征会显示出明显差异。臧雷振从治理兴起的理论与现实背景、倡导者、分析单位与时空视界、假设前提、理论实践、成效标准与理念设计、国家作用、意识形态价值观、话语体系、制度层面影响和技术层面影响11个方面系统分析了善治、全球治理、多层次治理、互动治理、元治理和智性治理6种治理特征。③ 徐湘林认为,国家治理能力在转型危机中受到了冲击,因而引发了制度改革;市场化和民主化与经济社会转型互为因果,经济社会转型引发了国家治理层

---

① 张贤明.推进国家治理能力现代化.人民日报,2014-01-05,第005版
② 包刚升."国家治理"的新思路.南风窗,2013-11-17
③ 臧雷振.治理类型的多样性演化与比较——求索国家治理逻辑.公共管理学报,2011(10):40-49

面不同程度的危机,进而推动国家治理体制的改革和转型。① 杨雪冬指出,国家中心治理结构存在结构性失效、制度性失效和政策性失效三大问题;结构性失效表现为国家治理能力软弱以及国家、社会、市场关系不平衡,制度性失效表现为制度真空、执行不力以及制度设计不符合实际情况,政府性失效集中体现为相对静态的政策与政策作用对象的动态变化不相适应;他认为,治理结构改革的最低标准是增强国家的民主、法治、透明、责任以及回应性,实现国家内部治理的有序化;改革的最高标准是转变单一中心为多中心治理,发挥公民社会和市场在各自领域的中心作用。②

不少学者对特定领域的国家治理进行了专项研究。郭劲光将国家治理体系划分为价值层和技术层,价值层体现治理主体的价值追求和治理目标,技术层为实现治理目标提供内在支持;他认为,加强公民回应性是提升国家审计这项技术方法的重要途径,并提出涵盖民生审计部门制度和领导力、民生经济活动和民生审计的互动参与三个维度的民生审计公民回应性指标测评体系。③ 朱武雄分析了转型期公民社会在公共安全治理中的表现,转型期社会具有自足的经济制度与市场制度并存、威权主义观念与民主观念并存、自由主义西化派与保守派并存、传统家庭制度与现代社会组织并存、制度设计与制度实践背离、传统社会与现代社会交叠的特点;他认为,我国公共安全治理领域的公民社会发展表现出三方面经验:依托社区力量、运用互联网和移动终端以及发挥各类非营利组织的作用。④ 彭芬兰认为,尽管跨国社会组织更关注公正、

---

① 徐湘林.中国的转型危机与国家治理:历史比较的视角.复旦政治学评论(第九辑),2011
② 杨雪冬.全球化、治理失效与社会安全.中国人民大学学报,2004(2):17-24
③ 郭劲光.国家治理框架下民生审计的公民回应性及其指标测度.宏观经济研究,2013(7):32-38
④ 朱武雄.转型社会的公共安全治理——从公民社会的维度分析.东北大学学报,2010(9):415-419

人权和环保等问题,但其发展和影响受到各国价值观与社会治理传统的差异,国际间、国家层面和国内问题的交织,以及国家间经济发展的不平衡三方面因素的深刻影响。①

综括上述理论界对提升国家治理水平的相关研究,需要特别指出以下三点:首先,提升国家治理水平需依托完善的制度体系加以规范和引导。其次,提升国家治理水平要求政府、企业和社会主体之间的相互协调和协同作用。最后,国家治理水平的提升是一个具有阶段性特征的动态过程。

第二节　当今国家治理主要趋势之一:协同治理

随着政府部门跨边界活动的不断涌现,协同治理(Collaborative Governance)正在成为从传统官僚制范式向后官僚制范式转型过程中公共部门的一项重要的战略性活动。② 西方学者对协同治理中参与者的自主性,信息、资源和能力交互的重要性,协同的跨边界性以及公共机构的主导性给予了不同程度的关注。如汤姆森(Thomson)认为,协同是拥有自主性的行动者通过正式或非正式谈判相互影响,共同制定规则、确定彼此之间的关系结构以及就共同关心的话题进行决策和行动,并在此过程中共同受益;③布赖森(Bryson)、克罗斯比(Crosby)和斯通(Stone)认为,协同治理是两个或两个以上部门通过信息共享、资源互动、能力互

---

① 彭芬兰.全球市民社会的内在困境分析.中南林业科技大学学报(社会科学版),2009(3):31-33
② 罗伯特·阿格拉诺夫,迈克尔·麦圭尔.协作性公共管理:地方政府新战略.北京:北京大学出版社,2007
③ Thomson, Ann M. Collaboration: Meaning and Measurement, Ph. D. diss., Indiana University-Bloomington, 2001

补和共同行动来实现单一部门无法达成的目标;①艾默生(Emerson)认为,人们为了实现公共目标,不得不跨越公共组织、政府层级以及政府、企业和社会的边界,来共同制定和管理公共政策时所形成的关系结构及其运行过程;②安塞尔(Ansell)和盖什(Gash)认为,协同治理是公共机构为了制定或执行公共政策或管理公共项目和资产,吸纳非官方利益相关者参与正式、一致同意和审慎的集体决策过程的一系列制度安排。相比于较为广义的协同治理概念,这两位学者的概念以公共部门主导为出发点,在概念的使用上具有6个限制条件:一是协同治理的过程必须涵盖所有的利益相关者;二是协同治理过程必须要求参与者进行双向交流和多边探讨;三是所有参与者都直接参与决策;四是协同关系是具有特定结构的正式关系;五是协同治理应当基于共识形成决策;六是协同治理的目标是制定公共政策、解决公共问题。③通过这些定义,我们可以更好地识别协同活动,理解协同治理的内涵与外延。

国外学者认为,无论是在联邦主义还是政府间关系的实践活动中,协同治理的踪迹都随处可见。资源依赖理论、政府间管理理论和网络化治理理论被认为是协同治理的三大理论基础。④这些研究主要围绕协同治理的主体、驱动和维系因素、协同结果以及协同网络结构等几方面展开。这几方面包括:一是协同治理的主

---

① Bryson, John M., Barbara C. Crosby, and Melissa M. Stone. The Design and Implementation of Cross-Sector Collaborations: Propositions from the Literature. Public Administration Review, Special Issue, Vol. 66(2006): 44-55

② Emerson, Kirk, Tina Nabatchi, and Stephen Balogy. An Integrative Framework for Collaborative Governance. Journal of Public Administration Research and Theory, Vol. 22, No. 1 (2011): 1-30

③ Ansell, Chris, and Alison Gash. Collaborative Governance in Theory and Practice. Journal of Public Administration Research and Theory, Vol. 18(2007): 543-571

④ 刘亚平. 协作性公共管理:现状与前景. 武汉大学学报(哲学社会科学版), 2010(7): 574-582

体。协同治理的主体包括领导者和参与者,领导者的权威来自权力、资源与合法性三个方面,并作用于参与者、协同过程和协同事项;①领导者与参与者之间不存在命令与服从的关系,领导者更多地发挥助推和协调作用;②参与者通常包含决策者,利益相关者和社会公众,后两者直接参与决策而不只是提供政策咨询。③ 二是协同治理的驱动和维系因素。这些因素包括外部环境、关键诱因、共同的动机、权力和资源的相对不平衡性、各协同主体之间的相互依赖性、领导力水平和联合行动能力等,一些因素是协同治理的初始条件,另一些因素则贯穿协同治理的全过程④⑤。其中,制度和信任是更深层次的决定性因素;制度赋予协同治理过程以原则性的条款和规范,信任关系能够克服参与者之前的不愉快经历,减少领导者对强制性规则的依赖,提升参与质量并维持参与的可持续性。⑥⑦⑧ 三是协同结果。协同治理之所以被认为是一项战略性活

---

① Purdy,Jill M. A Framework for Assessing Power in Collaborative Governance Processes. Public Administration Review,Vol. 72(2012):409-417

② 罗伯特·阿格拉诺夫,迈克尔·麦圭尔. 协作性公共管理:地方政府新战略. 北京:北京大学出版社,2007

③ Ansell,Chris,and Alison Gash. Collaborative Governance in Theory and Practice. Journal of Public Administration Research and Theory,Vol. 18(2007):543-571

④ Ansell,Chris,and Alison Gash. Collaborative Governance in Theory and Practice. Journal of Public Administration Research and Theory,Vol. 18(2007):543-571

⑤ Emerson,Kirk,Tina Nabatchi,and Stephen Balogy. An Integrative Framework for Collaborative Governance. Journal of Public Administration Research and Theory,Vol. 22,No. 1 (2011):1-30

⑥ Huxham,Chris. Theorizing Collaboration Practice. Public Management Review,Vol. 5,No. 3 (2003):401-423

⑦ Ansell,Chris,and Alison Gash. Collaborative Governance in Theory and Practice. Journal of Public Administration Research and Theory,Vol. 18(2007):543-571

⑧ Emerson,Kirk,Tina Nabatchi,and Stephen Balogy. An Integrative Framework for Collaborative Governance. Journal of Public Administration Research and Theory,Vol. 22,No. 1 (2011):1-30

动,是因为人们能够从协同中获得任何主体单独无法实现的目标,即协同优势;当然,协同治理的结果也可能是微弱的产出或走向失败。① 四是协同网络结构。如根据协同治理活动范围划分的信息网络、发展网络、拓展网络和行动网络以及根据协同治理的功能差异划分的服务供给网络、信息发布网络、问题解决型网络和社区能力建设网络等。②③

国内学术界对我国公共管理实践中协同治理现象的存在性普遍持肯定态度,但相比于国外学术界,规范性研究出现较晚,实证研究刚刚起步。我国学术界论述协同治理的文献几乎都出现于2000年之后,根据研究内容,大致可以划分为协同机会识别、协同主体的态度和意愿、协同关系的形成条件和维持机制、协同治理体系的特征以及协同治理的价值等几个方面。④⑤⑥⑦⑧⑨ 该领域的实证研究直到2010年前后才开始显现,如常敏对杭州西泠印社的多元组织协同治理的研究,麻宝斌等人对吉林汪清县社区管理改革

---

① Huxham, Chris. Theorizing Collaboration Practice. Public Management Review,Vol. 5,No. 3(2003):401-423
② Agranoff, Robert. Inside Collaborative Networks: Ten Lessons for Public Managers. Public Administration Review,Special Issue, Vol. 66(2006):56-65
③ Brinton, Milward H., and Keith G. Provan. A Manager's Guide to Choosing and Using Collaborative Networks. Washington, DC: IBM Center for the Business of Government,2006
④ 张立荣,冷向明.协同学语境下的公共危机管理模式创新探讨.中国行政管理,2007(10):100-104
⑤ 陶国根.论社会管理的社会协同机制模型构建.四川行政学院学报,2008(3):21-25
⑥ 郑巧,肖文涛.协同治理:服务型政府的治道逻辑.中国行政管理,2008(7):48-53
⑦ 李辉,任晓春.善治视野下的协同治理研究.科学与管理,2010(6):55-58
⑧ 桑玉成.官民协同治理视角下当代中国社会管理的创新与发展.山东大学学报(哲学社会科学版),2011(3):1-6
⑨ 刘伟忠.协同治理的价值及其挑战.江苏行政学院学报,2012(5):113-117

的研究、郁建兴等人对杭州市社区社会组织的研究。①②③ 其中,在市场监管、灾害救援和社会管理三个领域,有关协同治理的探讨最为广泛。市场监管领域的协同治理主体包括:政府、行业协会等自律组织、消费者组织和公民;④灾害救援过程中的协同治理主体包括:政府、非政府组织、企业、家庭和公民个人;⑤社会管理的协同治理主体包括:党委和政府、各类企事业单位、社会组织、人民团体和基层群众组织等。⑥⑦ 这三个领域的学者们都认为,在当前的环境下,政府应当承担起"同辈中的长者"的角色⑧,在协同治理中发挥主导作用。⑨ 从中可以发现,在容易出现市场失灵、政府失灵和社会失灵的领域,协同治理可以成为一种有效的战略性解决方案。

---

① 常敏.社会治理中的多元组织协同机制研究——基于杭州的实证分析.浙江学刊,2009(3):220-224

② 麻宝斌,任晓春.政府与社会的协同治理之路——以汪清县城市社区管理改革为个案.吉林大学社会科学学报,2011(11):132-139

③ 郁建兴,金蕾.社区社会组织在社会管理中的协同作用——以杭州市为例.经济社会体制比较,2012(7):157-168

④ 钱冰,刘熙瑞.构建以政府为核心多元主体共同参与的市场监管网络.中国行政管理,2007(8):48-51

⑤ 张立荣,何水.公共危机协同治理:理论分析与中国关怀——社会资本理论的视角.理论与改革,2008(2):37-40

⑥ 孙秀艳.社会协同的内涵解析与路径选择.中共福建省委党校学报,2011(10):76-82

⑦ 丁元竹.加强社会协同,进一步完善社会管理格局.学习时报,2013-08-01

⑧ 俞可平.治理与善治.北京:社会科学文献出版社,2000

⑨ 钱冰,刘熙瑞(2007)在《构建以政府为核心多元主体共同参与的市场监管网络》文章中提出:"对市场的监督治理应以政府为核心,政府协同各监管主体并同时对其他主体进行监管,最终形成政府、自律组织以及公民等多个监督主体共同协调运作的格局。"张立荣、何水(2008)在《公共危机协同治理:理论分析与中国关怀——社会资本理论的视角》文章中提出:"在公共危机治理机制中,政府毫无疑问占有主导地位,但公共危机不仅是对政府能力的挑战,更是对全社会整体能力的综合考验。"郁建兴、任泽涛(2012)在《当代中国社会建设中的协同治理——一个分析框架》文章中指出,社会协同治理机制是"政府出于治理需要,通过发挥主导作用,构建制度化的沟通渠道和参与平台,加强对社会的支持培育,并与社会一起发挥社会在自主治理、参与服务、协同管理等方面的作用"。

第三节 我国国家治理的实践探索：政府机构改革

中共十一届三中全会以来，我国共经历了六次政府机构改革（表2-1），第七次改革也于2013年拉开帷幕。历次改革面临的环境、问题以及改革的成效不尽相同，但后一次改革往往是在前一次改革的基础上继续推进，六次机构改革作为一个整体，在顺应时代背景、优化行政管理体制方面发挥了重要作用。

表2-1　1978年至2008年以来我国六次政府机构改革梳理

时间	特色	成效
1982年	主要解决政府机构臃肿、人浮于事、效率低下等问题	1. 国务院工作部门（包括部委、直属机构和办事机构）由100个精简至61个，人员编制从5.1万人减少为3万人 2. 解决了领导干部终身制的问题。建立了干部退休制度，使一大批老干部退出了一线。规定省部级干部正职65岁退休，副职60岁退休 3. 按照革命化、年轻化、知识化、专业化的干部"四化"方针，选拔了一大批年轻的领导干部充实到各级领导岗位，各级领导班子干部的职数也基本实现了规范化的要求
1988年	开始适应市场经济建设需要来设计和实施政府机构改革。开始突破只注重数量增减、单一的组织结构调整的局限，关注转变政府职能这一行政体制改革的关键因素	精简了与计划经济相关的9个经济部门，转为国家经贸委下属的局。国务院部委从45个精简为41个，直属机构从22个减为19个，非常设机构从75个减为44个，机构人员编制实际减少19.2%

续表

时间	特色	成效
1993年	提出了建立适应社会主义市场经济发展的行政管理体制,任务是精简机构、进一步转变职能、理顺关系、提高效率,重点是转变政府职能,加强宏观调控和监督部门	1992年中国正式确立建设市场经济,但受计划经济及其工作惯性影响,政府职能不能马上转变到位,因此本次机构精简成效不显著
1998年	力度最大的一次政府机构改革,主要任务是按照社会主义市场经济的要求,转变政府职能,进行国有企业所有制改革	精简了很多与计划经济相关的经济部门,国务院组成部门由40个减少到29个,移交给企业、地方、社会中介机构和行业自律组织的职能超过200项
2003年	明确提出政府职能应集中于经济调节、市场监管、社会管理和公共服务四个方面	机构变动不大,主要为进一步转变政府职能,调整机构设置,理顺部门职责,完善与市场经济相适应的行政管理体制奠定组织基础
2008年	转变政府职能,理顺部门职责关系,探索实行职能有机统一的大部门体制,加强社会管理和公共服务职责	合理配置宏观调控部门职能,加强能源环境管理机构,整合完善工业和信息化、交通运输行业管理体制,加强与整合社会管理和公共服务部门

资料来源:张攀峰.我国行政管理体制改革历程的思考.陕西广播电视大学学报,2009(3):57-59

一、1982年改革

(一)背景

以农村土地承包责任制和城市工业改革为代表的改革开放经过几年的实践至1982年已经取得了显著成果。在农村,农民的生产积极性被极大地调动起来;在城市,多元化的经济形势开始出现。随着市场的活跃,原有的计划经济体制逐步瓦解,与旧经济体制相配套的行政体制也遭到冲击。由于新的行政体制尚未建立,以经济建设为中心的一系列新政策不得不依托计划经济时期遗留的体制来执行。于是出现了这样的现象:一方面新政策的市场导向性客观上要求管理体制有更多的灵活性和自主性;另一方面旧体制又以其传统的管理功能和管理手段阻碍了新政策的实施。

(二) 发起

1982年开始的机构改革是在邓小平同志的支持下进行的。1982年1月11日至13日,中共中央政治局召开会议讨论中央机构精简问题。会上,邓小平发表题为《精简机构是一场革命》的讲话,指出:"如果不搞这场革命,让党和国家的组织继续目前这样机构臃肿重叠、职责不清,许多人员不称职、不负责,工作缺乏精力、知识和效率的状况,这是不可能得到人民赞同的。"他同时指出,精简机构"不是对人的革命,而是对体制的革命。""如果不进行这场革命,不论党和政府的整个方针、政策怎样正确,工作怎样有成绩,我们却只能眼睁睁地看着党和政府的机构这样地缺少朝气、缺少效率,正确的方针、政策不能充分贯彻,工作不能得到更大的成绩。"①此次会议后,五届全国人大常委会第二十二次会议于1982年3月8日通过了关于国务院机构改革问题的决议。

1982年的机构改革由国家经济体制改革委员会(简称国家体改委)统筹进行,作为事实上的决策中枢,国家体改委主要承担理论创新、总体方案设计、各方利益协调和组织开展试点四项任务。② 国家体改委的前身是成立于1980年5月的国务院体制改革办公室(简称国务院体改办),其背景是1978年改革开放后,"迫切需要一个高层机构来规划和协调改革全局"。国务院体改办第一任主任是当时的国务院秘书长杜星恒。但是,国务院体改办仅仅是一个办事机构,无法协调各个部门推动改革措施的具体落实。为解决国务院体改办的权威问题,1982年5月,五届全国人大决定设立国家体改委,除1987—1988年间由李铁映③担任主任外,国家体改委从设立至1990年8月,一直由国务院总理兼任主任。

---

① 邓小平文选(第2卷).北京:人民出版社,1994:396-397
② 杜亮.体改委沉浮.中国企业家,2003(3)
③ 时任中央政治局委员,电子工业部部长。

(三) 目标

1981年,国务院共有100个工作部门,达到新中国成立之后的最高峰。臃肿的管理机构无法适应改革开放和经济社会发展的现实需要。针对这些问题,邓小平提出,改革的目标"首先是党政要分开,解决党如何善于领导的问题。这是关键,要放在第一个。第二个内容是权力要下放,解决中央与地方的关系,同时地方各级也有一个权力下放问题。第三个内容是精简机构,这和权力下放有关。"①精简机构的主要目的是为了解决十年"文革"造成的干部队伍严重老化、机构臃肿以及领导职务终身制等历史遗留问题。

(四) 内容

1982年的机构改革是"文革"后第一次规模较大、目的性较强的机构改革,主要内容包括:第一,改革不适应新的经济政策的旧体制。具体措施是改革国务院领导体制,设置国务院常务会议,国务院副总理由13人减为2人。1982年12月五届全国人大五次会议通过《国务院组织法》,该法将机构改革的权力授予了国务院,但要求机构改革方案获得全国人大批准。《国务院组织法》规定,设立国务院常务会议,由国务院总理、副总理、国务委员、国务院秘书长组成。此外,遵循行政管理的规律,减少各级领导干部职数,规定部委副职数2~4人。同时废除领导干部职务终身制,建立离退休制度。在此基础上规定部长任职年龄一般不超过65岁,副部长和司局长一般不超过60岁。第二,进行既有行政机构的大精简。国务院工作机构总数由原来的100个减少到61个,国务院部委由52个裁并为42个,直属机构由43个裁并为15个,办公机构由5个裁并为3个。第三,在精简机构的同时相应对人员进行精简。国务院各部门人员编制从原来的5.1万人减为3万人。

---

① 邓小平文选(第3卷).北京:人民出版社,1994:177

地方的机构改革起始于1982年12月地方组织法的修订,①在1983年全面展开,上半年在省、自治区、直辖市一级进行,下半年在县级进行,到1984年春基本完成。地方改革的指导思想与中央政府的机构改革基本相同,在经济发达地区,将省辖中等城市周围的地委、行署与市委、市政府合并,由市管理县、管理企业。一些不发达的地区,仍保留了地委和行署。②

（五）效果

1982年机构改革力度较大,效果比较明显,起到了由机构改革调整到领导体制和管理制度改革的先导作用。③ 其中最显著的成果是按照干部队伍"四化"方针(革命化、年轻化、知识化、专业化)减少了副职,建立了正常的干部离退休制度。未解决的问题主要是政未减、权未放、政企职责未分、政府的管理职能未真正转变。但是,作为改革的"试水",此轮改革的思想和措施总体上起到了示范作用,也在一定程度上为之后的行政体制改革指引了方向。

二、1988年改革

（一）背景

1988年机构改革的直接原因是国务院机构自身建设的要求,深层次原因则是经济体制和政治体制改革的要求。在1982年机构改革之后的5年内,国务院又增设了多个机构,至1987年底,机构总数达到72个,此外还增设了一些部委归口管理机构、非常设机构和事业单位等,地方增设机构的现象比中央更为严重。

（二）发起

1987年中共十三大报告在政治体制改革部分中提出要"改革政府工作机构",建议国务院立即着手制定改革中央政府机构的方

---

① 1982年12月10日五届全国人大五次会议通过了《关于修改〈中华人民共和国地方各级人民代表大会和地方各级人民政府组织法〉的若干规定的决议》,对1979年制定的地方组织法做了第一次修正。

② 金太军.行政改革与行政发展.南京:南京师范大学出版社,2003

③ 张立荣.中外行政制度比较.北京:商务印书馆,2002

案,提请七届全国人大一次会议审查批准后付诸实施。1988年4月9日,七届全国人大一次会议通过了《国务院机构改革方案(1988)》,决定进行改革开放后第二次大规模的机构改革,此轮改革仍由国家体改委统筹。1990年9月,陈锦华接替当时的国务院总理李鹏担任国家体改委主任,总理兼主任的惯例被打破,但国家体改委的地位没有改变,仍与国家计委、国家经委同处政府组成序列的最高一层:宏观调控部门之列。①

（三）目标

中共十三大报告将此次机构改革的理念阐述为精简、统一、效能。改革的主要目的在于解决政府机构庞大臃肿、层次过多、职责不清、互相扯皮等诱发官僚主义的深层原因。该目标被进一步分解为转变政府职能、行政精简、加强行政立法。在政府职能方面,改革矛头直指政企不分。当时的国务委员宋平在七届全国人大一次会议上表示,"由于经济体制改革全面展开,现有机构的弊端愈益突出,主要表现在:政企不分,结构不合理,在职能上微观管的过多、宏观调控不力;政府工作人员的素质和结构不适应经济的、法律的间接管理方式等。"

（四）内容

根据中共十三大报告内容,1988年的机构改革主要包括转变政府职能、机构调整、下放权力、搞好配套改革、加强行政立法等五方面内容。

一是转变政府职能。中共十三大报告提出,为了避免重走过去"精简—膨胀—再精简—再膨胀"的老路,这次改革必须抓住转变职能这个关键,实现手段则是政企分开。以此为指导,撤销石油部、组建中国石油天然气总公司,撤销核工业部、组建中国核工业总公司,标志着国家干预从微观经济领域的撤离。

二是机构调整。要按照经济体制改革和政企分开的要求,合并裁减专业管理部门和综合部门内部的专业机构,使政府对企业

---

① 杜亮.体改委沉浮.中国企业家,2003(3)

由直接管理为主转向间接管理为主。要从机构配置的科学性和整体性出发,适当加强决策咨询和调节、监督、审计、信息部门,转变综合部门的工作方式,提高政府对宏观经济活动的调节控制能力。要贯彻精简、统一、效能原则,清理整顿所有行政性公司和近几年升格的机构,撤销因人设事的机构,裁减人浮于事的人员。① 通过改革,国务院部委由原有的 45 个减为 41 个,直属机构从 22 个减为 19 个,非常设机构从 75 个减到 44 个。

三是下放权力。主要是向企业和基层下放权力,逐步理顺政府同企事业单位和人民团体之间的关系、政府各部门之间的关系以及中央政府同地方政府的关系。

四是搞好配套改革。在改革政府机构的同时,推进干部人事制度改革,抓紧建立和逐步实施公务员制度,开办行政学院,培养行政管理人才。②

五是加强行政立法。为了巩固机构改革的成果并使行政管理走上法治化的道路,必须加强行政立法,为行政活动提供基本的规范和程序。在此指导思想之下,1989 年七届全国人大二次会议通过《中华人民共和国行政诉讼法》,该法的通过是中国行政法制建设中的一件大事。

(五)效果

1988 年的机构改革同样是自上而下、先中央后地方、由政府主导的自我完善性改革。改革首次提出"转变政府职能",重点针对与经济体制改革密切相关的经济管理部门。改革中,各部、委结合本部门情况拟订了定职能、定机构、定人员编制的"三定"实施方案。"三定"方案的出台,为推行国家公务员制度进行了先期探索。

改革只在部分地区进行了试点,并未在地方政府全面推行,一些改革举措未能实施,如十三大报告提出的完善行政组织法,制定行政机关编制法,制定预算法、监察法等在此轮政府机构改革期间

---

① 参见中共十三大报告第五部分(三)。
② 李文良.中国政府职能转变报告.北京:中国发展出版社,2002

并未完成。

三、1993 年改革

（一）背景

1993 年的行政体制改革是在经济体制改革取得重大理论突破的背景下进行的，即 1992 年邓小平的"南巡"谈话以及中共十四大提出的建立社会主义市场经济体制的经济体制改革目标。

1993 年宪法修正案将《宪法》第十五条"国家在社会主义公有制基础上实行计划经济。国家通过经济计划的综合平衡和市场调节的辅助作用，保证国民经济按比例地协调发展"修改为"国家实行社会主义市场经济"、"国家加强经济立法，完善宏观调控"，标志着中国社会主义市场经济体制的正式确立。1993 年的机构改革主要是为了回应经济体制改革的这次重大调整。时任国务院秘书长罗干表示："这次机构改革和以往机构改革的不同，就是把适应社会主义市场经济发展的要求作为改革的目标。"

（二）发起

1992 年中共十四大报告在"90 年代改革建设的主要任务"中指出加快政府职能转变的根本途径是政企分开，并"下决心进行行政管理体制和机构改革，切实做到转变职能、理顺关系、精兵简政、提高效率"①。据此，国务院于 1993 年 3 月向八届全国人大一次会议提交了《国务院机构改革方案》，并获得了通过。这次改革的统筹机关仍是国家体改委。

（三）目标

根据中共十四大精神，本次改革的核心任务是按照政企职责分开和精简、统一、效能的原则，建立起具有中国特色的、适应建立社会主义市场经济体制的行政管理体制。改革的重点是转变政府职能。

---

① 参见中共十四大报告第二部分。

（四）内容

调整职能配置。各部门在"三定"过程中，对本部门原有的职能进行分析、分解，并在"三定"方案中规定可以下放的职能和需要调整的职能，作为改革的基础。通过"三定"方案，弱化了政府机构计划经济体制下形成的分钱、分物、批指标、立项目等具体的审批职能，同时强化了宏观管理、执法监督和社会管理等职能。

精简机构和人员。根据方案改革后，国务院组成部门设置41个，加上直属机构、办事机构18个，共59个，比原有的86个减少27个，人员减少20%。其中撤销能源部、机械电子工业部、航空航天工业部、轻工业部、纺织工业部、商业部、物资部等7个部，新组建国家经济贸易委员会、电力工业部、煤炭工业部、机械工业部、电子工业部、国内贸易部，更名1个（对外经济贸易部），保留34个部、委、行、署。改革后的综合经济部门中保留国家计委、财政部、中国人民银行等部门。专业经济部门的改革分为三类：改为经济实体的有航空航天工业部，航空航天工业部撤销后，分别组建航空工业总公司、航天工业总公司。改为行业总会的有轻工业部、纺织工业部，这两部撤销后，分别组建中国轻工总会、中国纺织总会。保留或新设置的行政部门包括：对外经济贸易部更名为对外贸易经济合作部；撤销能源部，分别组建电力工业部、煤炭工业部；同时撤销中国统配煤矿总公司；撤销机械电子工业部，分别组建机械工业部、电子工业部，同时撤销中国电子工业总公司；撤销商业部、物资部，组建国内贸易部。

1993年4月19日，国务院决定，将国务院的直属机构调整为13个，办事机构调整为5个。国务院不再设置部委归口管理的国家局，国务院直属事业单位调整为8个。①

事业单位改革。1993年国务院《关于事业单位机构改革若干问题的意见》，明确了改革总体思路与主要任务。1993年工资改

---

① 1993年机构改革方案.新华网，http://news.xinhuanet.com/zhengfu/2003-03/06/content_761178.htm

革首次把事业单位工资制度从政府财政机关工资制度中分离出来,建立适合不同类型事业单位特点的工资制度。1996年中办、国办印发的《中央机构编制委员会关于事业单位改革若干问题的意见》,提出推进事业单位社会化。

建立公务员制度。从1993年起开始推行国家公务员制度。1994年出台《国家公务员暂行条例》,初步建立起以职位分类为基础的公务员制度。

继续推进行政立法。自1988年中共十三大报告提出行政立法的框架后,本次改革期间,与行政改革有关的多项法律得以通过,如1994年八届全国人大常委会第二次会议通过《中华人民共和国预算法》、第九次会议通过《中华人民共和国审计法》、《中华人民共和国国家赔偿法》,1996年3月17日第八届全国人大四次会议通过《中华人民共和国行政处罚法》,1997年国务院通过《国务院机构设置和编制管理条例》,1997年八届全国人大常委会第二十五次会议通过《中华人民共和国行政监察法》,基本建立起行政法制的框架。

(五)效果

直观上来看,本次改革中国务院所属部委只减少了1个,直属机构和办理机构虽然减少11个,但其中部分划归党中央机关管理,部分划归部委管理,部分改为行政性的直属事业单位,也就是说这些机构基本上保留着,且继续行使其原来职能。① 所以总体上,改革没有处理好机构精简和职能转变之间的关系,在实现核心目标方面成效并不显著。但是这次改革为1998年改革打下了基础。

四、1998年改革

(一)背景

1998年的机构改革具有历史转折意义。经过20年的经济高

---

① 张立荣.中外行政制度比较.北京:商务印书馆,2002

速增长，我国粗放经济的能量已经基本释放完毕。随着我国在市场经济的基础上全面推行可持续发展战略，随着我国社会生活的丰富化、多元化，我国旧的政府管理模式与新的市场经济、新的社会生活之间的深层次的矛盾已经浮现并日趋尖锐化。① 这一时期改革面临的问题主要包括：政企不分，政府直接干预企业的生产经营活动，不能形成科学决策的投资体制，容易造成责任不清和决策失误，难以发挥市场在资源配置中的基础作用；主要依靠行政手段管理经济和社会事务，许多本来应该运用法律手段，或者通过社会中介组织来解决的问题，也是通过设立政府机构管理，把过多的社会责任和事务矛盾集中在政府身上；现有政府机构重叠庞大、人浮于事的现象严重。这不仅滋生文牍主义和官僚主义，助长了贪污腐败和不正之风，也给国家财政造成了沉重负担。②

（二）发起

1997年中共十五大报告首次在党的文件中使用了"行政体制改革"一词。1998年九届全国人大一次会议审议通过了国务院提出的《关于国务院机构改革方案的决定》。

在此次改革中，国家体改委被撤销，改设为国务院体改办，人员由原先的200多人压缩为不到90人，国家体改委从此退出国务院内阁系列；同时成立一个虚设的国家体改委，作为国务院议事机构，主任由总理兼任，部长任委员。1998年机构改革后，国务院体改办并入国家计委，同时国家计委更名为国家发展计划委员会。国家发展计划委员会自1998年起开始成为包括行政体制改革在内的各项改革的统筹机关，其具体负责的司为经济体制改革综合司，人员最初多来自原有的国务院体改办。

（三）目标

本次改革的目标是：建立办事高效、运转协调、行为规范的政

---

① 张国庆.1998年中国政府机构改革的若干理论问题——大背景、新特点、主要难点、前提条件.中国行政管理，1998(12)

② 罗干.关于国务院机构改革方案的说明.人民日报，1998-03-06

府行政管理体系,完善国家公务员制度,建设高素质的专业化行政管理队伍,逐步建立适应社会主义市场经济体制的有中国特色的政府行政管理体制。改革的原则是:按照社会主义市场经济的要求,转变政府职能,实现政企分开;按照精简、统一、效能的原则,调整政府组织结构,实行精兵简政;按照权责一致的原则,调整政府部门的职责权限,明确划分部门之间职责分工,完善行政运行机制;按照依法治国、依法行政的要求,加强行政体系的法制建设。①

(四)内容

一是中央机构调整。此次机构改革直指前两轮改革都未能根治的顽症——政企不分,将9个专业经济部门一次性撤销或降格。1998年3月10日,九届全国人大一次会议审议通过了《国务院机构改革方案》。根据改革方案,国务院不再保留的有15个部、委,将原国防科工委管理国防工业的职能、国家计委国防司的职能以及各军工总公司承担的政府职能,统归新组建的国防科学技术工业委员会管理。此外,更名3个部、委,新组建4个部、委,改革后除国务院办公厅外,国务院组成部门由原有的40个减少到29个。

二是地方机构改革。在国务院机构改革后,党中央各部门和其他国家机关及群众团体的机构改革陆续展开。1998年下半年开始研讨地方政府机构改革问题,并提出了改革方案。1998年底,中央政治局讨论并原则同意《关于地方政府机构改革的意见》,1999年初下发各地贯彻执行,省级党委和政府的机构改革分别展开;2000年,市县乡机构改革全面启动。截至2002年6月,经过4年半的机构改革,全国各级党政群机关共精简行政编制115万名。②

三是事业单位改革。1998年国务院颁布实施的《事业单位登

---

① 九届全国人大一次会议关于国务院机构改革方案的决定. http://www.china.com.cn/law/flfg/txt/2006-08/08/content_7064480.htm

② 王雷鸣,沈路涛,邹声文. 1982—2003 五次大规模的机构改革. 人民网,2003-03-06. http://www.people.com.cn/GB/shizheng/252/10434/10435/20030306/937651.html

记管理暂行条例》将事业单位定义为"国家为了社会公益目的"设立的"社会服务组织","由国家机关举办或者其他组织利用国有资产举办"。由此,开始探索"政事分开"。

四是行政法制建设。中共十五大报告与机构改革方案都强调了要加强行政法制建设,实现国家机构组织、职能、编制、工作程序的法定化。在这一方针指导下,国务院完善了行政法规、规章制定程序,出台了《行政法规制定程序条例》、《行政规章制定程序条例》。但编制、职能领域依据的仍是"三定方案"。

（五）效果

这次改革理论上的亮点是提出了"行政体制改革"的概念,比1993年提出的"行政管理体制和机构改革"概念内涵更为丰富,视野更为开阔。这表明对机构改革的认识和实践,已经从以往简单地撤并和增减,拓展到行政体制、政府职能、管理机构、人员编制、运行机制相结合的综合配套改革,无论从内容还是从范围来说,都是以往几次改革所无法比拟的。① 并且,此次改革第一次提出了政府的公共服务职能,直接体现了政府行政理念的丰富化,体现了政府职能的进一步转变,即由直接管企业、管生产和分钱、分物转变到宏观调控、社会管理和公共服务方面来。此次改革的另一创新举措是建立了稽查特派员制度。

在解决"政企不分"方面,1998年改革使各部委以及各级政府部门、军警与所办企业脱钩。在机构、人员精简方面,本次改革的力度和效果也属空前。据中央编制委员会办公室的统计,5年间全国各级党政群机关行政编制共精简115万名,国务院组成部门由40个减少到29个,各级地方政府机构都有大幅缩减。中央政府的改革基本达到了改革方案的要求。国务院人员精简幅度,在新中国成立以来的历次国务院机构改革中是最大的。在省级政府机构设置方面,第一次明确省级政府机构分为组成部门和直属机

---

① 白钢,史卫民.中国公共政策分析(2001年卷).北京:中国社会科学出版社,2001:35

构,组成部门一般设置 25 个左右。除中央政府独有的外交、国防、铁道、中国人民银行外,省级政府组成部门的机构设置与国务院组成部门基本对口;直属机构 15 个左右,除一些事权比较单一的机构外,还包括一些地方因地制宜设置的机构。全部撤销了工业、商业、物资等专业经济管理部门。在机构综合设置方面进行了有益的探索,如一些地方将文化、广播影视和体育机构合设,将内贸、外贸机构合设,不断走向大文化和大贸易。①

尽管 1998 年的改革影响深远,成效显著,但仍属过渡性质,如时任国务院秘书长罗干所言,"社会主义市场经济体制正在建立过程中,按完善的市场经济的要求改革政府机构,实现一步到位是难以做到的。"此次改革后最突出的一点,是"裁员后遗症"的蔓延——自中央部委到省级一些单位,机构改革结束后,人手不够,不得不从下属单位借人帮助工作。有学者认为这一情况的出现表明政府职能尚未转变到位,政府仍在"越位"管理很多不该管也管不好的事,在非经济领域,政府部门间仍存在权责不清或管得过多过细的情况。

五、2003 年改革

(一)背景

2003 年行政体制改革的触发条件包括两个方面:一是自身发展的要求。1998 年的精兵简政为完成职能转变提供了组织保证,但政府机构中越位、缺位、错位现象仍然存在,政府和市场、政府和企业的关系没有理顺,需要进一步深化改革。二是加入世贸组织的外部环境。2003 年 3 月 6 日,国务委员兼国务院秘书长王忠禹向十届全国人大一次会议作了国务院机构改革方案的说明,"随着经济体制改革的深入和加入世界贸易组织新形势的发展,现行政府机构还存在着一些不适应的问题,必须通过深化改革加以解决"。自身发展要求政府从无限政府(全能政府)向有限政府转变,

---

① 张立荣.中外行政制度比较.北京:商务印书馆,2002

外部环境要求政府从有限政府向有效政府转变,要求政府不仅知道做什么,还要知道怎么做才是最好。① 因此,这次行政改革除了如以往几次需要精简机构外,主要的任务还在于通过职能转变达到提高行政效能的目的。

（二）发起

中共十六大报告提出要"深化行政管理体制改革",根据这一部署,2003年3月10日,中共十六届二中全会审议通过了《关于深化行政管理体制和机构改革的意见》,依据机构改革方案,国务院确定了七项机构改革任务,主管机关是国家发展和改革委员会（由国家发展计划委员会更名而成）。

（三）目标

中共十六大报告将改革的目标确定为:进一步转变政府职能,改进管理方式,推行电子政务,提高行政效率,降低行政成本,形成行为规范、运转协调、公正透明、廉洁高效的行政管理体制。依法规范中央与地方的职能权限,正确处理中央垂直管理部门和地方政府的关系。按照精简、统一、效能的原则,继续推进政府机构改革。按照政事分开原则,改革事业单位管理体制。

（四）内容

一是转变政府职能。从改革的内容看,重点是进一步转变政府职能,尤其是经济管理方面的职能,以便为市场经济的发展提供组织保障。

二是机构调整。机构调整以转变政府职能为基础进行,包括:深化国有资产管理体制改革,设立国务院国有资产监督管理委员会;完善宏观调控体系,将国家发展计划委员会改组为国家发展和改革委员会,并入国务院体改办的职能;健全金融监管体制,设立中国银行业监督管理委员会;继续推进流通管理体制改革,组建商务部;加强食品安全和安全生产监管体制建设,在国家药品监督管

---

① 政府机构改革:换汤又换药. http://www.people.com.cn/GB/guandian/183/6103/6104/20030318/946373.html

理局基础上组建国家食品药品监督管理局,仍作为国务院直属机构;将国家计划生育委员会更名为国家人口和计划生育委员会,加强人口发展战略研究,推动人口与计划生育工作的综合协调;不再保留国家经济贸易委员会、对外贸易经济合作部。改革后除国务院办公厅外,国务院由28个部门组成。

三是事业单位改革。根据政事分开的原则,中央编办于2006年发布了《关于事业单位分类及相关改革的试点方案》(征求意见稿),根据现有事业单位的社会功能,将其划分为承担行政职能、从事公益服务和从事生产经营活动三个大类。这一分类与浙江、深圳等地的试点做法差不多。征求意见稿还将从事公益服务的事业单位,再划分为三个类别:不能或不宜由市场配置资源的,所需经费由同级财政予以保障,不得开展经营活动,不得收取服务费用;可部分实现由市场配置资源的,所需经费由财政按照不同方式给予不同程度的投入,鼓励社会力量投入;可实现由市场配置资源的,实行经费自理,财政通过政府购买服务方式给予相应的经费补助,具备条件的,应逐步转为企业,今后这类单位主要由社会力量举办。①

四是行政法制建设。本次改革中,从1996年开始酝酿的行政审批制改革取得成效,2003年十届全国人大常委会第四次会议通过了《中华人民共和国行政许可法》;公务员制度改革也提上立法议程,2005年十届全国人大常委会第十五次会议通过《中华人民共和国公务员法》;2006年鉴于以前审计制度存在的问题,十届全国人大常委会第十八次会议通过《中华人民共和国审计法》的修订,从四个方面完善了审计监督机制;②为推进编制的法制化,2007年中央编办、监察部出台了《机构编制监督检查工作暂行规定》。

---

① 中国事业单位改革,亟待回归公共服务本色."瞭望"新闻周刊,2007(2)
② 审计法修改涉及四个方面. http://www.economicdaily.com.cn/no16/newsmore/200510/26/t20051026_91932.shtml

（五）效果

整体来看，本次机构改革的关键成果在于政府职能的转变。在机构数量上，与 1998 年改革的大动作相比，这次改革只减少了一个部门，基本未精简人员。①

在构建新的职能体系上，本次改革取得了实质性进展，在建立责任政府、效率政府上迈出了一大步，主要表现为：政府经济职能更加集中；政府组织结构更为优化；政府行为更加协调规范；部门分割状态得到改善。② 从依法行政的角度看，2003 年改革所涉及的国有资产管理和金融监管职能的调整，都遵循了法律先行的原则。为使银监会成立后正常履行监督职能，国务院提议并审议通过了《关于中国银行业监督管理委员会履行原由中国人民银行履行的监督管理职责的决定》；为使国有资产管理体制改革依法进行，国务院颁发了《企业国有资产监督管理暂行条例》。③ 这两个文件成为金融监管和国有资产管理体制改革的法律依据。最为重要的是，2004 年 7 月 1 日开始生效的《行政许可法》，标志着我国的行政审批制度改革有了基本的法律依据。当然，在实际操作中可能面临的部门协调分工的复杂问题仍有很多需要探索和总结经验的难点有待攻克。

六、2008 年改革

（一）背景

经过 30 年的改革开放和快速发展，我国已进入全面建设小康社会新的发展阶段。时任国务委员兼国务院秘书长华建敏在 2008 年机构改革的报告中分析了开展新一轮行政体制改革的迫切性。

---

① 国务院机构改革 20 问 20 答.新华网
② 政府机构改革：换汤又换药. http://www.people.com.cn/GB/guandian/183/6103/6104/20030318/946373.html
③ 刘杰.中国政治发展进程(2004 年).北京：时事出版社,2004

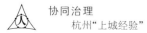

当时,我国正处于全面建设小康社会新的历史起点,改革开放进入关键时期。面对新形势新任务,行政管理体制仍然存在一些不相适应的方面。政府职能转变还不到位,对微观经济运行干预过多,社会管理和公共服务仍比较薄弱;部门职责交叉、权责脱节和效率不高的问题仍比较突出;政府机构设置不尽合理,行政运行和管理制度不够健全;对行政权力的监督制约机制还不完善,滥用职权、以权谋私、贪污腐败等现象仍然存在。这些问题直接影响政府全面正确履行职能,在一定程度上制约经济社会发展。因此,深化行政管理体制改革势在必行。

行政管理体制改革是政治体制改革的重要内容,是上层建筑适应经济基础客观规律的必然要求,贯穿我国改革开放和社会主义现代化建设的全过程。必须通过深化改革,进一步消除体制性障碍,切实解决经济社会发展中的突出矛盾和问题,推动科学发展,促进社会和谐,更好地维护人民群众的利益。

(二) 发起

2007年中共十七大明确提出了要加快推进行政管理体制改革、加快制定行政管理体制改革总体方案的要求。2008年中共十七届二中全会讨论通过了《关于深化行政管理体制改革的意见》(以下简称《意见》)和《国务院机构改革方案》。《意见》对行政管理体制改革的指导思想、基本原则、总体目标和主要任务作出重大部署,是党的历史上第一份系统阐述行政管理体制改革的中央全会文件,是今后较长一个时期深化行政管理体制改革的纲领性文件。

(三) 目标

根据中共十七大和十七届二中全会部署,2008年国务院机构改革,从促进经济社会又好又快发展出发,统筹兼顾,在一些关键领域迈出重要步伐。改革突出了三个重点:一是加强和改善宏观调控,促进科学发展;二是着眼于保障和改善民生,加强社会管理和公共服务;三是积极探索职能有机统一的大部门体制。

《国务院机构改革方案》提出深化行政管理体制改革的总体目标是,到2020年建立起比较完善的中国特色社会主义行政管理体制。通过改革,实现政府职能向创造良好发展环境、提供优质公共服务、维护社会公平正义的根本转变,实现政府组织机构及人员编制向科学化、规范化、法制化的根本转变,实现行政运行机制和政府管理方式向规范有序、公开透明、便民高效的根本转变,建设人民满意的政府。要加快政府职能转变,深化政府机构改革,加强依法行政和制度建设,为实现深化行政管理体制改革的总体目标打下坚实基础。主要任务是,围绕转变政府职能和理顺部门职责关系,探索实行职能有机统一的大部门体制,合理配置宏观调控部门职能,加强能源环境管理机构,整合完善工业和信息化、交通运输行业管理体制,以改善民生为重点加强与整合社会管理和公共服务部门。

国务院机构改革完成阶段性任务后,中央又通过《关于地方政府机构改革的意见》,提出地方政府机构改革的主要任务是转变政府职能,理顺职责关系,明确和强化责任,调整优化组织结构,规范机构设置,完善管理体制等。中央要求把维护人民群众的根本利益作为改革的出发点和落脚点,着力解决制约地方经济社会发展的突出矛盾,着力解决人民群众最关心、最直接、最现实的利益问题。

(四)内容

本次改革的主要内容包括八项:一是合理配置国家发改委、财政部、中国人民银行等宏观调控部门职能,建立健全协调配合机制,形成科学权威高效的宏观调控体系。二是设立高层次的议事协调机构国家能源委员会,负责研究拟订国家能源发展战略,审议能源安全和能源发展中的重大问题。同时,为加强能源行业管理,组建国家能源局,负责拟订并组织实施能源行业规划、产业政策和标准,发展新能源,促进能源节约等。国家能源委员会办公室的工作由国家能源局承担。三是组建工业和信息化部,负责拟订并组织实施工业行业规划、产业政策和标准,监测工业行业日常运行,推动重大技术装备发展和自主创新,管理通信业,指导推进信息化建设,协调维护国家信息安全等,同时组建国家国防科技工业局,由工业和信息化部管理。四是组建交通运输部,承担涉及综合运输体系的规划协调工作,促进各种运输方式相互衔接等。同时,组建国家民用航空局,由交通运输部管理。国家邮政局改由交通运输部管理。五是组建人力资源和社会保障部,将人事部、劳动和社会保障部的职责整合划入该部。同时组建国家公务员局,由人力资源和社会保障部管理。六是组建环境保护部,拟订并组织实施环境保护规划、政策和标准,协调解决重大环境问题等。七是组建住房和城乡建设部,加快建立住房保障体系,加强城乡建设统筹。八是国家食品药品监督管理局改由卫生部管理,明确卫生部承担食品安全综合协调、组织查处食品安全重大事故的责任。理顺食品药品监管体制。经过改革,除国务院办公厅外,国务院组成部门27个,直属特设机构1个,直属机构16个,办事机构4个,直属事业单位14个。①

(五)效果

本次改革也是一次自上而下的改革,2008年国务院机构改革完成阶段性任务,2008年底省级政府机构改革基本结束,2009年市县级机构改革陆续展开。这次机构改革着力解决了政府运转中的突出矛盾和问题,特别是在转变职能、理顺关系、明确和强化责任、严格控制机构编制方面取得明显成效。"三定"中加强了宏观调控、能源管理、环境保护以及教育、人口计生、食品安全、住房、社会保障、文化、卫生、安全生产等涉及群众切身利益、关系国计民生的社会管理和公共服务职责;把不该国务院部门管理的事项,有的取消,有的下放,有的转移,61个部门共取消职能70余项;进一步理顺部门职责关系,解决部门职责交叉、推诿扯皮等问题,坚持一件事情原则上由一个部门负责,集中解决和理顺了一些领域的职责交叉和关系不顺问题。针对在政府运行中存在的权责脱节、重权轻责问题,在合理界定政府部门职能的同时,"三定"中明确和强

---

① 王澜明.改革开放以来我国六次集中地行政管理体制改革的回顾与思考.中国行政管理,2009(10):7-16

化了部门260余项责任,做到权力与责任对等。

在人员精简方面,本次改革虽然没有规定人员精简的具体比例,但明确要求严格控制机构编制,改革后的行政编制总额没有突破。

2013年,党的十八大和十八届二中全会精神指出:"行政体制改革是推动上层建筑适应经济基础的必然要求,深入推进政企分开、政资分开、政事分开、政社分开,健全部门职责体系,建设职能科学、结构优化、廉洁高效、人民满意的服务型政府。"按照这一精神,《国务院机构改革和职能转变方案》正式出台。此轮改革的重点是转变职能、理顺职责关系、稳步推进大部制改革。其中,政府职能转变是深化行政体制改革的核心,重要任务是处理好政府与市场、政府与社会、中央与地方的关系。

机构改革的主要内容包括六个方面:一是实行铁路政企分开,组建中国铁路总公司,不再保留铁道部。二是组建国家卫生和计划生育委员会,不再保留卫生部、国家人口和计划生育委员会。三是组建国家食品药品监督管理总局,不再保留国家食品药品监督管理局和单设的国务院食品安全委员会办公室。四是组建国家新闻出版广电总局,不再保留国家广播电影电视总局、国家新闻出版总署。五是重新组建国家海洋局。六是重新组建国家能源局,不再保留国家电力监管委员会。

职能转变的内容包括十个方面:一是减少和下放投资审批事项。二是减少和下放生产经营活动审批事项。三是减少资质资格许可和认定。四是减少专项转移支付和收费。五是减少部门职责交叉和分散。六是改革工商登记制度。七是改革社会组织管理制度。八是改善和加强宏观管理。九是加强基础性制度建设。十是加强依法行政。

这正式开启了我国第七次行政管理体制改革。

第四节 新时期我国国家治理的重点领域：社会管理与公共服务

改革开放以来，我国经济快速发展，经济总量已经位居全球前列。随着我国经济持续快速增长，我国国民收入将不断增加，与之相伴随的是国民消费能力的增加和对高品质生活的追求，人民群众对社会管理和公共服务的需求水平也相应提升。与此同时，新型城镇化这一全面深入推动我国经济社会进一步发展的重大战略，对社会管理和公共服务提出了新的要求和新的挑战。此外，在全球化加快发展的情形下，我国社会管理和公共服务对提升我国与世界各国交往水平将发挥积极作用。基于此，社会管理和公共服务将是推进我国国家治理体系和治理能力现代化的重要组成部分。

一、社会管理
（一）现实意义

社会管理直接关系人民群众最关心、最直接、最现实的利益问题，关系国家安全、社会安定和人民安居乐业。新时期，我国社会管理的基本任务包括协调社会关系、规范社会行为、解决社会问题、化解社会矛盾、促进社会公正、应对社会风险和保持社会稳定等。政府需要以人为本、系统布局、依法推进、综合施策地做好这些方面的工作。

社会关系更加多元。社会关系是人与人之间关系的总和，既包括以物质利益为基础的经济关系，也包括以情感和交往为基础的人际关系；既包括个人与个人之间的关系，也包括个人与集体、个人与国家、集体与集体、集体与国家之间的关系。改革开放后，我国的社会关系主体更为多元，主体之间的利益关系更为复杂。因而，协调社会关系将愈显重要，以减少社会主体之间的差异性，增强社会主体之间的包容性,加深社会主体之间的理解和融合。

社会行为存在扭曲。社会行为是指社会生活中的不同成员分工合作,共同维持社会生活的行为。社会行为受到感情、情绪、风俗习惯等的影响,能够产生群众化、广泛性和大众化的社会影响。在经济生活中,社会行为可能因为社会主体之间的利益分割、资源分配不合理等经济性或非经济性因素、新出现的或是历史遗留的问题以及个体的或是群体之间的不和谐因素而出现扭曲,因此需要加以纠正规范。

社会问题日趋复杂。社会问题是指阻碍社会正常活动,妨碍社会协调发展的社会现象。社会问题包括政治性的、经济性的、文化风俗习惯性的以及日常生活中产生的等方面,既有普遍性的社会问题,又有特殊性的社会问题。社会问题的复杂性表现在,有些问题是历史遗留下来的,通常涉及因素较多;有些问题尽管能够得到解决,但会反复出现;有些问题随着特定的发展需要而出现,随着时间推移又会自然消失;而由于人们的期望和现实之间的客观差距所导致的问题,则需要通过充分调动各方资源来有效解决。

社会矛盾时有发生。社会矛盾是经济发展过程中伴随产生的客观现象。当前,我国正处于经济体制深刻变革、社会结构深刻变动、利益格局深刻调整、思想观念深刻变化的时期,与此相伴随的是,各种社会矛盾凸显,新型社会矛盾频发,由社会矛盾所引发的事件逐渐呈现出突发性、群体性和对抗性的特征。在此情形下,需要及时地找出矛盾根源,回应利益诉求,避免冲突发生,从而有效化解社会矛盾。

社会公正日益重要。社会公正,具有公平和正义两层含义,包含程序公正、过程公正和结果公正。社会公正是社会主义的核心价值之一,是和谐社会的基石,是社会主义制度的优越性。在我国目前发展阶段,正确处理效率与公平的关系,积极营造公平正义的社会环境,对于解决现阶段经济社会发展过程中的各类问题意义重大。促进社会公正主要包括三个层面的工作:一是从法律、制度和政策上营造公平正义的社会环境;二是完善顶层设计,建立权

利公平、机会公平、规则公平、分配公平的社会公平体系;三是加强配套保障,切实落实各个基本领域的具体权利。

社会风险亟须防控。社会风险是在社会系统中产生社会冲突、破坏社会稳定和社会秩序的可能性及其后果的组合。社会风险具有不确定性,包括是否发生的不确定性、发生时间的不确定性、导致结果的不确定性。在应对社会风险时,需要着力做好三个方面的工作:一是在风险发生前,要尽可能识别和判断可能引发社会风险的各种因素,尽力遏制风险的发生;二是应对风险阶段,要尽可能控制局势,做好人员安置和损失估计,防止风险扩散,控制风险损失;三是风险过去后,要对风险识别、风险评价、风险应对、决策及其实施阶段等进行反思总结,将类似风险的发生概率和发生损失降到最低。

社会稳定警钟长鸣。保持社会稳定,是我国社会管理的一项长期任务。社会公正、社会问题、社会矛盾等其他几个方面的综合因素影响社会稳定,群众上访和群体性事件是社会不稳定的突出表现。在不同利益主体之间建立起沟通机制,达到彼此之间的理解、协调和妥协,日渐成为保持社会稳定的必要条件。

(二)实践探索

改革开放以来,随着我国经济社会的不断发展,我国的社会管理理念与方式都呈现了相适应的转变,取得了巨大成效,积累了宝贵经验。我国的社会管理更加注重体现"以人为本"思想,尊重人的本体地位,发挥人的主体作用,从人民群众的根本利益出发,不断满足人民群众日益增长的社会需求,切实保障人民群众的权益。

党的十六届四中全会提出"党委领导、政府负责、社会协同、公众参与"[①]的社会管理格局。党委领导,是指要充分发挥党委在社会管理中总揽全局和协调各方的领导核心作用,组织动员基层党组织和广大党员积极投身于直接服务人民群众的工作;政府负责

---

① 中共中央关于加强党的执政能力建设的决定,十六大以来重要文献选编.北京:人民出版社,2011:287

是指政府应提供更多更好的社会公共服务,使政府及各职能部门的管理更加协调有效,确保由政府负责的社会管理和公共服务做到人员到位、投入到位、工作到位、责任到位,完善法规政策、健全社会管理体系、培育发展和管理监督好社会组织、畅通公民参与渠道等,切实发挥政府在社会管理中的主导作用;社会协同,是指工青妇等群众组织、基层群众性自治组织、社会组织、企事业单位要发挥协同作用,形成党委和政府与社会力量互联、互补、互动的社会管理和公共服务网络,把大量的社会性和公益性事务管理起来,充分发挥协同、自治、自律、他律、互律作用;公众参与是指人民群众依法依规,理性有序参与社会管理和公共服务,实现自我管理、自我服务、自我约束、自我发展。

在此基础上,党的十八大报告提出"要围绕构建中国特色社会主义管理体系,加快形成党委领导、政府负责、社会协同、公众参与、法治保障的社会管理体制,加快形成政府主导、覆盖城乡、可持续的基本公共服务体系,加快形成政社分开、权责明确、依法自治的现代社会组织体制,加快形成源头治理、动态管理、应急处置相结合的社会管理机制"①。新增的"法治保障"强调社会管理各项工作应当运用法治思维,做到依法行事,执法必严,违法必究,这既是依法治国的应有之义,也是提升社会管理水平的必然要求。

与此同时,有许多践行社会管理的创新举措在全国各地涌现。这些社会管理方面的创新工作充分体现了"以人为本"和"依法治国"的思想,党委领导、政府负责、社会协同、公众参与、法治保障的社会管理体制正在形成。

浙江省诸暨市枫桥镇的"枫桥经验"正在成为当地乃至全国平安建设的典范。历经半个世纪,"枫桥经验"根据地方特色和时代特征,与时俱进,积累深化,形成了"立足基层组织,整合力量资源,就地化解矛盾,保障民生民安"的新经验,建立起"治安联防、矛盾

---

① 胡锦涛:在中国共产党第十八次全国代表大会上的报告.北京:人民出版社,2012:38

联调、问题联治、事件联处、平安联创"的新机制,形成"党政动手、依靠群众,源头预防、依法治理,减少矛盾、促进和谐"的新格局。具体创新举措包括:一是加强村党支部领导带头作用,并按照行业创建产业党小组,形成群众信息员、调解员、巡防队和消防队;二是在党员干部中推行"一线工作法",组建专业服务团队和管理服务团队,实行领导联系群众和干部驻企制度;三是在矛盾化解机制较为成熟的基础上,更加重视矛盾预防,建立重大事项风险评估制,形成"工作日坐诊、双休日出诊、不定期会诊"信访工作机制,落实防患重大群体性事件的"专案经营"机制等;四是综合运作多种治理手段,包括行政手段、法律手段、经济手段、道德文化手段和村规民约手段等。①

山东省泰安市"平安协会"在整合社会资源、协助社会治安防范、化解社会矛盾纠纷、处理突发性群体事件、开展法制宣传教育等方面发挥了重要作用,走出了一条以人民群众为主体抓社会稳定、参与社会管理的新路子。平安协会是群众自治组织,由市级平安协会、县市区及所辖镇(街道)平安协会、卫生、教育等行业协会和村居分会组成。针对群体性突发事件,泰安市采取党政领导坐镇指挥、平安协会打头阵、公安机关压住阵、基层党群组织迅速跟进的办法。这一做法充分发挥平安协会在群众中具有很强代表性和说服力的优势,有助于理顺群众情绪、化解民怨,找到矛盾纠纷各方都能接受的方案,实现慎用、少用或不用警力的效果。②

江苏省淮安市提出"126"信访工作新模式,最大限度地畅通了信访渠道,起到了方便群众信访、促进问题解决、提高工作效率的效果。"1"是指"阳光信访"综合服务管理系统。该系统集信访投诉、查询、服务、督办、分析、管理等功能于一体,系统网络覆盖市、县、乡三级和各个职能部门。"2"是指建设人民来访接待中心和电

---

① 孙会岩.群众路线与法制思维融合——基于"枫桥经验"的探讨.中共银川市委党校学报,2014(1):13-16

② 国家行政学院、人民网"加强和创新社会管理典型案例"(2012)入选案例。

子网络信访服务中心。形成"信、访、网、电"四位一体工作格局。"6"是指实现"六个全方位",涵盖受理投诉、便民查询、主动反馈、征集建议、排查矛盾和监督管理等内容。①

广西玉林市容县试点推行交通事故人民调解制度,建立容县道路交通事故纠纷人民调解委员会和"交通巡回法庭",抽调公安、法院、司法、检察、保险等部门形成合署办公,实施交警与保险、法院、检察院、司法行政配套联动,把道路交通事故处理的勘验认定、定损理赔、调解诉讼、救治援助等各环节,形成了"交警部门牵头,各方协作联动,社会公众参与"的工作格局。具体工作机制是:道路交通事故发生后,先由交警大队进行勘查取证,出具事故责任认定书,组织事故当事人双方进行第一次调解(即行政调解)。调解成功的,由交警部门制作行政调解协议书送达事故当事人;调解不成功的,由交警部门将案件移交"交调委",由人民调解委员会组织事故当事人进行调解(即人民调解)。"交调委"调解成功的,制作人民调解协议书;调解不成功的,由"交调委"办公室将案件引向"交通巡回法庭",由"交通巡回法庭"组织进行第三次调解(即司法调解),"交通巡回法庭"调解不成的则开庭审理裁决,检察院则第一时间把好案件公诉受理和监督关,保险负责理赔业务。②

广东省郁南县以社会信用体系建设为抓手创新社会管理,推动农村金融综合改革。具体举措包括:一是制订出台《农村金融综合改革发展综合试点总体方案》,出台金融支持县域经济发展激励政策,制定配套方案并作出服务承诺,建立综改试点联席会议制度,形成政府部门与金融机构紧密合作,县、镇、村三级共同构建农村金融改革"绿色通道"的新格局。二是创建县征信中心,收集企业、个体工商户、农民的基础信息,并对违法违纪信息进行记录。以共谋共建、集体评议、激励型评级、张榜公示、整村授信的方式开展创建信用村和信用户试点。同时,打造产业发

---

① 国家行政学院、人民网"加强和创新社会管理典型案例"(2012)入选案例。
② 国家行政学院、人民网"加强和创新社会管理典型案例"(2012)入选案例。

展、社会管理和金融服务三大平台。三是创新金融扶贫方式,帮扶资金不直接发放给农户,而是存入银行作担保,放大5倍向贫困户发放贷款发展生产。同时,要求所有申请金融扶贫的贫困户必须承诺做到"不赌博,种果不用违禁药、养猪不用瘦肉精,借款按时还本付息"。①

重庆市云阳县通过"和文化"推动社会管理,营造和谐氛围。主要工作包括四方面:一是建立社会服务(管理)中心,承担社会服务和组织义工服务两大职能。在村(社区)社会服务中心组建党总支,在村(社区)社会服务中心成立义工协会,在辖区村(居)民中招募能满足服务需求的人员为义工。二是探索农村社区化、社区网格化服务管理,将社区"两委"成员、各类专管员和义工按"兼管多格"和"专管一格"相结合的办法安排到各单元网格中进行服务管理。三是在县电视台展播"和文化"公益广告,在《云阳报》开辟"和文化"专栏,创办"和文化"网站,编印《"和文化"系列丛书》,打造"和文化"元素街道、广场、公园等。四是开展"和文化"进校园、进社区、进农村、进家庭、进机关、进企业"六进"行动以及"和文化"主题演讲、征文、演出、讲座、展出、论坛、书画赛"七大"活动。与之相类似的,江苏省泗洪县将激情文化打造成为泗洪县的特质文化,县委县政府围绕"点燃激情,追求卓越",成立泗洪县激情文化研究会,编印《泗洪通讯》、创作《激情泗洪之歌》、编发激情文化专辑、制作《激情泗洪画册》等。②

(三)未来展望

在改革的攻坚期和深水区,社会风险和社会危机更易爆发,对此,党和政府提出从社会管理向社会治理转变的新要求,这也是未来创新和变革社会管理的主要方向。具体而言,要创新社会治理体制,加强党委领导,发挥政府主导作用,鼓励和支持社会各方面参与,实现政府治理和社会自我调节、居民自治良性互动。要改进

---

① 国家行政学院、人民网"加强和创新社会管理典型案例"(2012)入选案例。
② 国家行政学院、人民网"加强和创新社会管理典型案例"(2012)入选案例。

社会治理方式,坚持依法治理、源头治理,畅通利益表达渠道,激发社会组织活力,让社会治理之根基在基层扎实。要逐步健全以食品药品安全、安全生产、防灾减灾救灾和社会治安防控等为基本内容的公共安全体系。在此过程中,还要牢牢把握社会稳定大局,深化平安中国建设。①

二、公共服务

(一) 现实意义

公共服务是现代政府的重要职能,是惠及人民群众的重大举措。公共服务是指政府克服市场失灵,根据人民群众需求,运用公共权力和公共资源提供的物质化或非物质化服务。② 其中,旨在保障全民生存和发展需求的公共服务为基本公共服务。基本公共服务的内容主要包括教育、就业、社保、医疗、计生、住房和文化体育等,此外,还涵盖交通、通信、公用设施、环境保护、公共安全、消费安全和国防安全等领域的公共服务。享有基本公共服务是人民群众的权利,提供基本公共服务是政府的职责。③ 现阶段我国公共服务供给存在诸多挑战,突出表现为供需不匹配、发展不平衡、供给效率偏低、财政负担较重、供给主体单一等方面。

供需不平衡是我国公共服务供给的首要挑战。公共服务的需求受到人民群众生活水平和需求层次的影响,随着生活水平的不断提高,人民群众的需求层次不断提升,而公共服务供给跟不上人民群众需求的变化,致使公共服务规模和质量与人民群众日益增长的需求之间的差距逐步加大。

发展不平衡是我国公共服务供给面临的最现实挑战。主要表现在两个方面:地区间失衡和群体间失衡,两者也可能伴随发生。

---

① 习近平.让百姓过上好日子——关于改善民生和创新社会治理.详见中共中央宣传部.习近平总书记系列重要讲话读本.北京:学习出版社,人民出版社,2014
② 刘德吉. 基本公共服务均等化:基础、制度安排及政策选择. 上海:上海交通大学出版社,2013
③ 国家基本公共服务体系"十二五"规划,国发〔2012〕29号,2012.7.11

地区间失衡主要指城市地区的公共服务供给相对充足,而农村地区的公共服务供给明显滞后,造成公共服务城乡供给的不平衡。群体间失衡,是指即便在同一地区,户籍人口或富裕群体能够有更多渠道获得更加充分、更加便捷、更高质量的公共服务,相比之下,流动人口、低收入人口等社会群体获取基本公共服务的权利尚未得到有效保障。

供给效率偏低是公共服务供给碎片化的必然结果。目前我国的公共服务体系还不健全,具体表现为公共服务范围和标准不够明确、公共服务资源配置不尽合理、公共服务供给体制条块分割、运行机制尚不完善、区域和群体间制度设计不衔接、基层政府权力和责任不对等、相关监督问责缺位等。

财政负担较重和供给主体单一是公共服务供给过度依赖政府的两大表现。随着公共服务需求不断上升且日益多元,单纯依靠政府力量难以实现公共服务供给。同时,由政府提供公共服务,容易出现供给主体和供给方式单一,制约公共服务的供给规模、质量和效率。

(二)实践探索

事业单位是指国家为了社会公益目的,由国家机关举办或者其他组织利用国有资产举办的,从事教育、科研、文化、卫生等活动的社会服务组织。① 事业单位在我国经济社会发展进程中发挥了重要作用。1978年以来,事业单位的社会化和企业化改革取得了突破性进展,《事业单位登记管理暂行条例》和《事业单位登记管理暂行条例实施细则》分别于1998年和2005年颁布。事业单位依

---

① 事业单位的活动内容包括教育、科研、文化、卫生、体育、新闻出版、广播电视、社会福利、救助减灾、统计调查、技术推广与实验、公用设施管理、物资仓储、监测、勘探与勘察、测绘、检验检测与鉴定、法律服务、资源管理事务、质量技术监督事务、经济监督事务、知识产权事务、公证与认证、信息与咨询、人才交流、就业服务、机关后勤服务等。详见国家事业单位登记管理局.事业单位登记管理暂行条例实施细则(2014年1月24日修订)。

法登记成为事业法人,作为政府的代理方,承担公共服务的实际供给。①

随着公共服务市场化理念的兴起,公共服务供给方式不断丰富。充分发挥政府、企业、社会各自在公共服务供给中的优势和作用,引入市场化和社会化的运作方式,形成政府主导、市场主体和社会组织广泛参与、方式灵活、优质高效的公共服务多元供给体系。政府可通过委托、承包、采购等方式向企业和社会组织购买公共服务。

上海市是我国公共服务外包的发源地。② 1995年上海浦东新区社会发展局为了提高管理效率,委托上海基督教青年会进行罗山市民休闲中心的管理,拉开了我国公共服务外包的序幕。此后,服务外包逐渐成为公共服务供给的常见方式,服务外包的领域也在不断延伸,同时,服务外包还显现出一定的正外部性。例如,在养老服务购买方面,企业和社会组织的参与,不仅解决了这部分服务由谁提供的问题,还解决了部分下岗人员的就业问题。③

社工服务涵盖社区建设、社会救助、青少年教育、医疗卫生和残疾人康复等内容。深圳市社工服务的基本架构是"政府主导发展,民间组织运作",体现民营化和市场化特征,在不同主体之间建立合作关系,实现契约化管理。社工服务主体由政府、社工机构和社工构成。政府履行五项职责:一是确立社会工作发展的基本框架,如发展方向、管理体制、政策文件、操作要求、资格认证、监督和评估等。二是服务购买,通过招投标进行购买岗位和项目。三是经费支持,以区级财政为主,市级财政根据情况进行适度转移。四是组织培育,具体方式包括提供政策优惠、简化成立手续、降低登记门槛等。五是监督服务,主要指对机构及其运行情况进行评估。

---

① 左然.构建中国特色的现代事业制度——论事业单位改革方向、目标模式及路径选择.中国行政管理,2009(1)
② 赵江东.我国政府公共服务外包问题研究.山东大学公共管理,2011
③ 李先昭,唐悦,丁亚鹏."服务外包"能否破解养老之困.2011-08-15

社工机构在招募培训社工的基础上,承担承接政府购买的岗位和项目的职能。社工机构独立与政府,自主设立、自主管理。社工是直接的社会服务者,必须拥有社会工作职业水平资格,具备专业化和职业化特点。①②

环境卫生作业服务市场化在各大城市已经较为普遍。以北京市海淀区为例,近年来,海淀区政府不断提高对环卫作业服务市场化的重视程度,加大资金投入,有力推动了环卫作业服务的市场化进程。就具体操作而言,政府主管部门对各条街道的清扫权进行公开招标,向市场发包环卫作业服务业务,并选择合格的清扫公司全面负责道路清扫保洁工作。同时,海淀区市政市容管理委员会承包了一支专业的队伍,组建海淀区环境卫生作业监管中心,负责全区范围内的环境卫生作业监督管理。企业作为承包者,通过市场竞争的方式承包环卫作业服务业务。③

水是基础性自然资源,也是战略性经济资源。广东省中山市针对供水行业面临的问题和挑战,提出供水设施统一规划、统一建设、统一经营、统一调度和统一管理的战略思路。具体内容包括:分阶段、分步骤建设、改造给水设施,统一成本核算和供水价格,有步骤、有计划开展供水区域供水管网联网工作,统一供水规范和标准,制订供水和节约用水计划,合理利用水资源。在此基础上,由中山市供水有限公司对全市供水设施资产进行整合,在相关镇区设立供水分公司,适时适度引入战略投资者,推进多元化投资和市场化经营。④

污水处理厂建设是市政公共基础设施建设的重要内容。贵州

---

① 李海平. 政府购买公共服务法律规制的问题与对策——以深圳市政府购买社工服务为例. 国家行政学院学报,2011(5):93-97

② 马良灿,毛喆玥. 在政府与社会之间——深圳"政府购买社工服务"模式及启示. 社会福利,2013(3):43-47

③ 李雪. 浅析北京市海淀区环境卫生作业服务市场化. 环境卫生工程,2010(10):39-41

④ 黄南平. 中山市"供水一盘棋"战略意义. 经济师,2012(7):203-204

省开阳县探索"建设运营转让"(BOT)的特许经营权方式,对传统污水处理厂建设的运作模式进行革新。经过项目咨询、公开招标、开工建设和投入运行等过程,开阳县污水处理厂的BOT运作模式取得了一定的效果。具体表现在三个方面:一是通过市场力量解决了政府投入基础设施建设融资难的问题;二是企业的建设技术和管理经验得到了有效的发挥;三是打破了国有企业一家独大的局面,实现了投资主体多元化。①

城市公用绿地建设是城市政府公共服务的重要内容。上海市打破建管分离的传统模式,探索政府引导、企业参与的合作机制,逐步在公用绿地建设中发挥出市场配置资源的优势。一是政府规划,企业投资。由企业出资建设公用绿地,由政府对企业的经营管理进行日常监督。二是实行同步建设、配套交付使用住宅和公用设施。推行建管一体化模式,由企业负责投资建设和日后的经营管理。三是利用企业的经营性项目(如会务中心及其相关服务)来维持和提升公益性项目。即经营性项目的营业所得,主要用于管理园林绿化的各项开支,实现经营与公益互补的机制。②

城市公共交通是城市必不可少的公共服务。20世纪90年代中期,沈阳电车、沈阳汽车、沈阳长途客运和出租车等七家企业联合组建沈阳客运集团,为市政府直属企业,旨在整合沈阳客运资源,负责公交线路开延线和运营管理。但由于资金短缺和管理问题,沈客集团亏损严重。21世纪初,沈客集团拿出部分线路资源与干城、通利、康福德高等外资合作,同时,还将另一些线路承包给了民营公司。遗憾的是,乘客普遍反映这些"私"线存在车速不稳、爱绕道和不文明等问题。为解决"私"车飞车、放站、野蛮、拒载等顽疾,2006年,沈客集团与沈阳运输集团、丹东东运集团等公司注册成立天益巴士股份有限公司。这家由国有控股的公司在成立

---

① 吴大祥.开阳县城污水处理厂BOT运作模式的应用.硅谷,2011(8):122
② 课题组.城市政府公共服务生产的市场化改革——上海浦东"名人苑":城市绿地建设和管理的创新模式.中共中央党校学报,2001(11):121-124

后,开始陆续"回购"由民营资本运营的公交线路的经营权。[①]

医疗服务供给关乎每个人的基本健康。2000年前后,江苏省宿迁市在财政紧张、医疗资源总量不足的背景下,以沭阳县为试点,通过"净资产转让""无形资产竞拍""股份合作制"和"兼并托管"三种方式,对乡镇卫生院进行民营化改革。2003年,金陵药业股份有限公司收购宿迁市人民医院70%股份,开启了我国上市公司收购公立医院的先河。其间,政府为民营医院建设划拨土地,运用医院改制置换的资金建立宿迁市疾病预防控制中心、传染病防治中心、公共医疗卫生救护中心、妇幼保健中心和血液采供中心。乡镇防保所从卫生院独立,防保人员经费开支列入县财政预算。改革在扩张医疗资源、降低服务价格、提升服务质量上取得了效果。但在解决老百姓"看得上医生"的问题后,宿迁市又面临如何让老百姓"看得上好医生"的新问题,为此,宿迁市按照三级甲等公立医院的标准,于2012年开工建设宿迁市第一人民医院,希望以此为老百姓提供优质医疗资源。[②]

实践表明,不同领域的公共服务具有不同程度的复杂性,将适合市场化方式提供的公共服务事项,交由具备条件、信誉良好的社会组织、机构和企业等承担,对购买服务项目进行动态调整,对承接主体实行优胜劣汰,能够使群众享受到更加丰富、优质、高效的公共服务。同时,必须在准确把握公众需求的基础上,按照严格的程序,遵循科学筛选、竞争择优、动态调整原则,明确公共服务市场化的边界。此外,还必须建立严格的监督评价机制,全面公开购买服务的信息,并向社会公布评价结果。

(三)未来展望

"民为邦本,本固邦宁。"人民群众的生活期待与国力财力之间的不平衡始终存在,为缓解这一矛盾,政府必须发挥好保基本、兜

[①] 公交必须公家办?——沈阳公交的市场化改革之路.清华大学公共管理学院中国公共管理案例中心,案例编号:CCC-07-60

[②] 张道平,张春丽.宿迁医改在争议中前行.中国县域经济报,2012-12-13

第二章
国家治理：理论与实践

底线的作用,提供好教育、就业、医疗、养老和住房等基本保障,在学有所教、劳有所得、病有所医、老有所养、住有所居上取得持续进展。要充分发挥社会政策的托底作用,守住特殊困难群众的生活底线,满足人民群众的生产和发展需要。具体包括：努力办好人民满意的教育,不断提高教育现代化水平,努力发展全民教育、终身教育、建设学习型社会。抓好就业这个民生之本,通过稳增长、调结构,增加就业岗位,推动更高质量就业。完善收入分配制度,缩小收入差距,实现劳动报酬增长和劳动生产率增长同步。完善住房保障体系,构建以政府为主提供基本保障、以市场为主满足多层次需求的住房供应体系。提高人民健康水平,深化医疗保障、医疗服务、公共卫生、药品供给和监管体制综合改革,探索医改的中国式解决办法,着力解决看病难、看病贵、基本医疗卫生资源配置不均衡等问题。[①] 在此过程中,妥善处理好政府公共服务与市场化的关系,将比任何时候都更加关键。

---

① 习近平.让百姓过上好日子——关于改善民生和创新社会治理.详见中共中央宣传部.习近平总书记系列重要讲话读本.北京：学习出版社,人民出版社,2014

第三章 协同治理 2×2 分析框架

第一节 框架概述

经济社会快速发展推动了人类文明的进程,与此同时,跨部门、跨层次、跨界别和跨地区的公共管理问题不断涌现。公共产品和服务的社会需求不断提升,作为公共产品和服务的最终保障者,政府必须做出有效回应。为此,协同治理是当今世界各国进行公共事务治理的主要方式之一。从宏观层面来看,政府需要发挥主导作用,调动和协调企业与社会力量,创造并实

第三章
协同治理 2×2 分析框架

现具有公共价值的目标。① 从微观层面来看,政府职能必须反映社会对政府的需求,政府职能需要体现政府对于自身发展的价值取向和使命设定,并且随着国内外发展的变化,适时地进行相应的动态转变。

协同治理有助于提高政府的决策民主性和责任回应性,形成更加成熟的政策方案,提高政府的行政效率、效益和灵活性,增加公众对公共政策的接受程度;但协同治理也面临许多挑战,如参与者之间可能存在目标冲突,协同过程可能过于僵化且缺乏财力保障,个体利益可能得不到合理保障,参与者之间的权利和责任可能存在不对等,协同过程可能被操纵以致出现有偏决策等。②③ 为了充分考虑现实社会情境的复杂性和协同治理形式的多样性,需要构建一个综合系统分析框架,对协同治理过程中各个主体之间的相互关系及其互动机制进行研究。这对于理解和应对公共事务治理的复杂挑战具有重要意义。

建立协同治理分析框架需要考虑三个核心问题:协同治理的主体有哪些?协同治理主体之间的组织结构是怎样的?协同治理的运作模式是怎样的?本书基于对复杂现实情境的观察和思考,结合相关学术研究成果,提出"协同治理 2×2 分析框架",如图 3-1 所示,以运用于协同治理理论与实证研究。作为一个案例研究,本书运用该框架探究和分析杭州市上城区社会管理和公共服务创新实践。

在介绍"协同治理 2×2 分析框架"前,首先介绍三个关键概念:协同、治理以及协同治理。我国古代就有"协同"的概念,为

---

① Vangen, Sir, and Chris Huxham. Enacting Leadership for Collaborative Advantage: Dilemmas of Ideology and Pragmatism in the Activities of Partnership Managers. British Journal of Management, Special Issue, Vol. 14 (2003): 61-76

② Ansell, Chris, and Alison Gash. Collaborative Governance in Theory and Practice. Journal of Public Administration Research and Theory, Vol. 18(2007): 543-571

③ Purdy, Jill M. A Framework for Assessing Power in Collaborative Governance Processes. Public Administration Review, Vol. 72(2012): 409-417

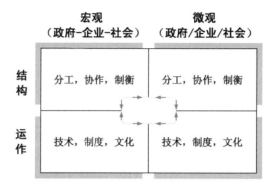

图 3-1 协同治理 2×2 分析框架

"相互配合,协调一致,团结统一"的含义。我国第一部纪传体断代史《汉书》中就有相关记载,如《汉书·律历志上》:"咸得其实,靡不协同。"又如西晋《三国志·魏志·邓艾传》:"艾性刚急,轻犯雅俗,不能协同朋类,故莫肯理之。"《三国志·魏志·吕布传》:"卿父劝吾协同曹公,绝婚公路。"南朝《后汉书·桓帝纪》:"内外协同,漏刻之闲,桀逆枭夷。"北宋《乐府诗集·燕射歌辞二·北齐元会大飨歌皇夏三》:"我应天历,四海为家。协同内外,混一戎华。"宋朝庄绰所著的《鸡肋编》:"誓书之外,各无所求,必务协同,庶存悠久。"元朝马致远《岳阳楼》第三折:"勾头文书元着我协同着你拿这胡道人。"清朝李渔《比目鱼·奏捷》:"若果然是他,只消协同地方,拿来就是了。"此外,明朝《三国演义》第一回中也有关于"协力同心"的记载:"明日当于园中祭告天地,我三人结为兄弟,协力同心,然后可图大事。"西方学者将"协同"定义为:不同主体超越自身看待问题的视角以寻求共同解决方案的过程。[①]可见,中西方对协同的认识较为一致。

国内外有关"治理"的研究汗牛充栋,但对治理究竟应该如何定义尚无统一说法。我国古代有不少关于治理的记载,如战国后

---

① Purdy, Jill M. A Framework for Assessing Power in Collaborative Governance Processes. Public Administration Review, Vol. 72(2012): 409-417

期的《荀子·君道》:"明分职,序事业,材技官能,莫不治理,则公道达而私门塞矣,公义明而私事息矣。"东汉《汉书·赵广汉传》:"壹切治理,威名远闻。"汉朝《孔子家语·贤君》:"吾欲使官府治理,为之奈何?"东晋袁宏《后汉纪·献帝纪三》:"上曰:'玄在郡连年,若有治理,迄迁之,若无异效,当有召罚。何缘无故徵乎?'"清朝王士禛《池北偶谈·谈异六·风异》:"帝王克勤天戒,凡有垂象,皆关治理。"严有禧《漱华随笔·限田》:"蒋德璟于揭驳之:'由此思之,法非不善,而井田既湮,势固不能行也。'其言颇达治理。"西方国家对"治理"的认识最早产生于古希腊语"kybernan",是引航、掌舵、领导的意思。在理论界,有学者将治理定义为基于共同决策而产生的用以规范个体或团体行为的规范和法则,[①]政府和社会中的其他利益相关者通过权力和影响提升社会福利和保障国家长远利益的方式,[②]驱动公共部门、私人部门和社会部门的决策和行动过程的方式,一系列协调和监督活动,[③]维持控制和履行职责的制度安排[④]等。在国际公共机构,联合国亚太经济社会委员会将治理定义为:决策的过程和决策的实施方式;世界银行将治理定义为:国家行使权力的传统和制度。概言之,西方学者认为,治理的内涵包括结构、过程、机制和战略,其核心活动有目标选择、目标协调、目标实施和结果反馈。[⑤]

综合我国古代有关治理的记载,系统梳理现有文献,结合对当

[①] Ostrom, Elinor. Governing the Commons: The Evolution of Institutions for Collective Action. Cambridge: Cambridge University Press, 1990

[②] 该定义与 Andrew Tan 等人提出的概念相似,详见 Andrew Tan 等人(2004)的专题研究报告 Principles of Governance: Perserving our Fundamentals, Preparing for the Future

[③] Bryson, John M., Barbara C. Crosby, and Melissa M. Stone. The Design and Implementation of Cross-Sector Collaborations: Propositions from the Literature. Public Administration Review, Special Issue, Vol. 66(2006): 44-55

[④] Levi-Faur, David (ed.). The Oxford Handbook of Governance. London, London: Oxford University Press, 2012

[⑤] Levi-Faur, David (ed.). The Oxford Handbook of Governance. London, London: Oxford University Press, 2012

代中国改革与发展的深入思考,本书提出以下定义:

治理 政府组织企业和社会力量创造公共价值的战略、结构与运作。

这个定义的内涵包括几个方面:首先,"政府组织企业和社会力量"表明了治理与管理的差异,传统的科层制管理只强调政府单方面的作用,而治理强调政府以及政府以外力量的共同参与,同时,在这种多元主体的关系中,政府发挥着不可或缺的组织者的作用。其次,治理的目标是创造公共价值,"创造"意味着这些价值在治理形态出现之前可能是不存在的或凭借单一主体无法实现的。最后,政府组织企业和社会力量创造公共价值的具体方式分为三个部分:战略、结构与运作。战略是结构与运作的宏观设计,结构与运作是宏观战略的具体实现。战略体现了对如何开展治理活动的思考;结构反映了政府、企业和社会力量之间的静态关系,其主要特征是网络组织形态;运作反映了政府、企业和社会力量之间的动态关系,其主要内容包括制度、机制和过程。当前,我国市场经济发展过程中还存在很多缺陷,社会主体仍处于培育和成长阶段。因此,必须依靠政府在政府、企业和社会三元关系的建设过程中发挥主导作用。

西方学者对协同治理的定义已在第二章第二节中进行了系统梳理,结合上面关于"协同"和"治理"的定义,本书提出以下定义:

协同治理 政府组织企业和社会力量创造公共价值的方式体现了协同性。

"协同治理2×2分析框架"的第一个"2"是指分析主体的两个层次:宏观层次和微观层次。宏观层次和微观层次的划分依据是协同主体的界别是否存在差异。在宏观层次,主体是跨界的;在微观层次,主体属于同一界别。两种情形中的主体数量均不受限制。

"协同治理2×2分析框架"的第二个"2"是指主体之间或主体内部的组织结构与运作模式,根据静态和动态差异划分。结构是指主体之间或主体内部各组成部分之间静态的关系状态。主体的位置、相对关系确定后,要使之发挥作用,就涉及运作的问题。运作的表现形式是多方面的,相比于结构的静态性,运作更具有动态性。

在宏观与微观两个层次,都需要从结构与运作的视角去分析治理问题。在宏观层次,主要分析政府、企业和社会组织等跨界别主体之间的结构关系和运作方式;在微观层次,主要分析相同界别的主体内部各个组成部门之间的结构关系和运作方式。

这里简要说明"协同治理2×2分析框架"的应用。在复杂的社会情境下,政府需要回答"应该做什么"的问题,即明确自身的职能是什么。具体使用时,首先,考虑宏观层次的结构问题,治理对象所在的领域有什么样的特征?这项职能只能由政府来履行吗?是否存在可以委托市场或社会主体来共同承担的部分?如果可以委托,有哪些企业和社会组织参与其中?政府与它们之间的结构关系是什么?其次,考虑宏观层面的运作问题,政府是通过资金扶持、场地供给、业务指导、日常会议、公开讨论还是其他方式来维持政府与企业、政府与社会组织之间的合作关系的?最后,考虑微观层面的问题,要更好地履行政府职能,更好地发挥政府在协同治理中的作用,政府需要通过结构调整和运作优化,以更好地适应政府履行职能的需要。那么,针对某项具体的政府职能而言,政府是否对自身的部门结构进行了调整?主要表现在哪些方面?这些结构调整起到预期的效果了吗?在结构调整的前提下,政府部门的运作是否进行了相应的优化?表现在哪里?到位吗?单纯的运作改善和优化是否也能起到预期的作用?同时,政府的结构与运作之间也需要相互协调。绩效集中反映了协同治理的有效性,即政府主导下市场和社会的共同作用在满足社会需求方面的表现。在上述分析的基础上,可以对框架中各项的实际表现情况进行评估打分,并用评估分值构制雷达图,进而通过比较雷达图面积,对不同的协同治理情形进行对比分析。

第二节 框架的宏观层次

"协同治理2×2分析框架"宏观层次分析的主题是政府、企业和社会三元主体的相互关系,其中政府部门的数量、企业的数量和社会组织的数量均不受限制;从结构维度,分析跨界别组织之间的分工、协作和制衡关系;从运作维度,分析跨界别组织之间的技术、制度和文化关系。

一、分工

宏观层次结构维度的分工是指政府、企业和社会主体分别从事各种不同而又相互联系的工作。不少研究指出了协同参与者的结构及参与者间关系的重要性。如布赖森(Bryson)、克罗斯比(Crosby)和斯通(Stone)提出跨部门协同分析框架(Cross-Sector Collaborations Framework),分析了跨部门协同的初始条件、运行过程、结构和治理、意外事件和限制条件以及产出和效能。① 汤姆森(Thomson)和佩里(Perry)阐述了协同的五个关键维度,其中包括两个结构性维度,即管理和执行;两个社会资本维度,即相互关系和规范以及一个机构维度,即机构自主性。② 赫克萨姆(Huxham)进一步指出了跨界别分工过程中可能出现的挑战:协同过程中成员结构的模糊性,使得协同成员自我定位存在偏差而且通常分不清哪些是自己的合作者;协同过程的复杂性使得人们

---

① Bryson, John M., Barbara C. Crosby, and Melissa M. Stone. The Design and Implementation of Cross-Sector Collaborations: Propositions from the Literature. Public Administration Review, Special Issue, Vol. 66(2006): 44-55

② Thomson, Ann M., and James L. Perry. Collaboration Processes: Inside the Black Box. Public Administration Review, Special Issue, Vol, 70(2006): 20-32

通常分不清参与协同的各个部分是如何与其他部分相互衔接的；两者使得达成目标共识、建立相互理解和管理权力关系变得非常困难。①

不少学者认为，相互冲突的利益相关者之间很难形成协同关系，而先前愉快的合作经历则可能促进协同的产生。先前的冲突可能会使利益相关者陷入相互怀疑、互不信任和彼此留有刻板印象的恶性循环；而先前的愉快合作则能带给彼此更高的社会资本，夯实彼此的互信关系。进一步地，有学者指出，如果利益相关者之间出现过对立和紧张，那么他们彼此之间就不容易建立起协同治理关系，除非他们之间高度依赖或者积极采取措施弥补他们之间的低信任水平和低社会资本。但激烈的冲突却可能激发利益相关者对协同治理的诉求，与之相反，高度信任和高度依赖可能会形成封闭的小圈子，而不利于更大范围内的协同。领导力能够使得大家聚集到一起，并且调解协同过程中出现的分歧。领导力在设定和维持规则、建立互信、促进交流和寻求双赢中发挥着重要作用，领导力还有助于提升处于弱势利益相关者的地位。基于此，有学者提出：当利益相关者间冲突水平较高而信任水平较低，但权力资源配置相对均衡，他们彼此之间也存在协同意愿时，此时如果有一位他们共同信任并接受的经纪人来服务于商论安排，有效的协同治理仍能实现。当权力配置不均或协同意愿较低时，要实现有效的协同治理，必须依赖一位从利益相关者中产生的强势领导。②

二、协作

宏观层次结构维度的协作是指政府、企业和社会主体在同一活动过程或彼此相联系的不同活动过程中，相互协调进行活动。

---

① Huxham, Chris. Theorizing Collaboration Practice. Public Management Review, Vol.5, No.3 (2003): 401-423

② Ansell, Chris, and Alison Gash. Collaborative Governance in Theory and Practice. Journal of Public Administration Research and Theory, Vol.18(2007): 543-571

协作在某种程度上表现为不同参与主体之间的联合行动能力。联合行动能力包含程序或制度安排、领导力、知识和资源。参与原则和共同动机会促进程序或制度安排、领导力、知识和资源的产生,进而激发联合行动能力;协同治理目标、行动共识和预期结果共同决定了联合行动能力四个要素的需求水平。因此,协同动力机制的有效性取决于参与原则、共同动机和联合行动能力的有效运转和自我强化。协同动力机制引发了协同行动;协同行动既对系统情景产生影响,又对协同动力机制形成反馈。协同行动的有效实施依赖于协同参与者对行动的共识以及协同动力机制的有效运转所产生的联动能力。①

相比于统治和管理,协同治理更容易在参与者出现关系紧张时进行调和,恢复共识,因为协同过程能够避免单个参与者在相对封闭的系统中进行单方面决策。面对协同情景的复杂性和动态性,参与者在协同治理中需要进行权变。协同治理的权变模型包含四个方面:起始条件、制度设计、领导力和协同过程。其中,起始条件包括信任、冲突和社会资本情况;制度设计包括参与性、商论的排他性、清晰的原则和过程的透明性;领导力为协同过程提供了必要的调解和支持;协同过程表现为面对面交流、信任建立、恪守承诺、相互理解和阶段性成果五个部分的循环往复。不同参与者之间权力和资源的不平衡、激励利益相关者参与协同治理以及利益相关者先前冲突或合作的经历影响着协同治理的初始状态。参与者间权力和资源失衡将带来三个方面的问题:一是协同治理过程将很可能被强势主体操纵;二是重要的利益相关者将被排除在协同治理过程之外;三是利益相关者可能因为时间精力等限制而无法出席密集的协同治理过程。安塞尔(Ansell)和盖什(Gash)提出,如果利益相关者之间存在权力和资源的不平衡,以致关键利

---

① Emerson, Kirk, Tina Nabatchi, and Stephen Balogy. An Integrative Framework for Collaborative Governance. Journal of Public Administration Research and Theory, Vol. 22, No. 1 (2011): 1-30

第三章
协同治理 2×2 分析框架

益相关者无法有效参与其中,那么,要达到有效的协同治理,必须向不利方积极授权,并承诺其代表性。①

协同治理需要有广阔视野和战略思维的主导力量来引导,而受科层制影响的管理模式在扁平化的协同治理关系结构中已经出现了明显的不适应,尤其是在危机事件面前,缺乏领导力将使公共部门极为被动。② 但是,发挥协同治理过程中的领导力并非易事。一方面,协同治理状态下的特殊关系结构急切需要领导力在其中发挥作用;另一方面,无论是个体还是团体参与者自身又都不愿意受到他人的领导。③ 具体而言,理论上协同治理要求领导者吸收合适的参与者,给予参与者适当的授权和支持,并动员参与者共同行动,但现实中,领导者可能操纵议程并玩弄政治权术。④ 提升协同治理过程中的领导力水平,需要积极适应情景变化,发挥伙伴关系的作用,同时,还需要吸收和借鉴个体领导力、团队领导力、组织领导力的精髓,显现战略视野、政治头脑和伦理道德。⑤⑥

三、制衡

宏观层次结构维度的制衡是指政府、企业和社会主体相互之

---

① Ansell, Chris, and Alison Gash. Collaborative Governance in Theory and Practice. Journal of Public Administration Research and Theory, Vol. 18(2007): 543-571

② Waugh Jr, William L., and Gregory Streib. Collaboration and Leadership for Effective Emergency Management. Public Administration Review, Special Issue, Vol. 66(2006): 131-140

③ Sydow, Jöry, Frank Lerch, Chris Huxham, and Paul Hibbert. A Silent Cry for Leardership: Organization for Leading (in) Cluster. The Leadership Quarterly, Vol. 22 (2011): 328-343

④ Vangen, Sir, and Chris Huxham. Enacting Leadership for Collaborative Advantage: Dilemmas of Ideology and Pragmatism in the Activities of Partnership Managers. British Journal of Management, Special Issue, Vol. 14 (2003): 61-76

⑤ Morse, Ricardo S. Integrative Public Leadership: Catalyzing Collaboration to Create Public Value. The Leadership Quarterly, Vol. 21 (2010): 231-245

⑥ Crosby, Barbara C. Leading in the Shared-Power World of 2020. Public Administration Review, Special Issue, Vol. 70(2010): 69-77

间的制约平衡。跨界别协同主体之间的制衡因素来自多个方面，如艾默生（Emerson）系统研究了协同治理机制（Collaborative Governance Regime），他提出的分析框架由三层嵌套结构组成：最外层为系统情景，即政治、经济、社会、法治及生态等能与协同治理体制产生相互影响的因素，这些因素或为协同治理提供机遇，或对协同治理施加限制，并影响着整个动态协同过程。中间层是协同治理体制的核心部分，包含协同动力机制和协同行为两部分，两者共同形成了协同的整体效果和水平。最内层为协同动力机制，由三个耦合部分组成，分别是参与原则、共同动机和联合行动能力，三者之间以循环往复的方式运转。协同治理的驱动因素来自于系统情景，包括领导力、关键诱因、相互依赖和不确定性，协同治理的出现至少依赖于其中一种因素的驱动，同时出现的驱动因素越多，越有可能引发协同治理；反之，可能限制协同治理的产生。①此外，职能交叉、参与者遗漏、意见分歧和反作用等因素共同影响着协同治理的效果。协同优势是指人们能够从协同中获得任何主体单独无法实现的目标；协同惰性是指协同所带来的产出微弱或者产率过低。尽管人们更乐意看到协同优势，但有时协同惰性甚至出现得更加频繁。尽管参与者能够通过协同治理延伸组织能力，但有时也会给组织带来额外的麻烦，并增加组织内部的管理和运行成本，如组织失控、灵活性受损、荣誉受损以及资金消耗等。②

四、技术

宏观层次运作维度的技术是指在政府、企业和社会主体之间互动使用的各种操作方法、技能、工具和设备。有学者指出，进入

---

① Emerson, Kirk, Tina Nabatchi, and Stephen Balogy. An Integrative Framework for Collaborative Governance. Journal of Public Administration Research and Theory, Vol. 22, No. 1 (2011): 1-30

② Vangen, Sir, and Chris Huxham. Enacting Leadership for Collaborative Advantage: Dilemmas of Ideology and Pragmatism in the Activities of Partnership Managers. British Journal of Management, Special Issue, Vol. 14 (2003): 61-76

第三章
协同治理 2×2 分析框架

21 世纪后,公共部门应当越来越熟悉跨边界协同的技能、流程、结构、工具和技术。① 艾默生(Emerson)设计了协同治理过程中选择正确参与者的四个环节:一是发现参与者共同的利益、关心的问题和价值取向,识别和分析相关的重要信息及其启示;二是通过清晰的目标陈述定义共同的话语体系;三是通过直白详尽的解说保障参与的成功;四是达成清晰的程序性和实质性决定。参与的有效性取决于上述四个环节交互影响的质量。② 在协同过程中,参与者开展交流的场所或媒介包括委员、研讨会、电话、传真和邮件等,这些过程性的安排能够促进参与者之间的信息共享,促进其就探讨的议题增进相互理解,但交流过程的正式化程度会影响参与者的表达意愿(如激进分子更倾向于在轻松的研讨会上发表见解而在正式的官僚会议中保持沉默)。③ 此外,面对面交流是协同的必要非充分条件。政策制定者或利益相关者应当致力于建立信任关系,尤其是当彼此之间有过不愉快的合作经历时。承诺与初始动机和信任程度息息相关,相互理解来自协同过程中的参与者学习,在协同过程中取得阶段性成果对于建立长期信任关系并克服先前的紧张和对立非常重要。④

---

① Huxham, Chris, and Siv Vangen. Leadership in the Shaping and Implementation of Collaboration Agendas: How Things Happen in a (Not Quite) Joined-up Word. The Academy of Management Journal, Vol. 43, No. 6 (2000): 1159-1175

② Emerson, Kirk, Tina Nabatchi, and Stephen Balogy. An Integrative Framework for Collaborative Governance. Journal of Public Administration Research and Theory, Vol. 22, No. 1 (2011): 1-30

③ Huxham, Chris, and Siv Vangen. Leadership in the Shaping and Implementation of Collaboration Agendas: How Things Happen in a (Not Quite) Joined-up Word. The Academy of Management Journal, Vol. 43, No. 6 (2000): 1159-1175

④ Ansell, Chris, and Alison Gash. Collaborative Governance in Theory and Practice. Journal of Public Administration Research and Theory, Vol. 18(2007): 543-571

五、制度

宏观层次运作维度的制度是指政府、企业和社会主体共同遵守的、按一定程序办事的规程和行为准则。制度决定了不同的行为主体按照什么样的方式行事,能够对协同关系中政府、企业和社会组织的行为方式进行规范化约束。制度规范具有强制性,能够提高协同网络中多元参与者行为的可预期性。制度设计是指赋予协同治理过程以合法性的、原则性的条款和规范。当社会发育程度不高时,制度设计能使低社会资本下的协同治理成为可能;换言之,当信任关系较弱时,对协同主体发布强制性政策或者命令变得不可或缺。① 制度既影响协同治理的结构,② 又决定了联合行动的能力。③ 有中国学者提出,社会协同必须通过"制度强化、制度改革和制度建设"来实现。④ 协同治理中的制度设计体现"软"法精神,创制渠道更加多元,管理方式更加柔和,但同样需要遵循"制度面前没有特权、制度约束没有例外"的实施原则。⑤ 协同治理过程必须公开且具有包容性,因为只有当人们意识到自己拥有参与其中的机会时,才会对协同过程表达忠诚。清晰、规则和透明的参与过程是制度设计的关键,明确的时间结点同样重要。⑥

---

① Huxham, Chris. Theorizing Collaboration Practice. Public Management Review, Vol.5, No. 3 (2003): 401-423

② 刘亚平.协作性公共管理:现状与前景.武汉大学学报(哲学社会科学版), 2010(7):574-582

③ Emerson, Kirk, Tina Nabatchi, and Stephen Balogy. An Integrative Framework for Collaborative Governance. Journal of Public Administration Research and Theory, Vol. 22, No. 1 (2011): 1-30

④ 郁建兴,金蕾.社区社会组织在社会管理中的协同作用——以杭州市为例.经济社会体制比较,2012(7):157-168

⑤ 罗豪才,苗志江.社会管理创新中的软法之治.法学杂志,2011(12):1-4

⑥ Ansell, Chris, and Alison Gash. Collaborative Governance in Theory and Practice. Journal of Public Administration Research and Theory, Vol. 18(2007):543-571

第三章
协同治理 2×2 分析框架

制度决定了协同治理的开放性程度,协同结构的开放性能够灵活吐纳参与者,但可能会损害议程的设置与执行;相反,相对封闭的协同结构有利于参与者尽快就议程达成共识并采取协同行动,但其可能将重要的利益相关者排除在外。结构能够发挥领导力的作用,因为结构决定着谁能够对议程施加影响,谁有权采取行动,以及能够获取哪些资源。协同结构通常被强加于协同参与者,而不是协同情景的一部分,因为协同的发起者及其成员通常无法决定协同结构,相反,政策制定者和平台支持者才是协同结构真正的操纵者。制度还决定着职位的合法性和参与者的影响力。那些清楚如何影响和制定议程的参与者很可能发挥出领导作用。职位合法性不仅使得来自核心组织的个体更有可能发挥领导作用,而且使得担任管理委员会、董事会或指导小组组长的人员更有可能发挥领导作用;当然,强势的会议召集人能够影响决策,弱势的会议召集人则可能在意见分歧中迷失方向。因此,即使拥有职位合法性,参与协同的成员也不一定能够像预期那样引导议程。谁能够来引导议程?事实上,正是那些不能算作是直接参与协同的成员,但实际上却掌握着资源、影响力或专业知识的经理人、机构主管和行政长官以及专家学者、支持商和咨询顾问甚至是外部机构的领导人,影响着议程的方向。①

协同治理过程中的权威主要来自三个方面:权力、资源和合法性。权力来自于委托或强制,但必须受到社会的共同认可;权力能够通过协商加以变更,并对行为失范的参与者加以制裁。资源包含有形和无形两种形态,有形资源如资金、人力和技术等,无形资源如知识、文化和能力等。合法性是指在公共领域组织就某个

---

① Huxham, Chris, and Siv Vangen. Leadership in the Shaping and Implementation of Collaboration Agendas: How Things Happen in a (Not Quite) Joined-up Word. The Academy of Management Journal, Vol. 43, No. 6 (2000): 1159-1175

事项发表意见的能力。权威作用于三个对象：参与者、协同过程和协同事项。参与者包含领导者和协同者，既包含拥有正式权力的决策者，也包含决策的利益相关者和掌握特定知识的专业人士。过程设计描述了协同治理在何时、何地、以何种形式影响互动关系以及沟通和决策的方式。过程设计需要体现灵活性，以便在"试错"中完善；过程设计还需要体现不同参与者之间的相对地位。协同事项是指所要处理的具体事务以及所期望达成的结果。那么，权力、资源和合法性是如何影响参与者、过程设计和协同事项呢？首先，权力能够决定参与者的范围及其参与程度；资源影响着参与者的数量和层次；合法性影响着参与者的相对地位及其参与能力。其次，权力决定着谁能控制协同过程以及协同将如何被推进；资源影响着日常的会议安排及其开销；合法性影响着会议期间参与者的表达方式与频率。最后，组织运用权力安排日程并建立其他参与者的预期；资源赋予组织收集、共享和解读与协同事项相关的信息的能力；合法性将影响事项的优先次序。①

此外，利益相关者激励非常重要。研究表明，当利益相关者能够通过单方面行动实现目标时，除非他们意识到他们与其他利益相关者之间有着很高的相互依赖性，否则协同治理将失效。②

六、文化

宏观层次运作维度的文化是指政府、企业和社会主体共同具有的伦理观念、价值准则和行为规范。有学者提出，协同治理的各个主体之间应当具备共同的动机。共同动机包含相互信任、相互理解、内部合法性和一致的承诺，高质量的参与互动有助于培育信

---

① Purdy, Jill M. A Framework for Assessing Power in Collaborative Governance Processes. Public Administration Review, Vol. 72(2012): 409-417

② Ansell, Chris, and Alison Gash. Collaborative Governance in Theory and Practice. Journal of Public Administration Research and Theory, Vol. 18(2007): 543-571

任、理解、合法性和承诺,进而强化共同动机;后者反过来又会增强参与质量并维持参与的可持续性。① 信任是文化的重要表现形式之一,信任通常被视为协同的前置条件,也是协同治理的合法性来源之一。社会资本为信任提供了理论基础。社会资本能够自发促进合作,并在使用中实现增值;拥有社会资本越多的人,能够更快积累到新的社会资本;但由于社会资本具有公共物品的属性,其价值通常会被低估,导致供应不足。② 信任决定了合作的边界,并使组织的运转更加有效,③但信任具有脆弱性,④因此,协同治理的政策制定者或利益相关者应当致力于建立长期的信任关系。⑤ 赫克萨姆(Huxham)认为,实践中协同往往产生于相互怀疑的主体之间,其主要原因是,参与者通常并不享受与其他人共同工作的过程,因此,当信任关系较弱时,对协同主体发布强制性政策或者命令变得不可或缺。换言之,需要在协同启动后密切关注如何建立并强化协同主体之间的信任关系。⑥ 具体到任何一个共同体中,信任水平越高,合作可能性越大。⑦ 有研究表明,政府对公众的信任、公众参与的有效性、公众对政府的信任、公众的参与能力以及政府的回应性与合法性对强化协同治理中公众参与的规模、深度

---

① Emerson, Kirk, Tina Nabatchi, and Stephen Balogy. An Integrative Framework for Collaborative Governance. Journal of Public Administration Research and Theory, Vol. 22, No. 1 (2011): 1-30

② 罗伯特·帕特南. 使民主运转起来. 王烈,赖海榕,译. 南昌:江西人民出版社,2001

③ 弗朗西斯·福山. 大分裂:人类本性与社会秩序的重建. 北京:中国社会出版社,2002

④ 欧黎明,朱秦. 社会协同治理:信任关系与平台建设. 中国行政管理,2009(5)

⑤ Ansell, Chris, and Alison Gash. Collaborative Governance in Theory and Practice. Journal of Public Administration Research and Theory, Vol. 18(2007): 543-571

⑥ Huxham, Chris. Theorizing Collaboration Practice. Public Management Review, Vol. 5, No. 3 (2003): 401-423

⑦ 罗伯特·帕特南. 使民主运转起来. 王烈,赖海榕,译. 南昌:江西人民出版社,2001

和广泛性起着决定性作用。① 例如,政府对市场机制作用和社会参与能力的判断,以及政府与企业、社会组织的先期合作经历,都将影响彼此之间的信任关系。在治理实践中,政府能够通过"坚持信息公开原则,尊重民众的社会主体地位,提高透明度,让民众看到政府相信民众、依靠民众、积极为民众利益努力的作为,吸引社会民众团结在政府周围"等方式,加强企业和社会对政府的信任程度。②

第三节　框架的微观层次

"协同治理2×2分析框架"微观层次分析的主题是同一界别主体之间的相互关系,其中界别分别是政府、企业和社会,主体数量没有限制;从结构维度,分析同一界别组织之间的分工、协作和制衡关系;从运作维度,分析同一界别组织之间的技术、制度和文化关系。鉴于本书考察的是地方政府的治理经验,这里重点以政府为例分析政府的结构与运作,其中,结构性要素包括政府部门的分工、协作和制衡,运作性要素包括政府部门的技术、制度和文化。

一、分工

微观层次结构维度的分工是指不同的政府部门分别从事各种不同而又相互联系的工作。分工是所有两人以上联合行动的共性

---

① Copper, Terry L., Thomas A. Bryer, and Jack W. Meek. Citizen-Centered Collaborative Public Management. Public Administration Review, Special Issue, Vol. 66 (2006): 76-88

② 张立荣,何水.公共危机协同治理:理论分析与中国关怀——社会资本理论的视角.理论与改革,2008(2):37-40

特征,①也是组织产生的基础和组织存在的原因。② 劳动分工是从个体的特性、能力和技能差异中产生的,分工有助于节省工作时间,提高专业化水平,③因此,职责分配和任务分工也逐渐渗入政府部门当中。早期学者普遍将分工视为公共部门寻求技术效率的手段。西蒙认为,政府部门应当按照实现行政效率的方式和方法进行职责的专业化安排。④ 梅里亚姆观察发现,美国国会或总统在设立新机构时,总会反复思考机构的内部结构和工作划分,以确保其能够在不造成行政浪费的前提下实现效率。⑤ 然而,分工也面临着许多限制,如部门职责边界的模糊性可能导致分工不合理,分工粗细与协调难度之间存在相互紧张,分工还会受到国家文化、政治制度、体制惯性以及分工者自身认知和能力水平的影响。专业化分工并不必然导致工作效率,其原因可能是多方面的,如分工者与分工执行者的分离可能会导致任务接受者执行不力;越是专业化的分工,越会使得部门间出现明显差异,容易激发潜在的冲突和对立;⑥此外,不同的行政环境、文化习惯、利益格局和办事惯例也会导致政府部门对分工的接受程度出现异化。⑦

二、协作

微观层次结构维度的协作是指不同政府部门在同一活动过程

---

① 赫伯特·西蒙.行政管理格言.彭和平,竹立家,等编译.北京:中共中央党校出版社,1997:129-149
② 卢瑟·古利克.组织理论按语.彭和平,竹立家,等编译.北京:中共中央党校出版社,1997:61-76
③ 卢瑟·古利克.组织理论按语.彭和平,竹立家,等编译.北京:中共中央党校出版社,1997:61-76
④ 赫伯特·西蒙.行政管理格言.彭和平,竹立家,等编译.北京:中共中央党校出版社,1997:129-149
⑤ 刘易斯·梅里亚姆.几种改革观念.彭和平,竹立家,等编译.国外公共行政理论精选.北京:中共中央党校出版社,1997:86-93
⑥ 张成福,李丹婷,李昊城.政府架构与运行机制研究:经验与启示.中国行政管理,2010(2):10-18
⑦ 胡颖廉.地方食药监管体制改革缘何快慢不一.中国改革,2014(2)

或彼此相联系的不同活动过程中,相互协调进行活动。分工必然伴随协调,协作是协调的更高境界。古利克认为,任何存在分工的单元都必须加强协调工作。① 哈耶克(Hayek)指出,每个人搜集、处理信息的能力存在差异,因此需要通过协调机制来根据不同组织成员的胜任能力进行合理的任务指派。② 协调可以由上级政府或领导层级通过行政权力和行政命令的方式来实现,也可以通过思想认识的培养和加深对任务的理解来达成。③ 各国政府部门间协调方式不尽相同,但均致力于加强协调,如英国的中央政策检查组、部门间委员会和专门大臣,法国的总统委员会、部长会议和部际会议,澳大利亚的部门秘书长会议和重要部门联席会,以及中国的专门领导小组、部门联席会议和各类议事协调机构等。④⑤⑥ 分工状态决定了协调的类型及其需求水平。如大部制改革将原来部门间协调关系内部化,对部门内协调机制设计提出更高要求。⑦⑧ 协调是有成本的,有学者指出,协调成本随着专业化分工的增强和活动复杂性的增加呈指数增长;⑨汤普森(Thomson)认为,相比于

---

① 卢瑟·古利克.组织理论按语.彭和平,竹立家,等编译.国外公共行政理论精选.北京:中共中央党校出版社,1997:61-76

② Hayek, Friedrich A. The use of knowledge in society. The American Economic Review, Vol. 35, No. 4(1945): 519-530

③ 杰伊·怀特.公共行政研究导论.彭和平,竹立家,等编译.国外公共行政理论精选.北京:中共中央党校出版社,1997:43-53

④ 倪星,付景涛.大部制体制:英法经验与中国视角.天津行政学院学报,2008(1):47-52

⑤ 张成福,李丹婷,李昊城.政府架构与运行机制研究:经验与启示.中国行政管理,2010(2):10-18

⑥ 李和中,方国威."大部门体制":地方政府规模与结构优化的逻辑选择.学习与实践,2009(9):62-66

⑦ 李和中,方国威."大部门体制":地方政府规模与结构优化的逻辑选择.学习与实践,2009(9):62-66

⑧ 倪星,付景涛.大部制体制:英法经验与中国视角.天津行政学院学报,2008(1):47-52

⑨ 杨冠琼,吕丽,蔡芸.政府部门结构的影响因素与最优决定条件.中国行政管理,2008(7):23-26

资金,时间和精力的投入更为关键。① 随着跨边界、跨区域、跨部门问题的不断涌现,单凭协调机制已经无法应对,在政府部门间形成资源共享、风险共担、合作共治的协作性治理结构变得非常迫切。②

三、制衡

微观层次结构维度的制衡是指不同政府部门之间的制约平衡。政府部门之间的结构性约束表现为多个方面:首先,部门职责分工差异本身能够形成纵向或横向的制约平衡关系,如上级部门对下级部门的领导、指示和监督;又如通过大部制改革促使政府部门决策、执行和监督职能相互分离,以强化部门间的监督与制约。③ 其次,关键领导人物的注意力、财政资金投入和人员编制配备等行政资源是有限的,但行政资源是政府部门创造产出和实现良好行政效果的必要物质保障,实际上,在部门争取资源的过程中,往往会出现资源向强势部门集中或向容易出政绩的经济部门聚集的现象,为避免行政资源分配的扭曲,确保决策过程的公开透明显得尤为重要。再次,监管好人事和财务,对于部门合法合规地开展工作非常关键,因此,需要确保部门人事安排公开透明,部门的经费使用情况受到财务管理部门的有效监督。最后,公务员是公共政策的直接执行者,所以制衡还应当落实到部门成员层面,具体表现为公务执行过程中的规则和程序健全程度以及公务员纪律约束的有效性两个方面。

---

① Thomson, Ann M. Collaboration: Meaning and Measurement, Ph. D. diss., Indiana University-Bloomington, 2001

② 孟庆国,吕志奎.协作性公共管理:对中国行政体制改革的意义.中国机构改革与管理,2012(2):33-37

③ 李和中,方国威."大部门体制":地方政府规模与结构优化的逻辑选择.学习与实践,2009(9):62-66

四、技术

微观层次运作维度的技术是指在政府部门使用的各种操作方法、技能、工具和设备。现代技术和传统技术已经被越来越多地结合运用于政府部门的日常行政管理活动当中,如城管智能执法、公共服务标准化以及电子政务 2.0 等。现代信息技术为政府部门实现办公自动化、网络化和电子化,为政府部门扩大服务半径、增强行政透明度并减少行政争议,为政府部门实现信息、服务和管理的大整合提供了有力支撑。相关预测表明,"大数据"每年能够为美国医疗保健行业创造 3 000 多亿美元的产值,并使欧洲发达国家的行政成本至少降低 1 490 亿美元。① 但遗憾的是,信息技术在我国各级政府部门中的使用还处于初级阶段,不少学者指出,信息技术对政府部门的流程再造和结构重组提出了新的要求;②③换言之,弱技术环境下的组织结构和运作流程以及熟悉传统人工作业模式的人员队伍,会削弱信息技术对公共部门和行政活动的贡献。

五、制度

微观层次运作维度的制度是指政府部门共同遵守的、按一定程序办事的规程和行为准则。制度是人为设计的一系列规则,广义的制度包含非正式的社会约束和正式的法规④,狭义的制度主要指正式的规范体系。在经济活动中,制度被用以创造交易秩序,

---

① Manyika, James, Michael Chui, Brad Brown, Jacques Bughin, Richard Dobbs, Charles Roxburgh, and Angela H. Byers. Big data: The next frontier for innovation, competition, and productivity. McKinsey & Company ,[EB/OL].(2011-05)[2014-03-01]. http://www.mckinsey.com/insights/business_technology/big_data_the_next_frontier_for_innovation

② 董新宇,苏竣.电子政务与政府流程再造——兼谈新公共管理.公共管理学报,2004(4):46-52

③ 赵豪迈,白庆华.电子政务悖论与政府管理变革.公共管理学报,2006(1):34-39

④ 道格拉斯·诺斯.论制度.经济社会体制比较,1991:55-61

形成经济激励,降低交易成本;①②在行政活动中,制度被用以保障固定行事规则的有效性,以提高政府部门和公务员行政行为的可预期性。③ 制度化的过程为部门内外部行政行为提供了合法性来源。研究中,制度的内涵不仅仅停留在文书写作层面,更体现于制度实际发挥出的效力,后者才是制度建设好坏的真实评判。当部门同时拥有良好的日常工作管理制度、公平的人事考评制度、规范的财务管理制度、健全的责任追究机制并在重大决策中,能够体现民主与集中相结合时,研究认为部门制度的完善程度较高。

六、文化

微观层次运作维度的文化是指政府部门共同具有的伦理观念、价值准则和行为规范。部门文化是部门成员思考、感觉和行动的共同心理程序,是部门同事对部门日常实践活动的共同知觉。④ 行政体制特征、上级领导的价值观和部门成员的心理特质共同塑造和形成了部门文化。⑤ 部门文化影响着组织成员的行为选择,也影响着组织成员对行为给予的解释,在不同文化情景中,驱动组织成员努力寻求高绩效的激励可能是金钱或荣誉,也可能是责任。因此,管理者的激励、领导、决策和授权等的方式选择及其作用效果都嵌入部门文化当中。同时,文化因素还会影响组织成员对"组织应该什么样"的判断,当这些判断之间存在分歧时,部门或个体间容易发生冲突,彼此之间合作的可能性会明显降低。⑥

---

① 道格拉斯·诺斯.论制度.经济社会体制比较,1991:55-61
② 青木昌彦.比较制度分析:起因和一些初步的结论.经济社会体制比较,1997:1-7
③ 马克斯·韦伯.官僚制.彭和平,竹立家,等编译.北京:中共中央党校出版社,1997:33-42
④ 吉尔特·霍夫斯泰德,格特·扬·霍夫斯泰德.文化与组织:心理软件的力量(第二版).李原,孙健敏,译.北京:中国人民大学出版社,2010
⑤ 杨燕绥,罗桂连.政府改革需要明确目标和路径.人民论坛,2010(6):20-21
⑥ 吉尔特·霍夫斯泰德,格特·扬·霍夫斯泰德.文化与组织:心理软件的力量(第二版).李原,孙健敏,译.北京:中国人民大学出版社,2010

需要说明一点,"协同治理 2×2 分析框架"微观层次不仅仅适用于分析以政府为主体的情形,类似地,同样适用于分析以企业或社会组织为主体的情形。

本书第四章至第七章运用"协同治理 2×2 分析框架"对杭州市上城区社会管理和公共服务的创新实践进行实证分析。其中,第四章,宏观层次研究政府和社会主体的关系,微观层次研究政府部门内部的结构与运作调整;第五章,宏观层次研究政府与社会主体的关系,微观层次研究社会组织的结构与运作关系以及政府主导作用的间接影响;第六章,宏观层次研究政府与企业、政府与社会组织、企业与社会组织三对关系,微观层次研究政府部门的运作创新;第七章,宏观层次研究政府与企业之间的关系,微观层次研究技术对政府部门内部组织结构的影响。这四章标题都是对照"协同治理 2×2 分析框架"对上城创新特色的总结。

第四章　上城经验：
　　　三界联合　资源共享
　　　条块协作　制度保障

第一节　"平安365"
　　　社会服务管理联动

一、"平安365"社会服务管理概况

上城区"平安365"社会服务管理联动工作是网格化社会治理创新的上城实践。早在2004年,北京市东城区率先开展网格化实践,而后各地纷纷效仿,但效果参差不齐,甚至有人担心网格化成为计划经济时期社会维稳模式的变异。但与此同时,杭州市上城区的"平安365"社会服务管理联动工作却尝到了网格化管理的甜头。其中的根本性转变在于:全能型政府退居二线,市场资源被充分整合,社会活力被全面激发,管理与服务得以齐头并进。政府、企业和社会的协同治理,解决了单纯依靠政府处理公共事务所面临的资源紧张、能力不足、效率低下和分配不公等问题,盘活了市场与社会的造血和输血功能。

近年来,上城区不断健全"网格化管理、组团式服务、片组户联系"的社会管理服务组织体系,逐渐形成以网格化为依托的社会治理新格局。纵向上,上城区通过区、街道、社区三个层面的协同服务,明确各项社会管理和公共服务的责任主体;横向上,通过划分管理片区、确定服务单元与对象。全区通过建立"划片管理、分组结对、入户联系"的"三级网络",突出民情收集、分析、解决、反馈、通报"五个环节",建立了"条块结合、片块结合、条抓块保、交叉负责"的工作机制,以"三个化"(即区域网格化、管理属地化、服务多样化)为基本思路,促进服务体系的立体化、网络化、制度化和责任化建设,实现"联系无遗漏、管理无盲点、服务无缝隙"的目的。

上城区的网格化治理在区、街道、社区之间构成了自上而下的纵向正式网络,在经济组织(企业)、社会组织和公民个人之间构成横向的非正式网络,如图4-1所示。政府的不同职能部门之间通过信息网络和联动机制建立联系,由各级管理和服务平台作为保

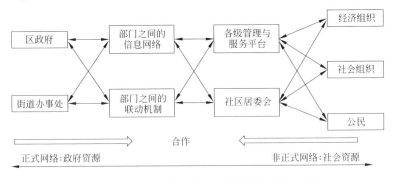

图 4-1 "平安365"社会服务管理联动网络示意图

障。社区居委会扮演着政府行政工作的协助者和社区事务治理者的双重角色,是连接纵向行政网络和横向社会网络以及相应信息网络的枢纽,社区居委会与各级管理和服务平台之间进行信息传递,共同成为基层社会管理的组织依托。

二、"平安365"建设具体布局

为贯彻落实"让每一寸土地都有精细化管理,让每一户人家都有心贴心服务"的网格化治理理念,上城区在全区范围内建立了区级网格、街道网格、社区网格和基础网格四级体系。四级网格的划分通过覆盖区域的大小逐渐细化。区级网格为一级网格,覆盖全区,囊括所有街道网格;街道网格为二级网格,上城区在每个街道分别设立一个街道网格,全区共有6个街道网格;社区网格为三级网格,上城区共有54个社区网格,每个社区为1个网格;基础网格为四级网格,上城区按照"网格区划、整体覆盖、精细管理"的原则,根据社区所在区域的庭院、小区、街巷为边界,综合考虑区域面积、地理布局、道路走向、居民和企业的实际分布和长远规划、社会管理复杂程度和管理工作量等因素,将每个社区网格划分为2~5个基础网格。基础网格之间实现无缝对接,区域内的企事业单位、市场、学校、医院等辖区单位以及楼栋、小区、院落等全部被纳入网格管理当中。图4-2显示了上城区社区网格划分情况。

为了将基础网格中的居民群众更好地联系起来,将管理和服务真正传递给每个家庭和每位居民,切实在日常工作中激发起基层群众自我管理、自我服务的积极性、主动性和创造性,上城区按照"网格化管理、组团式服务、片组互联系"的总体要求,推广"湖滨晴雨"工作室、"邻里值班室"等典型经验,利用小区内的网片、楼栋、单元等地理要素,建立片、组等基层社会自治组织。实际操作中,上城区按照每200~300户为一片的标准,将每个基础网格细

图 4-2　上城区社区网格划分情况

分为 3~4 片,全区共有 593 个片;以每个单元楼(写字楼)为一个单位划分组,共形成 2 500 多个组。图 4-3 为清波街道劳动路社区 207 网格的基本概况。

岗位设置方面,每个基础网格安排若干人员形成网格工作小组。网格工作小组由网格长(网格管理员)、网格协管员和网格信息员等成员组成(即"一格三员")。考虑人员分工和轮班执勤等因素,每个基础网格至少配备网格长 1 名,网格协管员 2 名,网格信息员 5 名。截至 2013 年 6 月,上城区基础网格共有 159 名网格长、345 名协管员和 769 名信息员。图 4-4 为劳动路社区 207 网格"一格三员"组织结构图。

第四章
上城经验：三界联合　资源共享　条块协作　制度保障

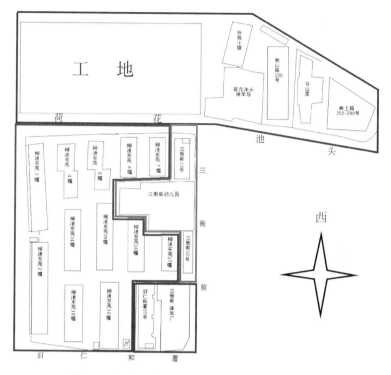

图4-3　清波街道劳动路社区207网格基本概况①

　　社区网格的网格长一般由社区党委书记或主任担任；协管员一般从进驻到社区的综治维稳、劳动保障、建设、城管、卫生、计生、民政等工作人员中选聘；信息员从本网格所属单位有关负责人和居民中选聘，一般为长期居住在该网格区域并对本地区各方面情况较为熟悉的党建联系人、老党员、党代表、人大代表、政协委员、离退休老干部、老教师以及有威信、有能力、有经验的居民代表。以图4-4劳动路社区207网格"一格三员"组织结构为例，社区综治专管员兼任网格长和207-2片区的协管员，其余三位协管员分别为社区的环境卫生委员、劳动保障协理员、计划生育委员。

---

① 劳动路社区207网格东起旧仁和署、南至河坊街、西临南山路、北靠中国美院，总人口1187人，其中户籍人口1005人，常住人口964人，流动人口223人，企业34家。

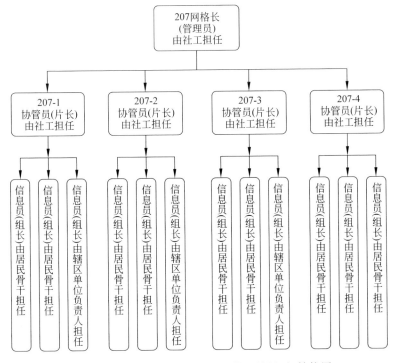

图 4-4　劳动路社区 207 网格"一格三员"组织结构图

同时，上城区还以网格为单位，整合基层行政事业单位人员、社工、党员干部、志愿者、便民服务团队等资源，组建各类服务团队。图 4-5 为劳动路社区管路服务工作队组织图。

区级网格由区委、区政府牵头领导，区社工委直接负责。区级网格负责全区各业务线上的社会管理和公共服务事项以及重大社会建设、社会管理及社会文明事项的综合协调、办理和处置，并对街道网格的工作进行指挥调度、考核评估及监督管理。区社工委对"四级网格"建设及运行提出指导性意见。

各街道承担基础网格管理部门和事件处置部门双重职能。街道网格由街道党工委书记或办事处主任担任网格长，每个网格配备 1 名分管领导为具体负责人。街道安排专门工作人员具体负责本街道网格化建设、管理及信息系统运行的日常工作，并实行轮流

第四章　上城经验：三界联合　资源共享　条块协作　制度保障

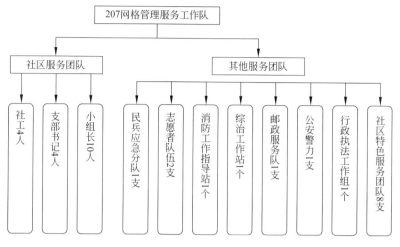

图4-5　劳动路社区管理服务工作队组织图

值班制度,全面负责落实本街道区域内社情民意收集上报、矛盾纠纷排查化解、社会治安综合治理、公共安全监管、城市管理,以及流动人口、特殊人群、"两新组织"的管理服务等工作。街道挂点领导负责督促、指导、协调所挂点社区的网格管理工作,确保"一格三员"管理落实到位。

社区网格由社区党委书记或主任担任网格长,主抓本区域内网格建设与管理工作,由社区民警担任本网格建设管理工作的指导员。同时,街道分管领导及相关科室分工负责联系、指导、协调所联系的社区的网格建设与日常管理工作。划入网格管理的街道、社区工作人员既要做好本职工作,又要履行网格管理职责,实行"一岗双责"。社区书记负责组织实施"一格三员"日常管理工作,全面完成上级下达的各项工作任务。

基础网格负责排查各类矛盾纠纷和问题隐患,收集网格内的管理和服务方面的动态信息,通过"平安365"社会服务管理联动平台上报,并对办结事件进行回访。基础网格需要做好涉稳事件和重点人员前期稳控工作,确保矛盾纠纷不升级,问题隐患不扩大。对一般性矛盾纠纷,力争在网格或社区内自行化解。基础网格需要密切配合并全力协助各级职能部门化解各类不和谐因素,确保不和谐因素得到及时有效化解。其中,基础网格所涉及的矛盾纠纷主要包括一般民事纠纷、劳动关系纠纷、房屋租赁纠纷、房屋产权纠纷、物业管理纠纷、行政纠纷、涉法涉诉纠纷和城建城管纠纷等;所涉及的问题隐患主要有治安隐患、安全生产隐患、食品药品安全隐患、建筑施工安全隐患、生态环境问题、无照经营问题、违章建设问题、城市"六乱"问题和其他综合执法问题。"一格三员"管理模式中,网格长、网格协管员和网格信息员主要工作职责详见表4-1。

表4-1 网格长、网格协管员和网格信息员主要工作职责

岗 位	职 责
网格长	1. 严格遵守各项网格管理规章制度,认真履行网格管理各项职责 2. 对网格管理实行专职负责,为网格管理第一责任人 3. 发挥牵头指挥作用,接受网格督查员的监督和指导,带领网格协管员开展网格管理各项工作 4. 对网格协管员采集、排查的各类信息进行审定并酌情上报社区、街道及综合信息系统 5. 做好不和谐因素的排查化解工作,将一般性的不和谐因素自行化解在网格内 6. 对网格自行化解的问题进行结案操作,对街道及各职能部门提交的结案信息进行认真及时的核实确认 7. 积极配合、全力协助街道及各职能部门调处各类矛盾纠纷,整治各类问题隐患,确保网格内突出的不和谐因素得到及时有效化解 8. 会同网格协管员和网格督查员认真研究分析网格内的各种不和谐因素产生的原因,及时采取有效的稳控措施 9. 通过工作例会向街道挂点领导和社区负责人汇报网格工作开展的情况及存在的问题,并提出改进意见 10. 完成街道挂点领导和社区交办的其他工作任务

第四章
上城经验：三界联合　资源共享　条块协作　制度保障

续表

岗　位	职　责
信息员	1. 严格遵守各项网格管理规章制度，认真履行各项网格管理职责 2. 对网格管理员负责，为网格管理直接责任人 3. 在网格管理员的带领下，在网格督查员的监督指导下，积极主动地开展网格管理各项工作 4. 宣传国家、省、市有关法律、法规和政策，落实上级部门的各项工作部署 5. 采集网格内的各类基础信息，做到即时采集、即时更新，确保信息全面、准确、及时 6. 做好每日网格巡查，填好巡查日志，通过巡查等各种渠道，排查各类不和谐因素，报网格管理员审定后上报社区、街道及综合信息系统 7. 做好不和谐因素前期调处稳控工作，确保矛盾纠纷不升级，问题隐患不扩大，力争将一般的不和谐因素化解在网格内 8. 积极协助街道及各职能部门调处各类矛盾纠纷，整治各类问题隐患，确保网格内突出的不和谐因素得到及时有效化解 9. 接受各相关职能部门的检查和考核，对检查中提出的问题及时整改 10. 配合网格管理员做好其他工作
协管员	1. 遵守各项网格管理规章制度，认真履行各项网格管理职责 2. 发挥督促、指导、协调作用，确保网格管理员和网格协管员顺利开展日常网格管理工作 3. 平时每周不少于一次到所在网格（若干个）开展督导工作 4. 不定期会同网格管理员和网格协管员进行巡查、上户登记，主动参与化解一般性的不和谐因素 5. 积极协调街道及各职能部门调处各类矛盾纠纷，整治各类问题隐患，确保网格内突出的不和谐因素得到及时有效化解 6. 督促网格管理员和网格协管员将网格管理中存在的问题和薄弱环节及时解决 7. 完成街道挂点领导交办的其他工作任务

三、"平安365"社会服务管理联动体系

"平安365"社会服务管理联动工作平台的运行主体包括网组片工作体系、信息化指挥系统、60个联动处置部门、九大联席会议协调组;协调推进部门由区纪委、区委组织部、区委宣传部、区信访局、区民政局、区公安分局组成;人大代表和政协委员对"平安365"社会服务与管理的运行情况进行日常监督。"平安365"社会服务管理工作平台的信息主要来自四个渠道:网格上报、群众举报、上级交办、公开统一受理;日常工作主要依托八大平台:12345、行政服务中心、行政执法、维稳、居家养老、组团式服务、消防平台和110联动平台。60个联动处置部门均为区职能部门,包括区纪委(监察局)、区委办公室、区委组织部、区委宣传部、区委统战局(区侨办、区民宗局)、区政法委(区委维稳办)、区委610办公室、区机关工委、区信访局、区政府办公室(区应急办)、区发改经信局、区教育局、区科学技术局、区民政局、区司法局、区财政局、区人力社保局、区住房和城建局、区商务局、区风景旅游局、区文广新局、区卫生局、区人口和计划生育局、区统计局、区食品药品监管局、区城管局(城管办、区行政执法局)、区安全监管局、区法制办、区公共资源交易办、区公安分局、区人武部、区法院、区检察院、区总工会、团区委、区妇联、区工商联、区残联、区红十字会、湖滨街道、清波街道、小营街道、望江街道、南星街道、紫阳街道、湖滨指挥部(湖滨管委会)、吴山指挥部(河坊街管委会)、杭州玉皇山南指挥部(山南创意产业园管委会)、望江指挥部、城站广场办、汽车南站管理办、区国土分局、区国税局、区地税分局、区工商分局、区质监分局、区交警大队、区规划分局、区消防大队和运管上城管理处;九个联席会议组分别为党风廉政工作组、宣传动员组、区域经济发展和工业发展工作组、现代服务业发展工作组、民生保障组、社会管理组、城建城管工作组和绩效考核工作组。

各职能部门、街道负责接收社会管理联动指挥中心(与平安上城110社会联动中心合署)的指令,及时对交办事件进行正确处

置,并在第一时间给予反馈。需要多个部门联合处置的事件,协同部门需要积极响应牵头部门的联动要求,并给予各方面的支持与配合。如何避免网组片运行中出现的上报信息敷衍、造假,承办部门推诿或承办不力的现象?上城区明确区纪委监察局、区委组织部、区信访局等部门的职责,通过监督问责等方式对联动部门形成制衡,从而形成有效的联动保障(表4-2)。

表4-2 联动部门的制衡体系

制 衡 部 门	制 衡 方 式
区纪委监察局	对网组片运行过程中的效能问题进行跟踪督察,对上报信息敷衍、造假、承办部门推诿、承办不力,以及施加影响网格正常开展工作的,按照规定进行问责
区委组织部	对多次"有责退办"和"弄虚作假"的部门主要领导进行约谈
区委宣传部	对网组片整体运行情况和典型案例的宣传、报道以及媒体互动
区信访局	对疑难事件结合领导接访进行兜底处置
区民政局	结合和谐社区考评,规范基础网格日常走访工作和上报信息的质量
区公安分局	联动平台的日常运行与维护,以及各类通知公告及要情的下达,并将全区社会服务管理联动处置情况及时进行汇总提交领导小组参阅
区政法委(维稳办)	配合街道负责协调具有一定社会影响和可能造成不稳定因素的事件,并及时将处置情况提交领导小组
各联动单位	视本部门工作特点制定相应的联动办法,以确保各类问题的上报和解决

四、"平安365"社会服务管理联动机制

上城区网格工作流程为网格工作组(综治、民政等兼任)→网格内收集社会舆情动态,接受群众、单位的办事要求→分类录入系统(数据类、日志类、协同办理类)形成工作日志台账→协同办工机

制启动→事项办理完毕→相关信息及数据汇总成库→综合部门研判分析→形成全区性的工作指导意见(图4-6)。

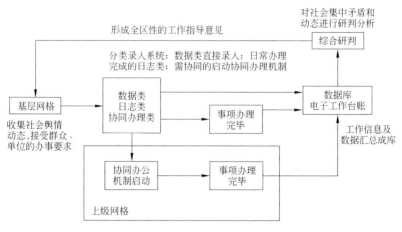

图4-6 网格工作流程示意图

"平安365"社会服务管理联动中心处理各网格所收集信息的具体流程如图4-7所示,由信息收集、案卷建立、任务派遣、任务处理、处理反馈、核查结案、综合评价七个步骤组成。

步骤一:信息收集。在区联动中心与街道、街道与社区之间建立社会管理和服务的问题流转办理机制。网格长对本网格区域内上报的各类不稳定因素、治安隐患、事故隐患、居民矛盾等进行随时排查,信息员在本网格内巡视。对于能在社区内解决的问题,解决后登记备案;需上报街道处理的问题由基础网格长提交街道处理并备案;需上报区联动中心处理的问题由街道上报,真正做到"全覆盖、全方位、全动态、全过程"。

步骤二:案卷建立。各级网格对收集的社会管理与服务信息分类存档(电子档案);区联动中心工作人员对网格上报、群众举报、上级交办、公开受理这四个渠道获得的所有社会服务管理信息,按其重要程度、紧急程度、业务归属等进行分类,并及时对该事件作出"归档"或"进一步处置"的判断。对需要进一步处置的事件,则立案跟踪,并报负责人审核。

第四章
上城经验：三界联合　资源共享　条块协作　制度保障

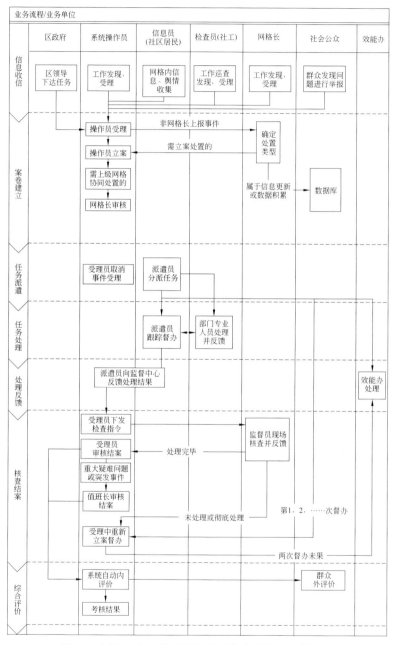

图 4-7　区联动中心处理各网格所收集信息的具体流程

步骤三：任务派遣。区联动中心负责人将立案的案卷进行分解，确定责任单位，并交由工作人员派遣至相关责任单位处置。对涉及多部门的任务，确定事件主办单位和协办单位，实行派单处置。

步骤四：任务处理。相关责任单位按照区联动中心的指令，按规定组织人员到现场进行处置。各相关责任单位在签收任务后，未按规定时间要求进行反馈和处置的，中心会同区纪委监察局（效能办），通过系统进行催办。中心或当事人对责任部门的处置结果有疑义的，经汇报评估后，可发起督办。涉及多个部门联合解决的问题，由责任单位协调各协办单位解决，并由区联动中心督促落实。

步骤五：处理反馈。各相关责任单位对问题处理完毕后，要通过系统及时将处理结果反馈给区联动中心，系统自动记录被分配单位对任务处理的结果反馈时间。

步骤六：核查结案。中心对各责任单位反馈或处置完成的事件，自动流转给事件所在地网格，由网格工作人员回访事件处置情况，并填写《上城区"社会服务管理网格化"工作群众满意度测评表》，中心将所有回访情况作为事件的结案情况归档。

步骤七：综合评价。中心根据运行情况可组织"开放日"活动或邀请"两代表一委员"等进行整体工作评议，也可在网格回访过程中对各职能部门处置情况开展问卷调查，中心定期发布问题处置情况和各责任单位的绩效评价情况，接受社会监督。

事件处理过程中，为提高各联动单位的重视程度，上城区制定各责任单位的主要领导承担领导责任，同时明确分管领导和联络员，指定专人及时签收中心任务指令，对交办事件进行及时处置，并在规定时间内给予反馈。对于需要多部门配合联动处置的事件，牵头部门需协调各协作部门及时反馈处置工作情况，对在交办事件处置中需要其他职能单位联动配合的，可向联动指挥中心提出联动申请。

业务分流方面，上城区规定，对于单纯涉及居民、邻里之间的

第四章
上城经验：三界联合　资源共享　条块协作　制度保障

问题，原则上由社区承担协调与处置责任；对于涉及政府职能部门的问题，按照"职责内的必须办，职责相近的积极办，完全非职责内的慎重退"的原则，由首问责任部门做好先行处置以及向上沟通、横向协调、释疑解惑等工作；对于涉及居民与多个相关职能部门的问题或可能引发一定社会影响的相关问题，原则上由街道牵头社会层面协调，联席会议组负责部门间协调；对于现阶段法律法规及政策环境下无法解决的问题以及历史遗留问题，原则上由中心分类归档，派交联席会议组的牵头部门和分管区领导备案，作为"决策参考"类信息集中调研处置，并及时向领导小组提交处置意见或方案。

事件处置部门工作流程如图 4-8 所示。

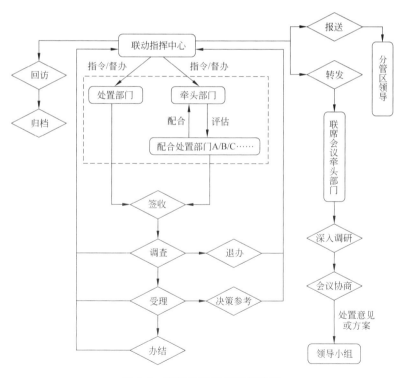

图 4-8　事件处置部门工作流程

指令签收。对于中心下达的工作任务派遣指令,要求在24小时内及时进行签收。

事件处置。各业务处置部门签收工作任务后,及时开展相应调查,并按中心下达的反馈时间要求做出"受理"或"退办",同时对受理事件进行处置的首次反馈。对事件处置的反馈可以根据处置进度和变更情况多次反馈。

事件退办。各业务处置部门签收工作任务并进行调查后,发现该事件不在本单位职责范围的,可发起退办程序,将事件退办给中心,并提出退办的充分理由及建议。

办结提交。各业务处置部门认为工作任务已处置完成,则发起事件办结提交。办结提交的事件可以分为以下几种情形:完全处置完毕的;在现阶段条件下只能处置到目前程度的;现阶段条件下无法处置的。对现阶段条件下无法处置的任务,可以提交至"决策参考",进行存档备查。对责任部门办结提交的事件,中心视情况组织回访、督办、归档。

联动评估。多部门联合处置的事件中,牵头部门对其他配合处置部门的协调情况进行评估。

联席处置。对责任部门认为现有条件下无法处置完成并提交至"决策参考"类的事件,中心转发至相应联席会议的牵头部门,并以周报形式报联席会议分管区领导。联席会议牵头部门对此类事件进行深入调研,对集中反映较为突出的问题,联席会议阶段性地召开会议协调解决,并向领导小组提交处置意见或方案。

五、"平安365"社会服务管理联动保障

上城区制定了《上城区"平安365"社会服务运行管理办法》,目的在于规范平台内的中心、部门、网格之间的合理有效协作、运

行处置及明确责任部门的日常管理等工作。通过信息化手段对社会事务进行收集、评估、处置、跟踪,从而完善提升社会服务与管理的科学化、精细化水平。

上城区对基础网格的"一格三员"制定了详细、可操作、可视化的管理制度。如通过制度化方式规定社区居委会书记每月需要组织召开社区"一格三员"管理例会,由街道挂点领导、街道相关科室负责人、社区书记、全体网格人员、信息系统专门工作人员等共同参与,网格信息员需汇报各自网格上月矛盾纠纷与问题隐患排查化解等情况。街道党工委原则上每月召开一次专题会议,听取各挂点领导汇报各社区召开的"一格三员"管理例会情况,了解"一格三员"管理及不和谐因素动态治理工作中存在的突出问题,分析研讨应对策略。

输入端的制度化规范和输出端的绩效考核是规范化管理的两个重要环节。自西方国家的"政府再造"运动以来,绩效考核开始广泛进入政府的实践活动当中,成为衡量政府部门工作绩效不可或缺的重要环节。考核体系的设计引导着政府部门工作的重点和方向,考核本身只是手段不是目标,与奖惩直接挂钩的考核体系往往会成为政府部门履行职责的"指挥棒"。有效的考核体系是推动政府部门工作效率和效能的保障之一,但政府部门的具体事务和实际工作的差异性也表明,完善的考核体系的设计需要经过长期的研究、试验和反复论证。

上城区通过制定《上城区"平安365"社会服务管理考核办法》,规范"平安365"社会服务管理联动日常督察工作及其考核措施。《办法》对各网格、联动指挥中心、处置部门的工作职责、考核原则、考核对象、考核机构、考核内容、考核周期、考核分值与奖惩、考核纪律等进行了详细的规定。

上城区对"平安365"社会服务管理联动工作提出了"发现及

时、处置快速、解决有效、监督有力"的具体要求,并设计相应的考核体系,由区考评办牵头,区社工委和区社会服务管理联动指挥中心参与,对包括指挥中心、区各职能部门、各街道、社区和基础网格在内的四级网格中的全体部门的履职尽责情况进行考核。为保障考核的客观公正,指挥中心自身的考核成绩不纳入排名结果;基础网格的考核成绩以街道为单位计算平均分纳入街道得分。

指标和权重设计方面,对指挥中心考核"正确交办率"和"部门反馈率"两项指标,各占50%;对处置部门考核"实时处置率"、"问题解决率"、"满意率"三项指标,分别占30%、30%和40%;对基础网格考核"上报率"、"自行处置率"、"回访率"三项指标,分别占30%、30%和40%。

以下三种情形可以进行加分:①获得区级以上新闻媒体正面报道的;②发现重大安全、维稳隐患或苗头并及时上报或制止,从而避免引起重大社会事件的(有区领导或相关上级部门批示的);③合理利用辖区资源主动开展服务或解决问题的,并获得辖区居民好评的。

以下四种情形会引起扣分:①在省、市、区级检查中出现问题的;②不符合信息报送规范或上报处置情况"内容敷衍"、"弄虚作假"的;③基础网格当日无任何工作或情况但未作"零报告"的;④社区群众满意度评价排名末5位的。

考核结果运用方面,考核小组分月度、季度和年度分别对职能部门和基础网格分类进行考核排名,月度和季度考核结果在全区通报,年度考核结果纳入年度目标管理考核记分,与部门的工资奖金挂钩;考核排名末尾的部门和街道给予全区通报批评和相应的目标管理扣分。

六、标准化手册规范网格管理员行为

上城区要求各基础网格以统一蓝本制作《上城区社会服务管理网格化工作指引手册》（以下简称《手册》），内容包括网格基本情况、网格工作职责、网格工作流程规范、基本信息采集规范、事件信息采集规范、网格服务内容指引、网格服务和管理对象清单、网格服务和管理力量清单等，《手册》通过量化网格具体工作内容，明确信息报送与时间处置流程，指导和规范工作人员开展日常服务和管理，各网格在"一格一册"编写中突出管理服务的资源和对象，充实和丰富具体服务内容，有效提升和优化基础网格内的管理服务功能。全区159个基础网格都按标准化格式整理编写完成了本网格的工作指引手册。

规范化文本要求信息员对网格内的基层党组织、机关企事业单位、社会组织、公共设施以及党团员、专家名人、意见领袖、空巢老人、低保特困对象、优抚对象、进城务工人员、失业下岗人员、司法归正人员、社区矫正对象、残疾人、精神病人、上访人员等的信息发生动态变化的，在24小时内报协管员，协管员在2个工作日内入户核对采集信息，及时上报网格长。上城区还对特殊家庭和重点单位的网格服务内容、具体要求等做出了详尽的规定，详见表4-3和表4-4。

此外，联动指挥平台在设计时将事件类型和等级进行了模块化设计，方便指挥中心工作人员对事件的识别、分派和管理，也方便决策者对各类事件历史数据的调取和分析。具体而言，目前设计的事件类型包括公共服务类、社会事务类、安全稳定类、应急管理类、党群组织类、行政执法类、社情民意类和其他类（表4-5），各事件类别可以酌情划分子类。根据事件描述，在录入系统时将事件区分为重大事件、紧急事件和一般事件。

表 4-3 特殊家庭网格服务内容

对象	具体要求	服务内容	总体要求
持证家庭	由社区帮扶救助员每月上门走访1次	1. 宣传党委政府近期的惠民政策； 2. 了解生活近况及存在的问题和困难，并予以反映和协调； 3. 组织健康状况良好的家庭参加义务劳动； 4. 征求对社区的建议和意见	1. 网格人员每天上、下午必须到责任区各巡查1次，掌握网格内社会治安综合治理、信访稳定信息，及时、全面、准确排查安全生产隐患；及时登记上报网格内常住人口、流动人口计划生育期内信息、户况信息，对政策外怀孕和政策外生育等重要信息，做到当天发现当天上报；配合相关部门做好突发性事件的协调处理工作，并及时上报信息；组织网格内居民参与社区开展的公益、志愿服务、文体等活动；提倡网格责任人在网格责任片区实行服务代理，特别是针对行动不便的老弱病残群众的服务代理 2. 认真记录民情日记 3. 遇不能解决的问题以及新的信息需填写交办单，并及时反馈
残疾人家庭	由残疾人专管员每月上门走访1次	1. 宣传党委政府近期的惠民政策； 2. 了解存在的问题和困难，并予以反映和协调； 3. 征求对社区的建议和意见	
空巢家庭	由社区民政福利委员每月上门走访1次	1. 宣传党委政府近期的惠民政策； 2. 了解存在的问题和困难，并予以反映和协调； 3. 征求对社区的建议和意见	
独居家庭	由社区民政福利委员每月上门走访1次	1. 宣传党委政府近期的惠民政策； 2. 了解存在的问题和困难，并予以反映和协调； 3. 征求对社区的建议和意见	
下岗失业家庭	由劳动保障协理员每月电话随访1次	1. 宣传党委政府近期的惠民政策； 2. 了解就业状况以及存在的问题和困难，并予以反映和协调； 3. 征求对社区的建议和意见	
矫正对象家庭	由社区综合治理委员月上门走访1次	1. 宣传社区近期主要工作； 2. 了解矫正对象近况及存在的问题和困难，并予以反映和协调； 3. 组织矫正对象参加社区公益活动； 4. 征求对社区的建议和意见	
双拥家庭	由社区民政福利委员每月上门走访1次	1. 宣传社区近期主要工作； 2. 了解居住成员近况； 3. 征求对社区的建议和意见	
吸毒人员	由社区综合治理委员月上门走访1次	1. 宣传社区近期主要工作； 2. 了解吸毒人员近况及存在的问题和困难，并予以反映和协调； 3. 组织矫正对象参加社区公益活动； 4. 征求对社区的建议和意见	

第四章
上城经验：三界联合　资源共享　条块协作　制度保障

表 4-4　重点单位网格服务内容

对象	具体要求	服务内容	总体要求
重点消防单位	由街道消安办相关工作人员和综治委员每星期上门走访1次	1. 宣传相关用火用电的知识及教育培训； 2. 配合单位做好重点部位的安全隐患的排查和自查； 3. 定期巡查和抽查	1. 网格人员每天上、下午必须到责任区各巡查1次，掌握网格内社会治安综合治理、信访稳定信息，及时、全面、准确排查安全生产隐患；及时登记上报网格内常住人口、流动人口计划生育期内信息、户况信息，对政策外怀孕和政策外生育等重要信息，做到当天发现当天上报；配合相关部门做好突发性事件的协调处理工作，并及时上报信息；组织网格内居民参与社区开展的公益、志愿服务、文体等活动；提倡网格责任人在网格责任片区实行服务代理，特别是针对行动不便的老弱病残群众的服务代理 2. 认真记录民情日记 3. 遇不能解决的问题以及新的信息需填写交办单，并及时反馈
重点治安单位	配合派出所民警每月上门走访1次	1. 宣传相关的法律法规； 2. 了解存在的问题和困难，并予以反映和协调； 3. 定期抽查	
重点企业	由网格长每月上门走访1次	1. 宣传党委政府近期的惠民政策； 2. 了解存在的问题和困难，并予以反映和协调； 3. 征求对社区的建议和意见	
民兵单位	由人武部每月上门走访1次	1. 宣传兵役制度和民兵制度； 2. 了解基于民兵工作和生活上遇到的困难； 3. 征求对社区的建议和意见	
学校	由文教委员牵头每周上门走访1次	1. 法制和安全教育； 2. 提供中小学生寒暑期社会实践活动； 3. 加强校园安保力量	
重点文保单位	由网格长每月上门走访1次	1. 了解存在的问题和困难，并予以反映和协调； 2. 征求对社区的建议和意见； 3. 宣传相关用火用电的知识及教育培训	

表 4-5 联动指挥中心事件类型划分

事 件 类 型	事 件 描 述
公共服务类	政策解读、行政审批、医疗卫生、公共交通、环境保护、教育、文体、商贸、旅游、社会保障、救济救助、食品安全等信息
社会事务类	就业创业、计划生育、物业管理、通信服务等信息
安全稳定类	安全生产、隐患排查、户籍管理、矛盾调解、重大事情处理、法律援助、信访监控、综合治理、社会治安、宗教事务等信息
应急管理类	应急预案、应急队伍、专家团队、危险源排查、避难场所建设、物资储备等信息
党群组织类	党的建设、工会组织、青年组织、妇女儿童、社会团体、民主党派、统一战线、各界社会团体组织的活动等信息
行政执法类	行政处罚、法规解读、行政执法监督队伍、行政执法监督员等信息
社情民意类	建言献策、民生民情、投诉建议、热点咨询等信息
其他类	不属于上述类别的其他事件

七、延伸：多网合一破除信息孤岛

上城区社会服务管理网格化融合了"社会治安综合治理网络"、"组团式服务、片组户联系"、"居家便民服务网络"、"110 社会联动"等社会管理服务网络，建立以"人、地、物、事、组织"为核心的基础信息数据库，使涉及管理和服务的各项工作均能纳入基础网格中，形成"一网揽尽"、"一网多用"的格局。

"平安上城 110 社会联动机制"以上城区 110 社会联动指挥中心为枢纽，建设全区统一的 110 社会联动处置机制和联网信息平台，有效整合"12345"、"96345"、公安"110"、行政执法智能管控平台、民政"社区 e 家人"、行政服务中心等部门现有信息平台资源，并涵盖工商（含消协）、劳动、食品、卫生、环保等垂直管理部门业务专网信息系统资源，实现联动处置的顺畅、高效。

第四章
上城经验：三界联合　资源共享　条块协作　制度保障

为更好地发挥区级网格指挥调度、考核评估和监督管理作用，上城区投入专项资金900余万元，在原有的平安上城110社会联动机制基础上，科学整合全区社会资源，集中打造出集上城区社会事务服务中心、上城区社会管理联动指挥中心、上城区网组片数字平台运行管理中心、杭州市公安局上城公安分局指挥（情报）中心、平安上城110社会联动中心、上城区机关作风和效能监察中心、智慧上城社区事务服务中心数字平台七大功能的指挥中心，中心功能区域包括指挥大厅、视频会议室、情报中心等，并在大厅设立功能席位21个，包括首长指挥席、110联动、社会管理联动社会服务管理、公安指挥、金融报警和视频巡查，中心共配备辅助工作人员20名。

此外，上城区专门成立了"社会事务联动处置中心"暨"网组片数字平台运行服务中心"，运用GIS地理信息云服务，统筹共享信息服务资源，整合了全区涵盖党群系统、政府系统、社会团体、企业、志愿者、便民服务点等49类4万余条公共信息和服务资源，群众有任何需求或建议均可向本网格的信息员提交，信息员通过"社会服务管理指挥系统"直接向联动指挥中心提交；指挥中心综合各方信息，整合政府、各界团体的资源，给予最优化的处置。

区社会管理联动指挥中心作为一级网格和全区社会管理及公共服务事务处置的信息中心、监督中心，受区社工委直接领导，代表区委区政府负责对全区社会管理网格化工作的综合协调，中心主要职责包括：负责接收网格上报的所有信息，根据业务内容进行整理、分析、统计，并作出合理的分类、研判，对需要处置的事件向各职能部门分派任务和催办落实，对处置结果进行跟踪、监督，并通报每日工作情况；负责对各职能部门进行系统操作培训，综合协调、指导各部门开展派遣任务的处置；配合区纪委、监察局（区效能办）及各基础网格对各街道、各部门社会服务管理工作的履职情况进行监督、考核与综合评价；组织召开工作例会，协调解决平台运行中的问题，指导、配合各街道、各社区做好网格管理员（网格长）、协管员、信息员的配置、培训、考核及日常管理。

各街道成立相应的社会建设和社会管理工作委员会和社会管理联动指挥中心（与区110社会联动体系中的街道职能相结合），负责本街道网格的日常管理与综合信息系统的运行。

八、信息共享提升资源可及性

在此基础上，上城区通过充分整合各部门资源，突出建设"四大基础平台"（图4-9），形成"七大类数据库"（图4-10），架构起信息化、精细化和标准化管理和服务的有效载体，为解决群众关心、关注的热点及难点问题，打造和谐稳定的社会环境，提供便捷、高效的公共服务创造了条件。

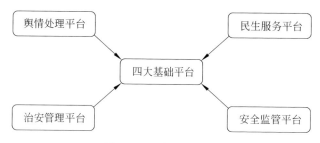

图4-9 四大基础平台

舆情处理平台设在区信访局，主要以区政府内网为基础，对社会管理网格化系统收集的基层社情民意及市、区"12345"便民服务热线、政府网站、区长信箱等渠道收集的群众诉求进行全面整合、规范运作，按照"集中受理、分类办理、分级负责、全面反馈"的方式，完善舆情收集、处理、督办和反馈机制，解决群众的各类诉求。

民生服务平台设在区行政服务中心，涉及保障性住房、就医、上学、社会救助、劳动保障等民生领域的相关职能部门，在保证信息安全的前提下，通过"数字城管电子地图"，加载业务系统相关数据图层，建设民生服务平台，为广大民众提供及时、便捷、全面的服务，并为领导决策提供翔实的基础资料。

安全监管平台设在区安监局（交警大队、消防大队），重点围绕建筑工地、危险化学品、消防、道路交通、学校等重点行业和重点部位,以全区电子地图和卫星影像图为基础数据,根据行政区划将地图划分成网格化的监管区域,对网格内各重点行业的监管对象进行详细分类和地图标注,从而建立完整、准确的监管对象数据库、行业安全隐患标准数据库和安全隐患处置措施数据库。同时,明确各级网格的责任领导、责任人员及其工作任务,制定完善安全隐患排查和整改流程,实施分层、分级,全时段、无缝隙、精细化管理,做到及时发现隐患、快速处置隐患,确保安全监管的全覆盖。

治安管理平台设在区公安分局,该平台充分利用全区地理信息系统(电子地图),通过加载社区民警逐居、逐户、逐人采集的涉及重点单位、重点行业、重点场所等各类治安管理基础信息,打造全区治安管理信息化平台,努力以信息化推动全区治安管理机制的全面创新,构建全方位的社会治安动态防控体系。

七大类综合数据库记录并存储四大基础平台的日常工作数据和各类基础信息,为业务信息的统计分析汇总与辅助指导决策提供依据。这七大类数据库分别为公共服务、社会事务、安全稳定、应急管理、党群组织、行政执法、社情民意数据库,如图 4-10 所示。

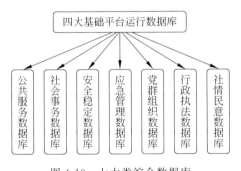

图 4-10 七大类综合数据库

公共服务数据库包括政策解读、行政审批、医疗卫生、公共交通、环境保护、教育、文体、商贸、旅游、社会保障、救济救助、食品安全等信息。社会事务数据库包括就业创业、计划生育、物业管理、通信服务等信息。安全稳定数据库包括安全生产、隐患排查、户籍管理、矛盾调解、重大事情处理、法律援助、信访监控、综合治理、社会治安、宗教事务等信息。应急管理数据库包括应急预案、应急队伍、专家团队、危险源排查、避难场所建设、物资储备等信息。党群组织数据库包括党的建设、工会组织、青年组织、妇女儿童、社会团体、民主党派、统一战线等信息。行政执法数据库包括行政处罚、法规解读、行政执法监督队伍、行政执法监督员等信息。社情民意数据库包括建言献策、民生民情、投诉建议、热点咨询等信息。

多元主体结构有助于集中盘点管理和服务资源，更好地匹配居民群众的供给和需求。图4-11为上城区207网格社区服务资源库，仅需通过简单查询，就能清晰获知社区服务资源的配置情况，为服务供给和服务获取提供了便利。

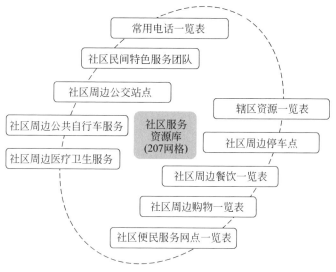

图4-11　上城区207网格社区服务资源库

九、三级联动，提升应急响应能力

上城区人口密集且人口流动性大，其公共应急救援服务涉及众多的政府部门，这对政府部门之间的有效联动提出了现实要求。基于此，上城区通过建设"平安上城110社会联动机制"，实现政府各机关实现联动和资源共享，遇到紧急情况和救援需求力争在最短的时间及时掌握信息，作出准确判断和科学决策，进而实施统一

第四章
上城经验:三界联合 资源共享 条块协作 制度保障

指挥调度。联动机制提高了政府部门的服务效率和应对突发、紧急、重大事件的快速反应和管理能力,能以最短的时间、最大限度地减少人民的生命、财产损失,维护社会稳定和经济发展。

具体运作上,"平安上城"110社会联动指挥中心根据接报后的实际需要,直接指令相关成员单位落实处置、反馈。各联动单位需接入网络派单系统,并配发对讲机、安装专线电话。其中,网络派单可参考公安110派警系统,基于政府内网架构搭建平台。按照警情的紧急情况和涉及联动的频率高低,全区的联动单位被划分为三个层次。

第一层次为一级联动单位:含区公安分局、区行政执法局、上城工商分局及各街道等,应有固定的处置力量、装备和车辆、专门值班场所和接入电脑派单系统,并实行24小时值班,在接到派单指令后能立即赶赴现场,开展处置工作;第二层次为二级联动单位:含区维稳办、区应急办、区民政局、区住建局、区人力社保局、区文广新局、区安监局、上城质监分局、上城交警大队、上城环保分局、上城运管处等,应每天落实值班人员,24小时保持通信畅通,随时接收指令,并在24小时内回复落实情况;第三层次为三级联动单位:含区委宣传部、区考评办、区信访局、区教育局、区司法局、区商贸旅游局、区卫生局、区城管办、区人武部、区法院、区妇联、区残联、上城药监分局等,应明确日常工作联络员,及时接收联动指令,由区110联动指挥中心根据警情实际确定处置时效。以上三个层次的联动成员单位根据事态的紧急程度,随时调整联动级别,一级状态应即时接收指令赶赴现场处置。图4-12为"平安上城"110应急联动机制实施流程。

为了提高联动处置效率,上城区专门开发了"平安上城"情报信息分析预警系统,全面整合维稳办、信访局、"数字城管"、公安"110"以及各街道等其他相关部门掌握的情报信息,通过接入视频监控,运用3G网络传输、GPS定位等科技手段,实现综合预警、指令。根据情报信息研判,全区按照各街道行政管辖区域划分区块,

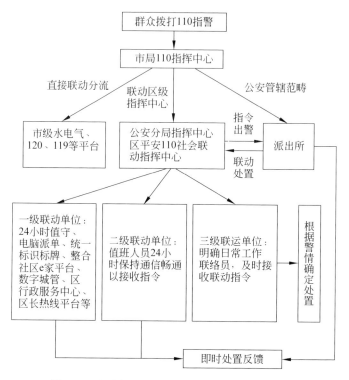

图 4-12 "平安上城"110 应急联动机制实施流程

各区块实行三色标注实时预警(三色即红、黄、绿)。其中红色预警状态包括发生恐怖袭击、骚乱,大规模聚集上访、示威游行,重特大自然灾害等影响社会安全稳定的重大事件以及公安启动"非常型"防控模式的情况;黄色预警状态包括发生全区范围影响较大的群体性事件,春节、国庆节等重大节庆日,特大暴雨、雪灾、冰冻等影响群众生产生活的灾害性天气,刑事案件同比大幅上升以及公安启动"加强型"、"紧急型"防控模式等情况;绿色预警状态指全区实行常态管理,对预警信息关注掌握。预警系统中对各成员单位应急联动处置力量和资源的分布情况作地理标注;对路面巡逻的车辆、人员以 GPS 方式定位,在电子地图上实时显现,便于实时调度指挥处置;对社会面现有的治安、城管、交警、社区、物业以及单位自有的监控设施进行整合,有效掌控现场联动情况,重特大事(案)件、灾害事故实行实时监控和预警指令。

第二节 宏观层次:协同治理的驱动、过程与结果

上城区"平安365"社会服务管理联动形成了区委领导班子、政府职能部门、派出机构、社区自治组织和公众的协同关系,为基层政府的社会治理创新提供了新的蓝本。宏观层次,"平安365"社会服务管理联动案例反映了政府与社会之间的关系,本节将围绕三个问题展开:协同治理究竟是如何产生的?又是如何发挥作用的?参与者之间为什么能够形成持续互动的协同关系?

一、协同驱动:需求信息与行政资源不相匹配

资源依赖理论假定,组织通过与外界环境的资源交换维持生存,从而揭示了协同治理参与者关系的实质。布赖森(Bryson)等将信息共享、资源互补、能力互补和共同行动视为跨部门协同的四个要素;① 阿格拉诺夫(Agranoff)归纳出四种政策协同网络,其中之一就是以信息交换和问题解决为目的的信息网络;② 安思尔(Ansell)和盖什(Gash)将参与者权力和资源的不平衡性视为协同治理的起始条件;③ 艾默生(Emerson)等提出,协同治理的驱动因

---

① Bryson, John M., Barbara C. Crosby, and Melissa M. Stone. The Design and Implementation of Cross-Sector Collaborations: Propositions from the Literature. Public Administration Review, Special Issue, Vol.66(2006):44-55

② Agranoff, Robert. Inside Collaborative Networks: Ten Lessons for Public Managers. Public Administration Review, Special Issue, Vol.66(2006):56-65

③ Ansell, Chris, and Alison Gash. Collaborative Governance in Theory and Practice. Journal of Public Administration Research and Theory, Vol.18(2007):543-571

素来自于系统情境,其中包括领导力、关键诱因、相互依赖和不确定性。① 可见,相互依赖在驱动协同治理时的不可或缺性已经成为学术界的普遍共识。上城区"平安365"社会服务管理联动的案例表明,需求信息在党委、政府、居民自治组织和社会公众之间的分配状态呈现正金字塔形,而资源在不同主体间的分配状态却呈现倒金字塔形,需求信息与行政资源严重不相匹配。在此情形下,通过协同治理能够改进这种不匹配问题,从而提升社会服务管理成效。

（一）区领导班子：亟须破解社会需求信息短缺难题

上城区提出"让每一寸土地都有精细化管理,让每一户人家都有心贴心服务"的网格化治理理念,其前提是全面准确的社会需求信息。然而,在传统模式下,社会需求信息很难上升为政策议题。粗略统计,基层政府八成左右的决策议题来自政府组成部门,约有20%的议题来自同级党委、上级政府、人大代表建议和政协委员提案,来自市场主体、社会组织和公众的议题不足1%；此外,领导走访考察效果有限,内部舆情报送流于形式。

不难发现,传统的决策信息来源基本排除了将公众的动态社会需求直接呈递给决策者的可能性,反之,决策者想要了解公众动态,只能通过加工处理过的二手信息。信息传递的链条越长,信息衰减越明显,当公众需求通过社区、街道上传给职能部门和区领导时,信息的质量已经大打折扣。因此,对于握有行政资源的区领导班子而言,信息短缺束缚了决策的手脚。

（二）政府组成部门：亟须打破信息"孤岛"格局

这里的政府组成部门主要指区政府的职能部门、派出机构和垂管部门。传统管理模式下,政府与公众的沟通渠道很不健全。一方面,半数以上的职能部门不设置服务窗口,与公众没有

---

① Emerson, Kirk, Tina Nabatchi, and Stephen Balogy. An Integrative Framework for Collaborative Governance. Journal of Public Administration Research and Theory, Vol. 22, No. 1 (2011): 1-30

直接接触;另一方面,公众遇到具体问题时,不知道该找哪个部门。在上城区,上述两方面导致公安分局成为公众诉求的"最后一根稻草"。2002年到2007年间,分局的接出警次数从日均十起上升到百起,"其中大部分是生活琐事","因为老百姓发现,打别的电话没人来,打110马上有人来"。然而,公安与职能部门之间缺乏事件传递的常态化机制,"有时候听到公安的人去了,他们(职能部门)就假装不知道(有这件事)"。政府组成部门的信息"孤岛"效应,不仅扭曲了行政资源的有效配置,也使得公共服务部门与公众渐行渐远。

(三)社区自治组织:亟须释放积压的公众诉求

社区是居民自治组织,但街道和社区之间存在诸多业务联系。由于工作需要,社区会经常主动联系居民,因此也更容易得到居民的各种意见建议。面对居民反映的问题,社工一般先进行情绪安抚,然后将问题反映给社区主任,由社区主任转达街道领导,再由街道领导反映给街道主任和书记,"等事情传到区里不知道过去多久了,说不定传到中间哪个环节就压在那里了"。由于缺乏制度约束,信息不传递现象在基层治理中极为普遍,"没有人说得清有多少问题在传递过程中消失了"。这也为社工日常工作的开展带来了无形的压力。

(四)需求信息与行政资源不相匹配

尽管大量事权沉淀在基层,但行政资源配置呈现出明显的倒金字塔形,政府通常握有人、财、物等解决社会问题的关键资源。相比而言,区领导能够调配的资源最多,其权力的影响范围最大,重大决策都在常委会上产生。职能部门和街道都是重要的决策执行机构,职能部门享有与履行本部门职责密切相关的权限和资源,但普遍不具有跨部门的影响力,不过相比于派出机构,职能部门还是占据着相对的资源优势。街道的处境则比较尴尬,某街道反映,每年年初街道需要与职能部门签订目标考核责任书,但街道没有行政执法权,当需要职能部门给予权力和人员支持时,又会遭到"属地管理"的推脱。由于我国目前尚处于社会资本较低的阶段,自治氛围尚未形成,因此社区自治组织通常只能依靠社工的个人能力来调和争议;公众个人和家庭则通常不具备解决社会治理问题的资源禀赋。

表4-6总结了需求信息和行政资源在不同主体之间的分配状态,为了更好地满足社会需求,必须优化需求信息与行政资源的匹配,协同治理是实现这一状态的有效方式。

表 4-6 需求信息和行政资源分布

潜在参与者	信息	资源
区领导	■□□□□□	■■■■■□
职能部门	■□□□□□	■■■■□□
街道	■■□□□□	■■■□□□
社区	■■■■□□	■■□□□□
公众	■■■■■■	□□□□□□

注:黑色色块表示拥有信息或资源的情况。

二、协同过程:构建操作性制度和辅助性制度

协同治理过程中的制度建设可以分为两大类:操作性制度和辅助性制度。操作性制度对"做什么"以及"怎么做"加以规范;辅助性制度对"做得怎么样"进行约束。一般地,操作性制度是所有协同过程不可或缺的要素,但辅助性制度的需求情况与协同主体社会资本的多寡有关。在上城区"平安365"社会服务管理联动中,操作性制度以信息技术和标准化为依托,实现了收敛式的信息集成和以需求为导向的资源分配,同时,由于以社会资本为纽带的主体间信任关系不甚明显,嵌入于现有制度体系中的辅助性制度成为各个协同环节得以顺畅运转的关键保障。

(一)通过规范化渠道疏通协同网络的信息流入

公众是社情民意的"发声器",在上城区"平安365"社会服务管理联动实践中,民意流和问题流通过网格上报、群众举报、上级

第四章
上城经验：三界联合　资源共享　条块协作　制度保障

交办和公开日统一受理等渠道进入协同网络（表4-7）。诉求信息、处置信息、反馈信息和督查信息等全部集成于联动指挥平台的数据库中，区领导班子可以随时进入平台观察动态信息，从而克服了公众需求信息的隐蔽性、分散性和不传递等问题。

表4-7　多渠道规范化的信息输入

	网格上报	群众举报	上级交办	公开日受理
诉求发起方式	信息员采集 协管员核对 网格长上报	来电来访	行政命令	当面交流
诉求发起特征	日动态报送 诉求数量大	随机性强	随机性强	集中度高

（二）通过标准化机制实现需求导向型资源分配

自治机制和联动机制是上城区实现需求回应无遗漏的两大核心机制。自治机制是指由社区服务团队和其他服务团队①以居民自治的形式在社区层面自我化解问题；联动机制针对必须由街道和职能部门甚至更高层级政府部门动用行政权力和资源来处置协调的问题，由指挥中心发布指令、转发联席会议牵头部门或报送区领导。在此大框架下，上城区以"信息化为体，标准化为用"，编制《网组片社会管理服务平台操作说明书》和《社会服务管理网格化工作指引手册》，将"平安365"社会服务管理联动工作细化到每一个角色、每一个步骤、每一步操作和每一个时间节点。信息技术支撑和标准化规范体系的建立，理顺了两大机制的运行流程，也为配套制度的建立提供了抓手。

（三）配套监督、考核和激励制度，保障流程运转

制度建设是有成本的，而社会资本具有很强的正外部性和使

---

① 社区服务团队和其他服务团队共同组成网格管理服务工作队。以上城区劳动路社区207网格为例，社区服务团队由支部书记、小组长和社工组成，其他服务团队包括志愿者队伍、社区特色服务团队、民兵应急分队、邮政服务队、行政执法工作组、公安警力、消防工作指导站和综治工作站等。

用增值性,由此不难推断,网络体系中的社会资本积累越少,对辅助性制度的需求越强烈。换言之,当社会资本积累到较高水平时,辅助性制度就成为冗余。具体到上城区,在网格化协同治理形成之前,各主体之间存在明显的信息割裂,表现为纵向行政化和横向原子化特征,社会资本的稀缺阻碍了信任关系的建立,导致需求信息分布和资源配置情况长期错位。信任关系的形成与夯实无法实现朝令夕至,因此,"平安365"社会服务联动工作的合法性来源和运行保障更多依靠的是完备的制度建设。

这里的辅助性制度包括三种形式:监督制度、考核制度和激励制度。监督制度来自部门间的制衡关系以及新生的规范和要求。上城区发挥多部门力量对问题承办情况进行监督,如区纪委重点督察效能问题,对敷衍上报、承办不力的单位及其领导按规定问责;区委组织部对"有责退办"和"弄虚作假"的部门领导进行约谈;区领导不定期过问和关注联动工作和处置情况。

考核制度建设方面,上城区专门制定《网组片社会服务管理考核办法》,根据"发现及时、处置快速、解决有效、监督有力"的要求,设计考核体系,由区考评办牵头,区社工委和区社会服务管理联动指挥中心参与,对四级网格中所有主体的履职尽责情况进行考核。

激励制度建设方面,获区级以上新闻媒体正面报道的;发现重大安全、维稳隐患或苗头并及时上报或制止,从而避免引起重大社会事件的;以及合理利用辖区资源主动开展服务或解决问题,并获得辖区居民好评的,能够获得相应加分。除公示和目标考核计分外,区委宣传部专门搜集"平安365"运行情况典型案例,进行宣传报告和媒体互动,区民政局则结合和谐社区考评,规范基础网格日常走访工作和上报信息质量。

由此可见,上城区致力于建设完备的制度来弥补社会资本不足的缺陷。那么,如何保障制度的运行效力?事实上,由于工作压力变大,联动部门普遍存在抵触情绪,"原来没有制度约束的,现在不响应、响应慢了或者没有按照要求填写报送处置情况的,都要被扣分"。"有的部门开始的时候没弄清楚是怎么回事,被扣成负分的也有"。"也有部门认为公安自己挑简单的活儿",对此,"我们从一开始就强调联动中心是区委区政府的平台,只不过放在公安,因为其他没有任何一个部门像公安那样 24 小时全天候上班"。从 2012 年的考核结果看,公安排在第十位,在 25 个部门中只处于中等位置。那么,如何应对部门的抵触情绪?"主要还是靠行政强制,建立严格的与目标管理挂钩的考核制度,一旦任务完不成就会扣奖金"。上城区采取了两大措施:一是区领导的强力推动;二是制度的有效嫁接。区领导的强力推动促使职能部门慢慢减少了相互扯皮,而将更多注意力集中于处理和解决问题;制度嫁接将监督、考核与激励三大辅助性制度嵌入于现有的制度体系,并将其执行过程渗入于常规的部门职责,缩短了处置和监督部门的适应时间。

综上所述,上城区"平安 365"社会服务管理联动工作的制度完备性较强,但由于先天社会资本不足,前期的信任关系还比较微弱。政府的主导性主要体现在两个方面:一是为协同关系提供合理、稳定、灵活的制度设计,如清晰的操作规范、与目标管理相挂钩的奖惩措施等,并引入党代表、人大代表和政协委员的监督,增加政府自身及协同治理各方行为选择的可预期性;二是培育、鼓励和指导社区自治组织开展工作,为其接收、处理和解决问题提供组织保障。当然,在社会资本较低的环境中,起点的低信任是个必经的阶段,但"平安 365"社会服务管理联动的案例显示,即使是在信任程度不那么高的社会中,完善的制度设计也能够维系协同治理关系的有序运转。进一步地,随着协同优势的不断显现,公众与社区自治组织的社会资本会慢慢积累,政府在公众心目中的形象和公信力也将日渐增强。

三、协同结果:协同优势及其表现

协同优势与协同惰性是学术界对协同结果的两大共识。协同优势是指协同治理能够实现单个参与者无法达成的目标,因此有时也被视为组织的重要资产;①协同惰性是指协同治理可能会使参与者陷入低效率或低产出状态。研究表明,当协同优势出现时,参与者会更积极地看待彼此之间的依赖关系,先前的愉快合作能够提升参与者的社会资本,不断夯实彼此的互信关系,或是提高对制度设计和运行的信心;②③相反,协同惰性会加剧参与者之间的分歧、猜疑、对立和紧张,强化参与者的不合作心理,制度创建和执行的阻力也会更大。④ 因此,资金、时间和精力的投入固然重要,但参与者之间的共赢局面才是衡量协同治理有效性的终极标准。⑤

上城区"平安365"社会服务管理联动的协同优势主要表现为两个方面:一是激发公众和社会组织的活力,主要表现为公众参与感明显增强,社会组织运转更加高效;二是实现政府的自我更新和精细化管理。其中,政府的自我更新和精细化管理放入本章第三节微观层次的分析中加以展开。

库珀(Copper)等人提出,政府对公众的信任、公众参与的有效性、公众对政府的信任、公众的参与能力以及政府的回应性与合法性对强化协同治理中公众参与的规模、深度和广泛性起着决定性作用。⑥

---

① Kanter, Rosabeth M. Collaborative Advantage. Harvard Business Review, July-August(1994):96-108

② Ansell, Chris, and Alison Gash. Collaborative Governance in Theory and Practice. Journal of Public Administration Research and Theory, Vol. 18(2007):543-571

③ Emerson, Kirk, Tina Nabatchi, and Stephen Balogy. An Integrative Framework for Collaborative Governance. Journal of Public Administration Research and Theory, Vol. 22, No. 1 (2011):1-30

④ Huxham, Chris. Theorizing Collaboration Practice. Public Management Review, Vol. 5, No. 3 (2003):401-423

⑤ Thomson, Ann M. Collaboration: Meaning and Measurement, Ph. D. diss., Indiana University-Bloomington, 2001

⑥ Copper, Terry L., Thomas A. Bryer, and Jack W. Meek. Citizen-Centered Collaborative Public Management. Public Administration Review, Special Issue, Vol. 66 (2006):76-88

首先,政府对公众的信任。"网组片是我们进行的主动升级",上城区政府在平台建立初期提出"打捞沉默的声音",政府指导社工在居民当中主动开展宣传,要求基础网格每日上报问题,表明政府从公众中挖掘社会治理"真命题"的信心。"刚开始的时候做了一些宣传,包括社区里面的公告、资料、宣传片等,但主要还是靠社工日常工作"。"社工每周需要上门走访,一般会结合节假日慰问、问卷调查等其他工作一起去,只有通过这样的方式与居民面对面接触了,才可能问到一些具体的问题"。

其次,公众对政府的信任。公众越相信政府能够解决问题,越愿意把问题和想法告诉政府。社工表示:"几件事情都处理得比较顺畅,慢慢地会形成口碑,居民有事就会想到你。"社工与居民的磨合期大约维持了3~4个月。指挥中心的数据显示,2013年上报到平台的有效需求数量明显上升,如图4-13所示。

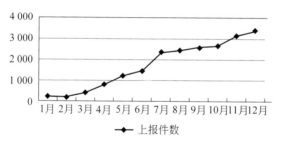

图4-13 2013年1~12月需求发起数量

数据来源:上城区"平安365"社会服务管理联动指挥中心

然后,公众的参与能力得到提升。普通公众发现问题或有困难时,可以就近反映给网格片区中的信息员,降低了个人搜寻相关部门的高昂交易成本;信息员接收到问题处置完成的信息后,会对公众进行回访,保障了公众的知情权、参与权、表达权和监督权。联动机制为社工提供了各个行政部门的资源支持,社工在面对公众开展工作时底气更足了。过去,经常可以听到基层一线工作人员的无奈:"有时候我也不知道找谁好,就算我知道,我打电话过去,也不一定有用,又没有文件政策规定,熟悉的人还跟我聊两句,不熟悉的直接就说'这个办不来'。"结果导致"社工需要帮政府和街道推,'这个事情你不用找他们(政府)的,没有用的'"。"现在一个社工可以'叫动'这么多的局,相当于通过这个平台,社工发现的问题直接交到了区里的决策层,这在以前是不可想象的"。

同时,经过一段时间的磨合,社工上报的问题的质量也在提高,不过从全局来看还有待进一步提升。"现在平台对社工的要求越来越高,有些社工能够抛开表面的东西,发现一些核心的问题,为职能部门解决问题积累素材;有些社工还是停留在很表面的问题上";"要彻底改变政府部门的工作作风,社工发现问题的水平必须提高";"如果能够引导群众把深层次的问题暴露出来,依靠联动去解决,那么做一件事,社会环境就会好一点;如果每天就盯着灯不亮了、水管坏了这些鸡毛蒜皮的小事情,也会有改善,但效果和改观不会太明显"。

那么,随着越来越多的需求向平台汇聚,是否会过度消耗行政资源?联动平台中的需求信息既包含需要联动机制解决的问题,也包含通过自治机制化解的困难,后者的比重更大;据指挥中心估算,平台正式运行一年以来[①],全区各联动部门平均需要处理的事件为37件,相对于自治机制化解的问题而言,规模并不大。自治机制之所以能够化解问题,得益于其吸附的各支专业和志愿性质的工作队伍,社会资源的活力化解了政府的压力,而这些服务团队自身也能够在解决问题和提供服务的过程中,提升能力、积累口碑、增强影响力。

最后,政府的回应性。联动工作要求处置部门在24小时内签收指令,承诺处理问题的时间,并分阶段反馈问题的处置结果。指挥中心的数据显示,问题解决率较平台建立前有所提升,其中区住建局的问题办结率由46%上升到68%;联动部门处置事件的平均执行力度为72%,公众的平均满意度为97%。回应性方面,过去政府部门在解决自下而上反映的问题时,缺乏制度鞭策和行为约

---

① "平安365"社会服务管理联动平台于2012年4月试运行,7月正式运行。

束;"平安365"社会服务管理联动要求处置部门对所承接的每条指令都需要详细录入是否解决了问题、解决到什么程度、解决的依据是什么等情况,这对政府部门规范行使行政权力提出了更高的要求,但也提升了政府部门的回应性。

第三节 微观层次:政府的组织变革与精细化管理

一、政府部门履行社会管理与公共服务职能中的主要问题

在社会管理和公共服务职能相对弱化的过去,政府是唯一的社会管理主体和公共服务供给主体,市场和社会的力量很少被纳入统一的管理和服务体系当中,导致管理方式粗放,服务供给粗糙。同时,政府部门职责主要通过行政指令在组织层级间的传递实现,部门间目标多元、立场不一,部门之间所占有的信息和资源也相对孤立。然而,随着居民群众对社会管理和公共服务需求的不断提升,单纯依靠政府的管理和服务模式已经与新的社会需求和政府职能不相适应,这就需要在认清结构性问题的同时,谋求创新与变革。在上城区,政府部门结构层面的问题突出表现在以下三个方面:

一是治理结构不合理导致资源结构与问题结构相互错位。金字塔形部门结构的层次过多,权力和资源主要集中在上级政府部门,而大量社会管理问题却积压沉淀在基层。管理链条过长,导致居民群众的真实社会管理需求可能在传递过程中变形、失真或被遗漏。大部分任务通过行政指令的形式来完成,资源在自上而下的传递过程中可能出现有意无意的"跑"、"冒"、"滴"、"漏"等现象。从而使得管理层级对社会管理的真实问题捕捉不准、反应迟缓、疲于应付。同时,层级冗余和行政指令的双重体制特征,使得绝大部分政府部门表现出对上不对下的工作态度,工作中"唯上"思想严重,脱离群众,偏离实际。

二是分工不到位,导致部门推诿扯皮现象严重。我国的行政管理体制存在条块分割的结构特征,垂直管理尽管能够保证中央政府对地方政府的权力控制,但由于分属不同领导,导致条块之间工作断点较多,分工不明确,无法形成行政闭环。当出现超出现有规范或条例适用范围的新的社会管理或公共服务问题时,可能会出现两种现象:一方面,部门之间可能会相互扯皮,互相推诿,不愿意承担牵头责任,导致权力真空,问题搁置;另一方面,部门之间可能存在"九龙治水"的格局,导致相关部门因为协调不畅而在实际处理问题的过程中暴露出慢作为、弱作为、不作为的现象。

三是制衡机制不健全,导致执行不力,协作不畅,一线人员孤立无援。一线人员拥有最直接的信息来源,但由于部门层级之间的信息不对称以及一线工作人员的权限限制,依托其个人能力来处理居民群众纷繁复杂的管理和服务需求,显得捉襟见肘。有效的制衡机制能够促使职能部门参与其中,与一线人员形成有效的信息共享,分解一线工作人员的业务压力,让问题流向真正有能力履行职责的部门,而不是被截留在基层一线。否则,既可能导致问题聚小为大,积少成多,激发潜在的社会不稳定因素;又可能降低政府为民办事的满意度,损害政府部门的整体公信力。

治理结构的弊病和体制机制的障碍,大大降低了政府履行社会管理和公共服务职能的效率,加剧了问题处理和服务供给的难度和成本,因此亟须进行相应的创新和变革。上城区"平安365"社会服务管理联动工作的启动,在转变政府职能,强化服务型政府建设,加强政府与社会协同的过程中,反过来要求政府部门进行结构与运作的调整,通过自我更新,提升履职能力,更好地在协同治理中发挥主导作用。

二、从应急联动到社会治理联动

在全面进入后城市化时代后,上城区面临着大量经济社会发展与居民诉求不相匹配而产生的矛盾和冲突,一些小问题往往因为得不到及时发现和解决而被搁置、忽视或演变为大问题。为此,

第四章
上城经验：三界联合　资源共享　条块协作　制度保障

上城区委区政府不断思考：如何才能使区领导真正了解居民群众在想什么？居民群众想要什么？居民群众真正的需求是什么？上城区"平安365"社会服务管理联动平台正是在这样的困惑中应运而生的。2012年4月25日，平台进行试运行，同年7月，平台正式投入运行。"平安365"社会服务管理联动平台设置在公安分局，不仅因为公安系统24小时作业的特征，还因为平台起因于110应急联动面临的尴尬。

相关链接4-1：110应急联动

在中国，110报警电话是一个妇孺皆知的号码。一般而言，110报警受理治安、刑事案件以及群众突遇的、个人无力解决的紧急危难求助等。然而，从十年前开始，上城区的110接出警中心开始感受到了一种别样的压力。

从20世纪末到21世纪初，随着上城区越来越强调政府的服务性职能，110的出警次数也越来越多。据某位公安干警回忆："2002年左右，上城区一个基层派出所一天接到的报警电话不到十起；但到2007年，一天能够接到上百起报警电话。"这是怎么回事？原来，110有先出警，再根据情况分析判断的规矩；上城区110出警次数增多，并不是因为盗抢案件在增加，而是越来越多的邻里纠纷、吵架、经济债务事件甚至是生活琐事找上了110。

比如，电线杆坏了、煤气漏了、猫上树了，"只要居民群众觉得可能演变成纠纷的，都来找110"。据不完全统计，这些非警务类的110接出警高达80%，涉及大量警力。"居民群众觉得一打电话110就来了，而其他部门他们可能找都找不到；这样慢慢地就养成了习惯——不管什么事情，都找110。"

对于110而言，到了现场，可能发现事情超出了110的管理权限。这种情况下，有资历的老警察会帮助居民群众找到相应的部门来解决问题；但是资历浅一些的警察，可能就会直接回复居民："这个事情不归我们管，你再去找别的部门。""有些不是110职责范围内的事情我们会推，但是在这些事情上面，居民的满意度就不是很高。"尤其是一些各个部门都不愿意沾边的事情,"有时候××部门明明知道是他们的事情,但知道公安去了,他们就不管了"。

就这样,110陷入了"两难"。一方面,110是政府部门,虽然有些事情不是110职责范围内的,但居民群众会认为"政府来了都不管,甚至解释都不解释就走了",这样有损政府形象;另一方面,居民群众什么事情都找公安,使得公安部门的工作量大大增加,许多警力都消耗在居民的生活琐事上。

基层派出所不堪重负,引起了区委区政府领导的关注。如何缓解110的"两难"境况?区里上上下下都在想办法。

2009年,时任区长提出把上城区政府部门的资源整合起来,形成联动,110社会应急联动就这样应运而生。

110社会应急联动整合了公安、城管、消防、工商等业务边界比较接近、与居民群众联系较多的几个部门,形成了一整套工作体系。公安部门通过接出警中心的报警电话分流信息,对于公安权限范围内的事情,按照公安系统的工作程序出警处理;对于不属于公安权限范围内的事情,通过110指挥中心进行二次分派。比如,路灯不亮属于城管局的工作范围,指挥中心就会将业务分派给城管局处理。

"过去,这些事情主要依靠民警个人能力去协调,有些部门未必叫得动;现在指挥中心在区委区政府的授权下进行指令式的业务分派,原来私对公的协调方式就变成了公对公的了"。业务流转中,110指挥中心设置了三级联动的作业模式。一级联动需要立即响应,二级联动24小时内响应,三级联动的响应时间相对长一些。例如,城管局,业务上与公安接近,需要24小时值守,是一级响应部门;一些不需要24小时值守,但需要当天或隔天解决事情的部门,是二级响应部门;而涉及政策制定等需要一段时间才能完成事情的部门属于三级响应部门。

那么,"应急"二字是如何体现的呢?原来,当时的110应急联动意在应对急、难、险、特的事情。例如,摊位与业主发生经济纠纷,公安出警后,先联动街道维稳,然后介入调查是否有违法现象。

第四章
上城经验：三界联合 资源共享 条块协作 制度保障

"过去，公安到了现场，看到没吵，就不管；等吵起来了，打伤人了，打死人了，再来看；那样的话，最多也只能查清打伤人、打死人的事情，至于最初的矛盾是什么，很难发现，公安也管不着"；"现在，提前把相关部门的人拉进来，这样问题可能提前就化解了，避免把小矛盾发展大了"。

社会服务管理联动与110应急联动有着异曲同工之处，但两者的工作重点、信息源和联动范围存在一定的差异。2012年4月试运行的社会服务管理联动存在以下三个方面的特点：

一是扩大了处理事件的范围。110应急联动平台重点处理急、难、险、特的事情；上城区"平安365"社会服务联动中心能够接受居民日常生活中的问题，而不仅仅局限于急、难、险、特的事情。

二是扩大居民需求信息来源。110应急联动平台的信息源是110报警电话；上城区"平安365"社会服务联动中心充分利用区、街道、社区、基础网格"四级网格"进行管理，根据"管理到格、服务到片、信息到组"的原则，通过信息员、协管员和网格长从网格采集上报信息。"信息员和网格长都是社区的社工，需要走访居民；居民会向他们提出建议、问题、抱怨；联动平台主要靠他们来收集信息"。当然，110报警中需要联动的，党代表、人大代表、政协委员反映的，居民来信来访的和面向社会群众公开征集的原始信息都会成为信息源。

三是扩大了部门间联动范围。110应急联动平台的联动范围为公安、城管、消防、工商等与公安业务接近的部门；上城区"平安365"社会服务联动中心负责全区60个职能部门和12345信访、行政服务中心、110社会应急联动、城市管理智能管控系统、维稳、居家养老、组团式服务、消防安全八大工作平台的联动指挥。

为实现"人不跑信息跑，百姓不跑政府跑"，尽可能将"复杂事情简单化、简单事情流程化"，上城区自行设计搭建了以区政务网为基础的社会服务管理指挥平台，并建立了联动指挥中心。社会服务管理联动运用GIS地理信息服务，将全区49类40余万条基

· 131 ·

础信息和涉及公共服务、社会服务、安全稳定、应急管理、党群组织、行政执法、社情民意等八大类动态信息关联至联动指挥中心，构建起立体化社会服务管理体系。

三、"平安365"推动政府组织变革

（一）系统化布局与闭环式管理

社会服务管理的重点在整合，关键在基层。扁平化的组织结构和管理模式能够保证对社会管理问题和公共服务需求的快速反应。上城区的"网格化管理"工作为有效整合各职能部门的社会管理资源、打通基层社会管理的通道、破解社会管理中的难题，建立起一个全覆盖、系统化和内循环的工作系统，使网、片、组成为社会管理和公共服务的神经末梢，通过构建管理和服务网络实现与社会民众无缝联结。上城区的实践表明，以扁平化的网络结构来缩短业务路径需要依托两项支持性举措：一是在结构设计上强调部门内部的系统性，如采用矩阵制的项目管理模式，降低部门间合作成本；二是设计一致的对外窗口，通俗地讲，即"一个口子对外"，缩短需求信息从居民群众或基层社工向职能部门传递的路径。

首先，在结构设计上强调政府部门内部的系统性。新时期上城区社会建设、社会管理和公共服务任务繁重，社会系统十分庞杂，仅以一个部门的力量凭借有限的资源不足以有效应对。因此，上城区提出需要在政府内部引入系统管理思想，运用整体性思维和开放性思维，从社会系统的整体性质出发，按照系统的整体性、相关性、开放性、动态性等特征要求，对社会管理活动进行"系统化设计、体系化推进"，以谋求最优化管理。然而，这种系统管理的思想不会在部门之间自发产生，传统科层制结构的体制特征阻碍了部门之间的横向交流沟通，增加了部门间交流合作的难度，延长了部门间信息和业务流转所需要的时间，也面临着部门间信息不对称、资源不共享、责任不对等、监督不到位等由结构性弊端形成的执行缺陷。为此，上城区提出了"体制不足机制补"的改革思路，在科层制体制下，用矩阵制机制来补充，嵌入项目化管理思想，矩阵

制的项目管理模式打破了原来行政指令式的信息传递方式,减少了信息传递所需要通过的中间节点的数量,相应的基础信息平台建设实现了"一点输入,多点可见"的效果,删减了不必要的信息传递环节,避免了信息在传递中的损耗和失真。

其次,在接口上强调政府对外的一致性。在矩阵式管理和系统化设计之前,部门之间缺乏对彼此业务的了解,又缺乏统一的协调、分派任务的部门,各部门对居民的开放程度参差不齐,导致居民有了问题不知道找谁,一线社工处理问题捉襟见肘,公安部门为了维护服务型政府形象不得不越俎代庖,成天为家长里短的邻里琐事困扰。对外服务的窗口解决不了居民的实际问题,而真正能够解决居民问题的部门居民又接触不到。这在很大程度上是因为政府系统内部存在业务循环机制不健全的问题。为此,上城区提出了"把方便留给群众,把困难留给自己"的思路,整合基层组织网络、社会公平正义、社会公共服务、"两新组织"服务管理、社会管理信息化、重点人群服务管理、社会矛盾调处、社会治安防控、社会应急处置九大服务管理体系,通过一个电话、一个网站或一个窗口受理居民反映的所有问题,将业务流转和处理的复杂过程留到政府后台运转。这种"对内一张网、对外一个口"的结构特征,大大降低了居民有事找政府的难度。

最后,串联各个节点,实现闭环式管理。政府部门传统的碎片化、分散化和随意性的问题处置模式与及时响应、快速处置的社会服务管理联动要求不相适应。为此,上城区政府在网格化社会治理创新实践中,打通了社会需求的"发现→处置→上报→交办→办结→回访"等各个环节,形成闭环式管理(图4-14)。

图4-14 "平安365"社会服务管理联动中的闭环式管理与开放式考评

其中,问题流、信息流和资源流统一流经联动指挥中心,使之成为连接区领导、政府组成部门、社区和公众的桥梁和中枢。指挥中心负责对自治机制处理的问题进行备案,对启用联动机制的问题进行匹配和指令发布,对处置部门进行过程跟踪,并向基层社会组织反馈处理情况。闭环式管理的系统化作业模式较好地缓解了社会公众"诉求无门"、基层社工"有心无力"、职能部门"不问不管"的痼疾。

(二) 精细化管理,提升决策科学化水平

上城区在社会管理和公共服务中,紧密围绕省委、市委提出的"让每一寸土地都有精细化管理,让每一户人家都有心贴心服务"工作理念,提出"复杂的事情简单化、简单的事情流程化、流程的事情定量化、定量的事情信息化"的工作思路,通过资源大整合、信息大汇总、平台大融合,着重从源头治理、动态协调和应急处置三个层面,构建相互联系、相互支持的一整套规范、机制和制度,根据"人不跑信息跑"和"标准化为体、信息化为用"①的一体化理念,通过网络信息手段,开展人、财、物、信息等资源最大化整合和社会管理工作流程重构,以标准化带动社会管理和公共服务在流程上的整合优化和体制机制、方法手段上的持续创新,推动建立矛盾纠纷联调、社会治安联防、社会问题联治、管理工作联动、"平安上城"联创、公共服务联抓等联动机制,以此夯实基层基础工作。上城区在运作机制的优化设计过程中,创先践行预期管理、精细化管理和人性化管理思路,在处理海量信息、增强决策准确度、提高管理和服务的整体效率方面起到了明显的效果。

随着大量社会需求信息涌向平台,决策层需要担心的可能不再是信息不足、不真、不到位的问题,而是信息过量和冗余的问题。如何从海量信息中识别出最为重要和紧迫的问题、及时捕捉到新的民意焦点,是决策机构需要面临的新挑战。上城区采用精细化管理的思路,将基础网格上报的社会需求信息分为八个类别,进行

---

① 上城区标准化工作情况详见附录 B。

分类管理(图4-15)。从中可以发现,尽管公众需求具有数量庞大、结构复杂和动态变化的特征,但还是有规律可循。如公众对社情民意、社会事务和安全稳定的关注程度较高,而对为企服务和党群党建的关注程度较低。在社情民意中,社会舆情占38%,而建言献策和投诉举报两者累计不足10%。在社会事务中,市容环卫问题占45%;其次为物业管理问题,占16%;再次为社会治安问题,占10%;矛盾调解、流动人口、民宗事务和法律援助问题累计约为6%。安全稳定方面,安全生产隐患占32%,消防隐患占17%,治安隐患和重点对象稳控各占12%,特殊群体管理占7%。大类与子类的划分是否精确可以斟酌,但精细化管理无疑为科学决策提供了深层次的信息参考。

图4-15 2013年上城区"平安365"社会服务管理联动
平台需求发起数量与结构

数据来源:上城区"平安365"社会服务管理联动指挥中心

(三)政府主导下的"平安365"社会服务管理联动初步成效

"平安365"社会管理服务工作实现了上城区区委、区政府从"法无明文规定不作为"到主动行政,再到规定的信息公开与公众监督的转变。截至2013年4月20日,联动平台累计收到159个网格上报的信息27.8万条,日均上报865条。基础类信息占42%,事务类信息占31%。网格自助服务完成的信息占64.8%;分派给职能部门处置的信息为7 330条,办结率为95.7%。

2012年度工作量10件以上的部门工作情况详见表4-8。

表4-8 2012年度工作量10件以上的部门工作情况

	全年联动任务/件	平均签收时间/小时	平均反馈时间/小时	平均办结时间/天	平均承诺办结时间/天	实时处置率/%	问题解决率/%	群众满意率/%
区城市管理局	581	2	2	9	7	64.89	100	94.03
区住建局	458	1	1天	10	10	70.31	99.78	97.19
小营街道	334	46秒	8	18小时	4	96.71	100	99.81
紫阳街道	326	2	5	1	4	94.17	100	100
清波街道	301	1	4	2	3	93.02	100	99.97
望江街道	229	1	2	3	11	91.7	100	100
湖滨街道	167	2	1天	4	8	91.62	100	99.89
区民政局	145	2	5	101	11	6.9	100	97.11
区发改经信局	98	9	6	154	14	4.08	100	98.79
区信访局	96	2	15	17	6	55.21	89.58	96.42
区消防大队	64	19	4	39	11	42.19	96.88	91.61
区交警大队	58	7	7	32	3	56.9	100	96.09
吴山指挥部	49	1天	2	33	3	30	100	100
区公安分局	41	1	20	17	5	46.37	100	98.97
区工商分局	40	6	2	11	4	50	100	81.33
南星街道	38	3	7天	7	23	65.79	100	99.47
湖滨指挥部	36	13	2	41	15	50	100	96.56
区环保局	29	21	4	8	6	27.59	100	96.56
区维稳办	28	11	3天	5	6	46.43	100	100
区卫生局	28	15	4	4	4	21.43	96.3	95
区食品药品监管局	23	1	2	18	12	39.13	100	75.24

续表

	全年联动任务/件	平均签收时间/小时	平均反馈时间/小时	平均办结时间/天	平均承诺办结时间/天	实时处置率/%	问题解决率/%	群众满意率/%
区劳动保障局	20	4	24	5	8	55.00	100.00	99.17
区拆违办	13	1	24	98	24	0.00	92.31	100.00
区危旧房改善指挥部	10	2	24	3	1	60.00	100.00	100.00
望江指挥部	10	17	13	25	4	30.00	100.00	100.00

注：2012年度有44个部门的年度工作量不到10件，包括区教育局、区委组织部、区上投公司、区文广新闻出版局、区财政局、区安全监管局、区商贸局、区规划分局、杭州玉皇山难指挥部、区纪委、区委宣传部、区国土分局、区道路运输管理处、区人口和计划生育局、团区委、区委办、区科技局、区统计局、区残联、区公共资源交易管理委员会办公室、区委统战部、区商务局、区国税局、区质监分局、区总工会、区法院、区应急办、区委610办公室、区机关工委、区政府办公室、区法制办、区检察院、区工商联、城站广场管理办、汽车南站管理办、区地税分局、风景旅游局、区效能考评办、区司法局、区人武部、区妇联等。2013年机构改革后，区劳动保障局更名为区人力社保局。

一方面，精细化管理提升了干部队伍的执行力。网格服务联动启动运行以来，154个网格单位按照精细化管理的理念深入里弄小巷，收集上报内容涵盖各类基础情况及有关矛盾隐患的信息。区社会管理联动指挥中心充分发挥城市管理资源统一指挥调度的职能，将需处置信息全部一次派单处置，退办件经中心入驻部门共同协商后均完成二次派单，群众的需求在第一时间传递到了职能部门。大部分单位签收、反馈都很及时。部分单位解决问题成效明显，如区住建局认真贯彻效能监察联动例会的工作要求，全力突破简单易办事项，办结率从46%提升至68%。

另一方面，集约化模式畅通了部门直接联系群众的渠道。网格服务联动的扁平化运行模式，通过零距离面向公众采集需求，整合全区服务与管理资源向大众服务的模式，将职能部门开展工作和群众实际需求紧密联系在一起。如湖滨街道117网格反映一孤寡老人住所屋顶漏水、房梁下陷,区住建局接到派单后次日就通过抢修解决问题。又如南星街道616网格反映小区垃圾满溢,区城管局接到指令后,立即牵头联系市直运公司在接报后的3日内即将每天清运次数由1次增为2次。截至调研前夕,全区各部门平均工作强度37件;平均联动响应速度43.8%;平均办理执行力度71.54%;平均满意度96.96%;办理过程平均控制度95.2%。

"中国政府部门结构与运作"问卷调查结果显示,无论是政府部门公务员还是社区居民,都对上城区政府部门的工作持肯定态度。80%的公务员认为政府部门的分工明确、协作顺畅;90%的公务员对信息技术在数据管理、工作交流和信息收集等方面发挥的作用以及区委区政府在履行社会管理职能过程中的制度建设给予了充分肯定。社区居民对政府服务性、责任性、法治性、廉洁性和效能水平五个方面的评价均在3分以上(满分5分)①,表明居民对政府部门各方面的绩效表现予以肯定。

第四节 小结与启示

上城区"平安365"社会服务管理联动工作的宏观结构层次主要由政府、社会和市场主体组成,其中,企业的作用是根据政府的需要提供联动平台设计及其硬件设备,类似第六章和第七章中企业的作用,但在本案例中,不对政府与企业的关系进行展开。"平安365"社会服务管理联动突出反映了区委区政府领导班子、职能部门、派出机关、社区自治组织、其他社会组织以及社区居民之间的结构关系。"平安365"社会服务管理联动平台让信息和资源的流动更加扁平化,促进了信息资源分布的匹配性。在宏观层次的运作层面,在社会资本较低的情形下,要迅速获得充足的社会资本是不可能的,因此,在这项工作中,政府将更多的精力和资源投入

---

① 详见图8-21及其相关内容。

于制度建设方面,通过比较完备的制度建设,发挥政府在协同治理中的主导作用。

微观层次,为了真正落实"平安365"社会服务管理联动工作,填补此前的政府缺位,更好地满足社会需求,上城区政府在结构调整与运作优化方面进行了同等重要的改革。结构方面,部门分工更加清晰,协作更加顺畅,制衡更加完善,过去常见的相互推诿现象受到了更为严格的制度的约束。运作方面,明确的运行流程和奖惩制度保障了协同过程的有效运转;网络技术的引入,实现了资源和信息的整合与共享,为闭环式管理和精细化管理提供了保障;民生、民情、民意的涌入,让处置部门转变"唯上"的工作作风,将注意力和行政资源用于为居民群众排忧解难上,政府部门在服务、责任、法治、廉洁、效能方面的表现得到了社区居民的认可。

当然,"平安365"社会服务管理联动工作还有进一步完善与提升的空间。如在宏观层次需要思考的问题是,如何充分利用协同优势的正反馈效应,积累社会资本,培育政府与社会主体之间的信任关系。在微观层次,当领导的意志没有那么强烈时,结构与运作还能够保持现状并自我优化吗?实践方面,不少参与"平安365"社会服务管理联动建立工作的人员表示:"最终还是希望建立一个与居民交流的平台",通过与居民群众面对面的对话和交流来倾听问题,梳理症结,并将解决结果直接反馈给居民。

对于网格化社会治理创新而言,上城区的做法提供了一种值得借鉴的范式,即突破计划时期的管控色彩,引入协同治理的全新理念。由此带来实现协同治理的三点启示:一是协同治理离不开政府的主导作用,政府的制度优势和资源优势使其成为从计划式管理到公众参与式治理转型的过渡时期的必然选择;二是政府需要为社会组织释放更多的成长空间,单纯依靠行政资源的问题处置模式不具有可持续性,因此需要通过集聚市场资源、激发社会活力来适应不断汇聚的社会需求;三是在"命令—服从"式的行政模式与协同治理并存的情境下,适当的领导者强力推动对于加快行政职能、理念、方式和方法的转变能产生促进作用。

协同治理
杭州"上城经验"

本章探讨的是在政府主导且政府为宏观层次行动舞台的主角时,政府与社会的协同诱因、过程和结果,以及政府部门如何进行自身的结构调整与运作优化,来适应必须要进行的职能转变。在这种情况下,政府在协同治理过程中所发挥的主导作用的效果,更多地取决于政府组织变革的力度与精细化管理的水平。"平安365"社会服务管理联动案例让我们围绕政府看到了协同关系及其影响的一个侧面,下一章中,我们将围绕社区建设、"湖滨晴雨"和基层党建三个不同案例,共同分析在以社会主体和基层党组织为主角的宏观层次行动舞台上,政府又是如何发挥协同治理的主导作用的。

第五章 上城经验：
多元主体　功能互补
平台整合　流程优化

第一节　社区建设、"湖滨晴雨"与基层党建

第四章以网格化社会治理创新为例，分析了政府与社会协同关系的成因、过程和结果。本章仍将重点关注协同治理中政府与社会的关系，但观察视角转向以社区建设、"湖滨晴雨"和基层党建为代表的三个案例，分析当宏观层次协同治理平台上的主要行动者是政府之外的主

体时,政府的主导性是如何体现的。

一、社区建设:十年磨一剑

1949年10月23日,新中国第一个居委会在杭州市上城区上羊市街诞生。经过几十年的探索,上城区将基层自治与民主制度建设融入社区建设,进行了一系列有益探索,至今已经获得社区建设方面的400多项荣誉①。这些荣誉的背后,是上城区社区建设近十年来的理念突破与工作创新。

(一)"333+X"体系架构

政府应该做什么,社区应该做什么,社会应该做什么,是社区建设模式创新首先需要考虑的问题。

我国城市社区居民委员会是居民自我管理、自我教育、自我服务、自我监督的基层群众性社会自治组织,接受市辖区或街道的工作指导、支持和帮助,协助市辖区或街道开展工作。

根据《中华人民共和国城市居民委员会组织法》②,居民委员会的主要工作包括社会管理和公共服务两大部分,具体表现如下:

(1)宣传宪法、法律、法规和国家的政策,维护居民的合法权益,教育居民履行依法应尽的义务,爱护公共财产,开展多种形式的社会主义精神文明建设活动;

(2)办理本居住地居民的公共事务和公益事业;

(3)调解民间纠纷;

(4)协助维护社会治安;

(5)协助人民政府或者它的派出机关做好与居民利益有关的公共卫生、计划生育、优抚救济、青少年教育等项工作;

---

① 这些荣誉包括:全国社区建设示范区、全国青年文明社区示范区、全国老龄工作先进区、全国社区残疾人康复服务工作典型区、全国和谐邻里建设示范区、全国社区志愿服务活动示范区、全国养老服务社会化示范活动试点区、全国社会工作人才队伍建设试点区、浙江省和谐社区建设工作先进区、浙江省社区党建示范区、杭州市社区信息化建设整体推进先进(示范)区等。

② 1989年12月26日,七届全国人大常委会第十一次会议通过。

第五章
上城经验:多元主体 功能互补 平台整合 流程优化

(6)向人民政府或者它的派出机关反映居民的意见、要求和提出建议。

然而,在实际工作中,社区更像是街道的派出机关,在自我管理、自我教育、自我服务、自我监督方面的自治能力相对较弱。上城区认为,这其中的根本原因是社区建设的定位不准确、架构不完善、职责不清晰。通过系统学习、研究《中华人民共和国城市居民委员会组织法》《国务院关于加强和改进社区服务工作的意见》(国发〔2006〕14号),中办、国办《关于加强和改进城市社区居民委员会建设工作的意见》(中办发〔2010〕27号)等法律和文件精神以及"十一五"和"十二五"规划的要求,上城区明确提出将公共服务作为社区建设的工作重点。

确立工作重点后,社区建设过程中各主体的职能、架构和职责随即围绕公共服务职能展开。上城区提出,政府的主要职责是保证公共服务覆盖到整个社区;社区的主要职责是协助政府履行好公共服务职能,执行和落实具体的工作事项;社区其他各类组织以社会力量的方式提供商业服务或志愿服务。在此基础上,整合公共服务、公益服务和商业服务三类服务平台,并衍生出X个服务项目,形成共建、共治、共享的社区大服务体系。

图5-1中描绘了上城区在社区层面搭建的公共服务平台的整体框架。区政府及其派出机关通过行政力量建立和完善与社区公共服务供给相关的制度、政策、规范和标准,提供人、财、物的保障,制定相关的考核评估方法,推动社区工作的开展。社区充分发挥社工力量,承接政府的公共服务,走访并动员居民群众参与社区事务,发现、挖掘和培育其他各类组织。社区的其他各类组织内涵丰富,形式多元,是政府公共服务和社区公益服务的良好补充,在提供一般性商业服务的同时,也能够满足生活条件较好的社区居民的高层次服务需求。

上城区社区建设三大主体及其分工详见表5-1。

社区提供的自治服务和公益服务最常见的类型是互助服务,包括业务咨询、文化娱乐、矛盾调解、健康锻炼、安全维护、科学普

协同治理
杭州"上城经验"

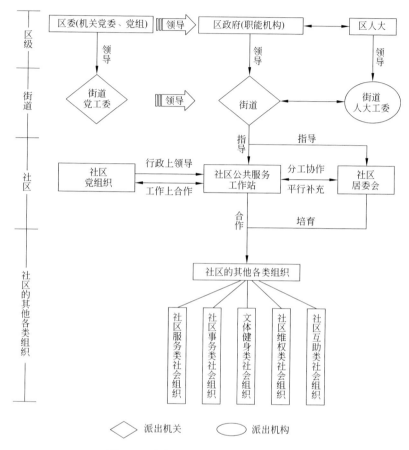

图 5-1 政府、社区、社区其他各类组织

及、邻里和睦、志愿活动、帮扶救助和老人关爱十个方面。

社区的其他各类组织提供的商业服务中，最为典型的是专业性社会服务。专业性社会服务供给主要来自两个方面：一是政府购买；二是由营利性机构提供。后者包括卫生服务机构、民办幼儿园、各类业务学习素质教育机构、家政服务中心、法律服务咨询机构和物业公司等。①

---

① 陈微,马丽华.中国和谐社区——上城模式.北京:中国社会出版社,2011

第五章 上城经验:多元主体 功能互补 平台整合 流程优化

表 5-1 上城区社区建设三大主体及其分工

主 体	分目标	主 要 职 责	工 具
政府及其派出机关	保障社会公平	1. 提供政策制定,落实制度保障,为推进商业服务体系建设、扶持社区其他各类组织参与社区服务、提供社区公共行政服务提供合法化基础; 2. 制定规划,提供政策引导。主要通过制定政策、建立制度,正确引导社区服务的合理布局和发展方向;制定和严格控制社区服务设施的标准,规范商业性服务的市场竞争规则,维护市场秩序; 3. 提供人、财、物保障。推动社区队伍的人才建设;为社区服务提供财政和公共服务支持,投资社区服务基础设施,支持公益性服务项目; 4. 建立评估机制,形成多元化的民意沟通渠道	行政力量
社区	弥补政府失灵	1. 承接政府的行政职能,提供公共性服务; 2. 提供照顾、教育、环境、卫生等各类公益性服务; 3. 提供各种居民自治服务	自治、志愿
社区的其他各类组织	满足个性化需求	1. 活跃社区文化,通过社区各种专业学会、协会开展形式多样的文体活动,促进社区文化的繁荣,提升社区文化精神; 2. 开展项目服务,为社区居民提供咨询、中介、培训等营利、微营利、非营利服务,满足居民多层次的需求,为社区居民提供方便快捷的生活服务,提高社区居民的生活质量; 3. 协助社区维护居民合法权益功能,通过社区其他各类组织,表达社区居民对社区服务的意见和愿望,维护居民的合法权益	市场化、志愿

资料来源:陈微,马丽华主编.中国和谐社区——上城模式.北京:中国社会出版社,2011:15-19,27

上城区社区建设三大主体的服务供给详见表 5-2。

表 5-2　上城区社区建设三大主体的服务供给

	服务类型				具体项目
	公共服务	自治服务	公益服务	商业服务	
政府	√				• 就业服务、社保服务、救助服务 • 卫生服务 • 计划生育服务 • 文教体服务 • 流动人口管理服务 • 安全服务 • 法律服务
社区	√	√	√		• 承接上述十余项服务 • 邻里安全 • 志愿者队伍 • 调解矛盾纠纷 • 民间社团组织 • 帮扶特殊群体 • 购买优质服务
社区的其他各类组织			√	√	• 居家养老 • 物业管理 • 家政服务 • 家电维修 • 文化娱乐 • 商品配送 • 其他与生活密切相关的服务

社区层面，上城区在社区党组织、社区居委会的基础上，成立了社区公共服务工作站，以解决居委会行政化的问题。社区三大组成部分的职责分工详见表 5-3。

社区党组织全面领导社区工作，重点负责社区党建工作；社区居委会重点负责居民自治和社区其他各类组织的培育发展；社区公共服务工作站重点负责社区层面的公共服务供给和社区社会管理工作的具体落实。

上城经验：多元主体　功能互补　平台整合　流程优化

表 5-3　社区三大组成部分的职责分工

社　区	职　能
社区党组织	• 全面领导 • 社区党建
社区居委会	• 居民自治 • 培育社区其他各类组织
社区公共服务工作站	• 公共服务 • 社会管理

资料来源：陈微，马丽华.中国和谐社区——上城模式.北京：中国社会出版社，2011：28

从社区管理人员的交叉任职情况看（图 5-2），社区公共服务工作站站长由社区党支部书记兼任，副站长由居委会主任兼任。社区公共服务工作站有专职工作人员 8 名，均由社区居委会专职人员兼任。这 8 名专职工作人员对应着社区公共服务工作站的 7 个必备岗位和 1 个专业试点岗位。这 7 个必备岗位分别是劳动保障、帮扶救助、安全服务、环境卫生、计生服务、健康服务、文教服务；1 个专业试点是社会工作这个专业试点岗位。

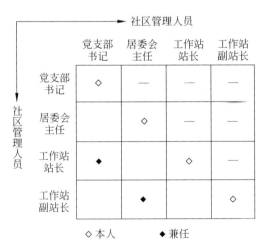

图 5-2　社区管理人员交叉任职情况

社区一般专职人员交叉任职情况详见表 5-4。

协同治理
　杭州"上城经验"

表5-4　社区一般专职人员交叉任职情况

一般专职工作人员	专职公共服务站工作人员(7个必备岗位与1个专业试点岗位)							
	劳动保障	帮扶救助	安全服务	环境卫生	计生服务	健康服务	文教服务	社会工作
专职居委会成员	◆	◆	◆	◆	◆	◆	◆	◆

资料来源:"7+1"岗位框架.上城区纪委,上城区探索推行社区便民服务中心标准化建设.杭州廉政,http://www.hzlz.gov.cn/lzjj/xxkd/201209/t20120921_339257.html,2013.9.21

由社区党支部书记兼任社区公共服务工作站站长,社区居委会主任兼任社区公共服务工作站副站长的交叉任职模式,在不增加人事编制的同时,既能够保证社区公共服务工作站的运作,又能够更好地实现社区党组织对社区居委会和社区公共服务工作站的领导作用,减少社区工作中的信息不对称问题。

社区公共服务工作站的7个必备岗位和1个专业试点岗位分别由社区居委会的专职工作人员兼任,有利于充分实现社区居委会与社区公共服务站之间的业务交流、平行互补和相互支持。

值得一提的是,在上城区,无论是政府与街道的关系,还是街道与社区的关系,或是党组织与其他部门的关系,已经不再是过去简单意义上的上级部门对下级部门的领导或指导。随着基层干部综合素质的不断提高,分析问题的能力不断提升,公共服务供给工作中纵向部门之间的协调与合作开始发挥更好的作用。同样地,在社区层面,社区党组织对社区居委会和社区公共服务工作站也不是绝对的领导或指导关系,许多具体工作,由三者相互合作,共同完成。

(二)社区服务运作流程

上城区的社区服务供给有一套相对完善的流程体系,如图5-3所示。居民可以通过电子政务平台(如居家服务无忧在线平台)、社区网络平台、社区窗口受理和社区电话受理等四种方式发起服务需求,窗口受理的服务采取首问负责制;各类服务需求通过信息化平台进行分类,转交到相关部门,其中包括社区自行解决的自助服务、"平安365"社会服务管理联动平台的联动服务等;服务接收、服务时间、服务方式和服务人员等信息会通过信息化手段进行过程跟踪和全程记录;服务完成后,街道社区的相关负责人、网格长、信息员会按规定及时对服务对象进行回访,了解服务情况,形成服务监督;服务完成后,相关单位和人员会根据回访情况进行反馈总结,不断提升服务水平,改进服务质量。

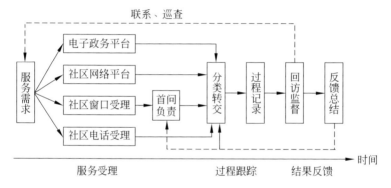

图 5-3 社区服务供给流程示意图

(三) 社区信息化建设

从 2004 年开始,上城区就开始探索社区信息化的实践和完善,并在全国率先创设了"5A"社区服务信息化模式,运用现代信息技术,搭建"二化四网六平台",实现了社区管理与社区服务的信息化。可以说,上城区社区建设取得的收获离不开信息化的有力支撑。

社区管理信息化方面,最典型的就是通过信息化手段解决了绩效考核中烦琐的台账问题。上城区通过建设"e家人"综合事务管理网,实现网上办公、信息交流、电子台账、居民数据库同步运行,通过区、街、居三级联网,发布通知信息,实现社区的办公自动化、台账电子化和管理信息化。"有了e家人,哪些居民户在人不在,人在户不在,有多少困难户、有多少老年人,都一目了然,"社区工作者介绍,"主管部门的工作检查也在网上进行,不需要拿着表格从一个社区跑到另一个社区"。这样,"公共服务的平台前移了,能够覆盖到所有社区;一些行政化的事项被迫进行了去行政化,老百姓办事更加方便了;社区工作者也从准备台账、应对考核中释放出来,可以将更多的时间和精力运用在联系居民上",社区建设领导对近十年信息化探索的成效颇有感慨。

社区服务信息化主要通过三种渠道实现:一是社区网站群,每个社区都有自己的网站,该网站群按照地域和居民的个性化服务需求,向居民发布包含通知、公告、租赁等的各类政务信息和服务信息,实现"鼠标点点,社区情况全清"的目标;二是数字电视的社区频道,上城区家家户户都安装了数字电视,居民能够通过数字电视选择适合自己家庭的个性化社区信息服务,实现"电视看看,社区信息全知"的目标;三是市级96345便民服务热线,该热线与社区、服务商等平台对接,能够响应居民需求,实现"电话打打,服务到家"的目标。上城区的社区服务信息化网络,还整合了几百家社区"五小"行业的信息,包括小超市、小餐饮、小修理、小修补和小洗烫。概言之,政府通过公信力整合市场和公共资源,通过信息化手段搭建平台,以尽可能便捷的方式满足社区居民各方面的服务需求。

(四)社工队伍建设

社工是社区人才队伍的核心。截至2014年5月,上城区共有(助理)社会工作师331名,其中初级233名,中级98名,社区社会工作者持证率为44%,平均每个社区有6名(助理)社会工作师。社工队伍的水平影响着上城区社会管理工作的质量,这一点在上城区"平安365"社会服务管理联动平台的运行过程中可见一斑。在社区建设层面,上城区通过专业化人才队伍建设等方式优化人才管理机制、建立人才储备机制,不断完善人才队伍建设。具体形式包括补贴、奖励、培训、评聘上岗、人才合作等(表5-5)。

表5-5 上城区社会工作人员队伍建设情况

	保障机制	具体表现
专业化人才队伍建设	职位待遇	• 将社区工作者纳入"社会工作者"职业序列 • 对取得社会工作者职业水平证书或取得大学本科以上学历证书的,给予职称津贴和学费补贴 • 以岗定薪、以绩定奖、按劳取酬
	培训深造	• 每年3月为社会工作者培训月 • 集中培训和分散培训相结合 • 与美国、中国香港等地联合举办社会工作实务教育高级研修班 • 与杭州师范大学联合开展社会工作专业专升本学历教育
建立人才储备机制	制度化	• 将引入社会工作专业人才纳入工作制度
	招录评聘	• 坚持设置社会工作岗位,以评聘结合的方式录用人才
	服务购买	• 通过购买公益性服务项目,培育专业机构,为专业人才提供成长环境
	高校合作	• 与在杭高校建立人才合作关系

资料来源:陈微,马丽华.中国和谐社区——上城模式.北京:中国社会出版社,2011:30-32

例如,在上城区,社区公共服务工作站通过招聘、考试选拔专职社区工作者;社区居委会主任由社区居民选举产生,候选人来自三个方面:一是社区内的社会工作者;二是社区居民;三是从社区外招聘的社区工作者。社区居委会主任的公开选举一方面,能够培养社区居民民主自治的意识;另一方面,能够让居民很好地熟悉和了解自己社区的社区主任,为上门走访等社区常规工作的开展做好铺垫。据悉,社区公共服务站成立之后,社区的编制有所扩充,"原来一个社区只有五个人,现在有十几个人,加上协管员有近二十个人",一位在社区工作了大半辈子的老同志介绍说,"尽管队伍扩充了,但是社区中上了年纪的老社工保留了下来,因为他们具有丰富的居民工作经验,有利于社区工作的开展;慢慢地新人引进之后,就由老人带着新人熟悉居民和业务"。这种传帮带的工作机制,既发挥了老社工的作用,又调动了新社工的工作积极性。

社区工作者需要结构组织考核、社工互评和群众测评,考核主体包括街道和区政府职能部门、社区、居民以及同事等,考核内容涵盖综合素质、工作态度、工作水平、工作能力等方面。针对社区工作者的考评体系由指标性考核和过程评价性考核两部分组成,如图5-4所示。指标性考核包含勤、绩、法三部分,过程评价性考核包含德和能两个方面。这套考评体系对社区工作者起到了全面考核的作用,并对考核不合格的社区工作者,建立起退出机制。由此,对于监督社区工作者的日常工作,相对客观地形成社区工作者的绩效评价发挥了一定的作用。

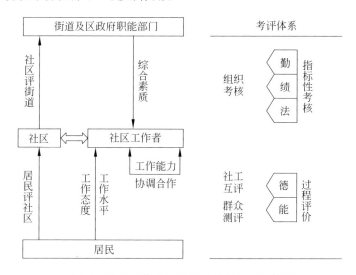

图5-4 社区工作者及社区公共服务考评体系

资料来源:陈微,马丽华.中国和谐社区——上城模式.北京:中国社会出版社,2011:36-38

此外,由社区居民、高校学生和热心的专业人士构成的志愿者队伍也是社区人才队伍的重要组成部分。截至2011年8月,上城区已有注册志愿者约5.8万人,约占全区常住人口的17.97%,逐步形成专业社会工作者指导社工、社工引领志愿者、志愿者服务群众、群众参与志愿者的多方互动模式。一些志愿服务项目已经成为社区特色工作不可分割的组成部分,如上城区北落马营社区的青少年俱乐部就是其中一例。

相关链接5-1:北落马营社区"Do都城"

北落马营社区隶属于紫阳街道,为贯彻落实《中共中央国务院关于进一步加强和改进未成年人思想道德建设的若干意见》和《关于进一步加强和改进未成年人校外活动场所建设和管理工作的意见》的文件精神,加快城乡未成年人校外活动场所建设,拓宽社区青少年成长空间,在区民政局的指导下,社区依托杭州市青少年活动中心的专业校外教育机构,建设了北落马营青少年俱乐部。

俱乐部设有北落马营社区校外少年队组织、社区"Do都城"、社区假日营、图书漂流站、趣味小赛场、个性社团等常设组织。以社区"Do都城"为例,北落马营社区借助小区外沿街的各类商铺和机构,组织小朋友通过角色扮演,参与到商铺或机构的日常经营管理中。每逢活动日,小朋友们或穿上小马甲,或换上工作服,或戴上红袖章,忙碌在水果店、食品店、餐馆、菜摊、报刊亭等各个工作场所,小区里也会冒出不少小小警察、小小消防员、小小卫生监督员、小小垃圾分类指导员、小区小巡逻员、小保安、社区小护士、资源回收站小员工等工作人员。

对于小朋友而言,社区"Do都城"是真实版的生活体验,能够帮助小朋友在活动中感受各行各业的工作差异,度过快乐而有意义的一天;一些在学校成绩不太好而受到挫折的孩子,能够因为在课外活动中表现突出重新找回信心。

对于家长而言,社区"Do都城"能够解决寒暑假孩子在家没人照看的问题;能够让孩子通过自己的劳动体会爸爸妈妈工作的艰辛,让孩子变得更加懂事;能够通过孩子认识其他的家长朋友,共同交流培育孩子的经验。

对于社区居民而言,让小朋友来参与日常的宣传、监督、管理和指导等工作,能够让平时枯燥的宣传变得更加鲜活,小朋友的敬业态度也会让大人们不好意思不按要求办事,从而在社区中创造出更加轻松和谐的氛围。

对于接收孩子的单位而言,孩子不仅能够带来欢乐,还能够提升人气。孩子的天真无邪,很快就能感染周围的大人,让顾客和店主笑成一片,让社工与业主变得熟悉,让业主与业主之间加强交流。

社区工作人员告诉我们,正是通过孩子之间的亲密联系,许多以前社工很难"对付"的业主,也渐渐转变了态度,理解了社区工作的难处。通过孩子,社工与居民之间的联系更加密切了,居民与居民之间的联系更加密切了,认识是共识的前提,大家彼此因为孩子有了共同话题,渐渐成了朋友,许多其他方面的社区工作也就能顺水推舟地展开了。

也许有人会问,街上人流、车辆这么多,把孩子放到大街上,家长们会放心吗?孩子的安全问题谁负责?孩子忽然生病了或者遇到急事儿了怎么办?社区工作人员人手有限,自然不能时时陪在这么多孩子的身边。在这些方面,除了接收孩子的单位需要在教导孩子参与工作的同时保护孩子的安全之外,有一支不可或缺的力量保障了社区"Do 都城"的正常运转,他们就是社区中的大学生志愿者队伍。正是依托这种志愿服务与社区工作的无缝对接与共生状态,社区"Do 都城"在解决孩子假期无人照看问题的同时,为常规性的社区工作注入了很高的附加值,这种巧妙结合和创新的工作方式,堪称社区工作的经典。

二、"湖滨晴雨":西子湖畔的民主民生

(一)工作室

湖滨街道位于杭州市的老城区和中心城区,与西湖为伴,俗称城市门厅。这里人口密集,老旧小区众多,民主民生工作活跃,素来重视民生反映渠道建设,是杭州市先进"社情民意信息直报点"和"社会舆情信息直报点"。

2007年,当地政府启动了危旧住房改造、庭院改造和背街小

第五章
上城经验：多元主体　功能互补　平台整合　流程优化

巷等实事工程，但由于当时的诉求表达渠道和工作机制无法满足政府和居民之间的充分沟通，实事工程的相关负责部门、施工单位等没能实现与居民之间的及时对话，致使老百姓对政府的实事项目"不是拍手叫好，而是背后骂娘"。"甚至有老百姓当场阻止工程推动"，经历了那段时期的湖滨街道党工委书记颇有感慨地谈道，"尽管街道在最基层，但不意味着就能深入一线，密切联系群众；真正意义上的街道干部作风建设情况还是堪忧，很多'四问四权'[①]要求达到的效果还没有达到"。这些城市建设和经济发展过程中冒出来的纷繁复杂的政民矛盾，不仅深刻影响着辖区发展和居民的幸福感，更对基层政府的执政能力提出了重大考验。

面对这些棘手的问题，怎么办？经过反复思考，湖滨街道党工委和办事处统一了认识——只有增强民众和政府之间的交流，才能得到民众对政府工作的支持和理解。经过多轮酝酿，在市区两级党委和政府的指导和党委、政府、媒体、专家、学者和群众的多方参与下，湖滨街道整合原有的"社情民意信息直报点"、"社会舆情信息直报点"、"草根质监站"和社区调解的"和事佬"等单位的平台资源，于2009年12月28日正式成立"湖滨晴雨"工作室。该工作室门户网站首页如图5-5所示。

"湖滨晴雨"工作室是全国首个街道（社区）层面的综合性民主民生互动平台，工作室面积不大，但活动频繁；并借助自己的门户网站发布信息，问计于民。这种网下恳谈与网上互动相结合的做法，实现了街道与居民群众之间的有效对接，展开了民主促民生、民主促发展、民主促和谐的工作局面。

（二）工作架构

"湖滨晴雨"取名还有另一层深意，即"民情晴雨表"。"湖滨晴雨"由"一台六站"组成，即在一个民情气象台（即"湖滨晴雨"工作室）的基础上，依托东坡路、吴山路、青年路、涌金门、东平巷和岳王

---

① 四问：干什么，问需于民；干不干，问情于民；怎么干，问计于民；干得好不好，问绩于民。四权：参与权、知情权、选择权、监督权。

协同治理
杭州"上城经验"

图 5-5 "湖滨晴雨"工作室门户网站首页

路六个社区设置六个民情气象站,如图 5-6 所示。

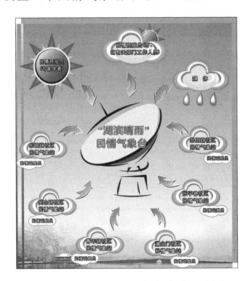

图 5-6 "湖滨晴雨"民情气象台示意图

民情气象台由湖滨街道负责人兼任台长,选聘有群众工作经验的社区工作者负责具体工作,配备有专门的场地和网络平台,搭建起上情下达和下情上报的快速通道。工作室负责信息收集、分析、报送和问题协调等工作,通过加强民情预报员、民情观察员和社会各界人士的互动,促进民主促民生机制的不断完善。

民情气象站站长由社区书记或主任兼任,较好地发挥了在社区范围内统筹协调的作用。实际工作中,气象站充分结合社区党委"网格化管理、组团式发展、片组户走访"的工作机制,根据"湖滨晴雨"工作室的要求,发挥政策传递、解答和民情收集、反映等作用。

"湖滨晴雨"的有效运转,离不开民情预报员和民情观察员这两支队伍的密切配合与精诚合作。

民情预报员由12名市、区职能部门负责人和专家学者担任,依托民情气象台开展工作;主要职责为政策宣传、听取民情,与民情观察员面对面交流沟通,促进辖区居民对政府职能部门的理解和支持,推动职能部门工作的科学高效。

民情观察员由55名湖滨地区的党代表、人大代表、政协委员、单位职工、社区居民和新杭州人组成,依托民情气象站开展工作;民情观察员以社区楼道、墙门为单位,在社区建立民情联系网络,围绕社会热点、难点问题和群众关注较多的问题收集民情民意,为党委、政府和职能部门决策提供及时、全面、准确的一手信息,为辖区居民群众和企事业单位职工畅通表达意见、建议、看法、观点等提供便捷渠道。

(三)工作内容与流程

"湖滨晴雨"的"一台六站"组织架构主要围绕三项工作展开:问计于民、收集民意和排忧解难。

问计于民,包括两个方面:一是在市、区有关政策出台前,广泛听取街道干部、社区工作者、企业代表、居民代表、人大代表、政协委员等各界人士的意见和建议;二是在政策出台后,组织市级有关部门和专家学者为居民群众进行政策解答。

收集民意,是指对主动收集,定期分析街道、社区、企业以及居民最关心、最直接和最现实的问题。

排忧解难,是指针对基层群众或特定社会群体反映的共性和特殊问题,通过多种途径帮助协商解决;街道无法解决的,向市政府或区政府反映。"湖滨晴雨"工作流程如图 5-7 所示。

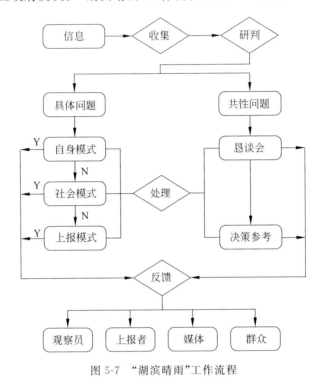

图 5-7 "湖滨晴雨"工作流程

"湖滨晴雨"的工作流程主要包括四个方面:信息搜集、信息研判、问题处理和结果反馈。信息研判的目的在于识别问题类型,具体问题主要通过社区街道协助处理;无法解决的,通过杭网议事厅、我们圆桌会、杭州电视台民情观察室等社会资源解决处理;仍无法解决的,将问题整合后,形成书面材料上报区政府或市政府寻求帮助。共性问题直接形成书面材料,以社情民意的形式上报到区里或市里,通过召开恳谈会的形式协商解决,并作为政府的决策参考。

在此基础上,"湖滨晴雨"工作室形成了"民情气象"、"民生焦点"、"民生时政"和"民生品质"预报制度。

一是"民情气象一天一报"制度。社区民情气象站通过 QQ 群每天向工作室通报社区的民情动态,工作室的工作人员做好各个社区民情气象站的信息材料的汇总、整理和筛选,研判出信息的类型。根据反映问题的类型,选择有效的途径进一步处理,同时进行存档和备案。

二是"民生焦点一周一报"制度。工作室每周通过网络和社区电子屏预报事关民生指数的评价结果。同时,围绕平安、物价、出行、环境、健康等民生关注焦点,通过网络、电话、来访和"相约星期五、沟通你和我"等活动,搭建沟通交流平台,开展网上和网下调查,形成民生每周焦点,掌握辖区内一周的社会舆情。

三是"民生时政一月一报"制度。民情预报员通报事关民生的政情信息,就有关政策进行解疑释惑;工作室结合近期事关民生的政情,以及国内外重大事件和百姓关注的热点难点问题,拟出《月度信息收集指导意见》,以一周一个主题的形式进行布置和通报,使民情观察员既能及时了解到上面的政情,又能结合了解到的政策进行宣传和收集信息。

四是"民生品质一年一报"制度。由街道主要领导、分管领导向民情观察员通报品质湖滨建设情况,接受观察员评议,听取下一年度工作意见和建议。从整合社会资源、培育社会组织、收集社会信息、协调社会关系、服务社会建设五个方面,全面总结和评估街道民主促民生工作,对社区民情气象站和民情观察员工作进行总体评价,评选优秀民情观察员和优秀民情气象站进行表彰。

(四)工作成效

近些年,"湖滨晴雨"工作室相继开展了"相约星期五"、"南宋御街建设大家谈"、"公共服务民情恳谈会"、"南宋皇城大遗址综保走街观察"、"不文明行为挑刺"、"美丽杭州如何建设"等大型活动40余次,辖区单位职工、社区党员骨干和普通居民群众积极参与,相互启发,自我教育,增进沟通,达到了街道与居民群众之间"常通气",居民群众"不憋气"的效果。

"湖滨晴雨"工作室不断创新工作方法,丰富工作形式。工作室与杭网议事厅、我们圆桌会等民主促民生网络和电视平台开展互动,鼓励和培育公民意识较强的社会管理群众骨干在社区中发挥传、帮、带的作用,调动更多社区居民对社会管理事务的参与积极性。工作室邀请部门领导和专家学者进行政策解读,开展街道领导班子"每周一接访"活动,及时发现、疏导和化解群众的消极情绪和社会不稳定因素。

相关链接 5-2:明星民情观察员孙新宝、杨章耀

孙新宝、杨章耀是湖滨街道的两名普通社区居民,自"湖滨晴雨"工作室成立以来,他们以民情观察员的身份走街串巷,从老百姓生活的"细枝末节"入手,反映了一批原汁原味的社会民情。

他们的付出也得到了回报。孙新宝被称为"低碳达人",她提出的"建立企业退休人员职工大学"和"调查60~90周岁老年人公交优待政策"等"金点子"被市、区有关职能部门采纳。80多岁的杨章耀更是"点子达人",目前已经累计向政府和媒体提交了100多份书面建议。

截至 2013 年 12 月,"湖滨晴雨"工作室先后发放"社会舆情征询单"2 500 余份,收集信息 6 000 余条,涵盖为老服务、食品安全、交通两难、庭院改善、医疗卫生、校园安全、垃圾分类、收入分配、干部作风、群众路线以及米袋子、菜篮子、地沟油、出租房等百余个市民关心的热点、焦点问题。这些问题或建议通过来信来访交办、舆情专报、专题恳谈会和人才政协提案等形式分别落实。"湖滨晴雨"工作室已经成为街道确立实事工程的重要政策参考。两年多来,湖滨街道根据民情气象站采集的意见建议,相继推出垃圾分类实名制、湖滨老年人百味食堂、新侨饭店周边屋顶美化、老小区美化家园、帮一把社区便民服务、爱心加油站、社区生态旅游体验线等创新项目 30 余项。通过这些沟通和服务,群众呼声得到及时反映,群众建议得到及时收集,群众情绪得到及时化解,民生问题得到及时解决,群众满意度得到提升。与此同时,湖滨街道的信访率连年下降,从 2010 年的 37.3% 下降到 2011 年的 34% 和 2012 年的 26.8%。

第五章 上城经验：多元主体 功能互补 平台整合 流程优化

值得一提的是，上城区已经开始着力打造"湖滨晴雨"工作室升级版——"17654"民主民生互动平台，其中，"1"是指区民情信息中心；"7"是指在7个职能部门设立"民情信息收集处置平台"；"6"是指在6个街道设立"民主民生沟通工作室"；"54"是指在54个社区设立"民情气象站"。"17654"民主民生互动平台旨在全区范围内形成"社情民意收集、公共问题协商、政府沟通回应、民生需求满足"等为主要内容的社会治理新机制。

社情民意收集机制。整合全区社情民意信息工作平台，在区委办公室设置"民情信息中心"，在区人大常委会办公室、区政府办公室、区政协办公室、区城管执法局、区网组片社会服务管理中心（区公安局）、区委宣传部（区舆情中心）、区民政局（居家无忧在线平台）7大职能部门设置"民情信息收集处置平台"，在6个街道分别建立党政、市民、媒体、社会"四界联动"的"民主民生沟通工作室"，在54个社区建立"民情气象站"，最终在全区形成"一中心、七平台、六室、五十四站"的"17654"民主民生互动网络体系。以多元的信息整合视角，对散落于民间、滞留于基层的社情民意及时、系统、有效收集和梳理，为各级党委政府科学、民主决策提供服务。收集方式包括调研、座谈、问卷、网络等，体现"上下联动、大小兼顾、重点突出"的收集信息特点。

公共问题协商机制。以问题为导向，建立健全"民众参与、部门协同、媒体监督"的公共问题协商机制，努力做到"具体问题小协商"——通过街道、社区、居民自我协调处理解决；"共同问题大协商"——政府、媒体、专家、居民四方协同解决。通过"书记做客'浙江在线'"、"区长谈民生"等活动建立与媒体的互动机制；通过恳谈会建立政府职能部门与专家学者、市民的沟通协商机制；通过"相约星期五"、"布衣草根论坛"、"民情直通车"等载体开展社区问题讨论，形成集体看法、意见和建议，帮助政府更好协调、处理各方利益关系，科学决策。

政府沟通回应机制。一是"信息传递"制度，对共性问题，通过社情民意报送机制或邀约相关部门召开民情恳谈会等方式,增进互信,化解社会矛盾;二是"跟踪反馈"制度,加强与市、区职能部门沟通和协调,通过政策宣传和会商分析等途径,确保居民反映问题得到有效解决;三是"三级联动"制度,落实群众路线和枫桥经验,建立涵盖区、街道、社区三级"城市管理智能管控平台"、"平安365社会管理平台"和"居家无忧在线"平台,通过信息化手段对民情进行联动处置,实行"一站受理、全程委托、专员代办",解决民生具体问题。

民生需求满足机制。确保全区每年总财政的80%以上用于民生建设。继续推进历史建筑保护、危旧房改善、老小区庭院改造,在城市有机更新中提升民众的生活质量。针对居家老人多、养老难问题,建立健全全方位、全天候、全覆盖的"居家服务"体系,为群众和社会提供包括居家养老、教育、医疗、安养和居家办事等8大类280余项服务。继续开展"民间国学达人秀"、"杭州美术节"、"发现经典上城"、"幸福小巷在上城"等大型互动活动,努力满足居民参与需求和文化需求。

截至2014年5月,"17654"民主民生互动平台在整合党政界、知识界、行业界、媒体界的资源,发挥市民参与和志愿者的作用,在民意表达更加顺畅、民主参与度进一步提高、党委和政府决策科学性进一步提升、民生保障进一步加强、人民满意进一步提高等方面,已经取得了初步成效。如对自来水一户一表安装等中碰到"个性化难题",召开"四方协调会";号召区机关单位和辖区企业认领心愿、奉献爱心,解决社区独居、空巢老人就餐难问题等群众迫切需要解决的民生问题。

"湖滨晴雨"工作室及其升级版——"17654"民主民生互动平台的实践经验表明,倾听式的政府和话语权向民众的回归,正在成为维护社会和谐不可或缺的因素,在此基础上的民生实事,也是服务型政府的重要体现。

三、基层党建:扎根基层

(一)清波街道党员代表常任制①

新形势下,随着党情、国情、社情、街情和民情等的深刻变化,城镇化进程下党员民主意识的显著增强,以及街道工作对党员群众参与的迫切需求,杭州市在推进乡镇党代表大会常任制工作的基础上,开始探索城市街道党员代表常任制工作。

党员代表常任制是坚持和完善民主集中制,尊重和保障党员、党员代表权利,充分发挥党员代表实质性作用,健全规范街道党员代表会议制度和运行机制,促进街道党工委班子及其成员履职尽责的一项工作创新。

2012年,杭州市委组织部发布《关于全面试行乡镇党代表大会常任制的通知》(杭组通〔2012〕59号)及关于确定2个区(县、市)试点街道党员代表会议工作的相关安排,将上城区清波街道列为杭州市城市街道党员代表常任制的唯一试点街道。

2013年3月9日,清波街道120名党员代表和区域各层面的27名代表参与和列席了党员代表年会。其中,基层党支部书记占65%,妇女代表占45%,"两新"组织代表占30%;45周岁以下占40%;本科以上学历占38%。根据会议精神,清波街道党工委制定了《党员代表工作规范》(试行),党员代表常任制工作正式启动。

如何发挥党员代表在党员代表会议闭会期间的代表作用,是党员代表工作制度首要解决的问题。为此,清波街道党工委从制度上进行规范和完善。

1. 创新工作格局

清波街道在原来街道党代表工作室的基础上,延伸触角,扩大覆盖,建立起"1+1+5"的党员代表工作室格局,即一个机关党员代表工作室(街道党代表工作室),一个商圈企业党员代表工作室和五个社区党员代表工作室。党员代表工作室实行党组织书记负

---

① 相关资料由清波街道党工委提供。

责制,由党工委书记或党委书记担任负责人,副书记担任联络员;通过轮值接待、网格联系和区域协调等方式收集社情民意,服务党员群众。

党员代表工作室格局如图5-8所示。

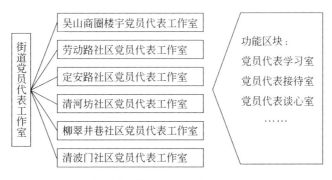

图5-8 党员代表工作室格局

2. 创新运行机制

党员代表工作室的运行机制由工作室职责、日常制度、活动制度和联络员职责四部分组成。工作室职责包括制定并组织党员代表年度活动;收集、分送、跟踪、反馈党员代表的意见、建议;为党员代表履职和党群交流提供便利。日常制度包括活动公告、接待制度和学习培训等。党员代表工作室实行党员代表轮流驻室接待和走访接待相结合的制度,每月至少安排一次"接待日"。此外,工作室定期组织党员代表开展工作交流,探讨履职过程中遇到的困难和问题,提高党员代表的履职能力。

党员代表工作室的活动内容包括三个方面:一是宣传党的路线、方针、政策以及党员代表会议、上级党组织的决议决定;二是倾听、收集基层党员群众关心的热点、难点问题,有关困难、诉求,以及对有关工作的意见建议;三是受街道党工委委托,在作出重大决策前征求党员群众的意见。

为畅通信息流转渠道,做到党群联系和服务"零距离",清波街道创新推进了收集民情的以下三项工作机制:

一是党员代表接待活动"四进"机制。"进机关",即收集机关工作人员对街道各项工作的意见、建议,引导他们对当前经济社会热点、难点和焦点问题建言献策;"进社区",即通过接待社区居民群众,加强党员代表与群众的沟通联络,搭建民情民意及时收集、反馈和解决的平台;"进网格",即依托"网格流动办公室"平台,深入网格听民情、察民意,将收集到的群众信息和问题上报区域统筹的"365"智能协作平台[①]处理解决。"进楼宇",即深入商圈、楼宇了解企业发展情况、员工需求,建立双向信息沟通机制,帮助解决企业的发展难题。

二是党员代表"双联系"机制。"双联系"是指街道党员代表联系社区、企业党员代表,以及社区、企业党员代表联系普通党员。前者表现为在街道党政班子成员、机关科室(站)党员代表和社区网格及代表工作室之间建立挂钩联系制度,每月走访党员代表,听取意见建议,帮助代表工作室协调解决问题。后者表现为社区和企业的党员代表每月通过支部组织生活等形式向支部党员传递信息,听取支部党员的意见、建议,并及时向代表工作室反馈。

三是网格联络制度。网格联络制度是指党员代表依托社区19个网格,根据挂钩管理和属地原则,每两个月与网格服务人员开展一次"网格流动办公活动"。党员代表通过活动接待、收集党员群众反映的问题,能够现场解决的,与社区服务人员沟通后现场解决;无法现场解决的,在活动后及时汇总给代表工作室联络员,并上报"365"智能协作平台和街道党工委,后续给出问题处理反馈。

3. 创新代表管理

清波街道党工委通过建立党员代表承诺制度、"五大员"制度、调研制度,完善考核、考评机制等,规范代表行为,推动代表更好地履行职责。

一是代表承诺制度。代表承诺制要求代表结合自身实际,以

---

① 即"平安365"社会服务管理联动平台。

一句话的形式固定自己的承诺,并通过党务公开栏、支部大会、网络等形式公开承诺,接受党员群众监督,承诺有效期一年。

二是"五大员"制度。即党员代表要做"红色"宣传员、"民情"收集员、"廉情"观察员、"监督"巡查员和"劝导"协调员。对政策精神、群众困难、党风廉政、作风效能、矛盾纠纷等职责范围内的事项给予及时关注和了解,做好宣传、协调、服务和反馈工作。

三是考核、考评机制。党员工作室考核考评标准分阵地建设、工作制度、活动开展、作用发挥和保障机制五部分进行,权重依次分别为20%、10%、40%、20%和10%。90分以上的为优秀,给予表彰奖励;59分及以下的为不合格,连续两年不合格的,需对代表工作室负责人进行问责。党员代表考核考评标准包括参加相关活动、联系党员群众、开展调查研究、个人廉洁自律和创新开展工作五部分,权重依次分别为20%、40%、20%、10%和10%。党员代表任期内连续两年被评为不称职的,取消下届党员代表候选人资格;对工作严重失职或有违纪违法行为的党员代表,按法定程序终止代表资格。

党员代表工作制整体呈现出科学化建制、民主化推进和标准化落实的特点,取得了一系列的成效:一是使党委有地位,党员代表常任制坚持了党要管党、从严治党的基本要求,有效整合了机关、社区、企业先进党员的力量,发挥出基层党员对街道工作的监督评议作用,促使街道工作更加符合居民群众的实际需求。二是使代表有声音,2013年3月召开的党员代表年会共收到代表提议7件,会后提交建议12件,涉及改善社区环境和生活品质,优化社区办公条件、提升社区服务水平,以及丰富和提升居民群众的精神文化生活等内容。这些提议均已提交有关科室(站)办理,并将给予代表书面答复。三是使队伍有能力,党员代表工作制度建立之后,街道社区的日常工作更加公开透明,与党员群众的联系更加紧密,对街道各科室(站)的服务效率和工作精细化程度也提出了更高的要求,对提升街道和社区队伍的服务能力具有推动作用。

（二）南星街道复兴商圈红色联盟

复兴商圈总占地面积 15.94 公顷，总建筑面积约 63 万平方米，由中国针织城、大名空间、凤凰城、太和广场、钱江国际、海运大厦六个楼宇组成，以写字楼、酒店式公寓、住宅及商业配套为主要功能，拥有总部经济、现代服务业、金融类、文创类等高端产业。

复兴商圈党委下属在册党支部 9 个，党员 75 名，非在册党组织 15 个，其中党委 1 个，总支 2 个，支部 12 个，党员 375 名。街道党工委以科学发展观为指导，以加强和创新社会管理为主线，通过深化区域化大党建工作，在复兴商圈构建了"街道辖区单位党组织—两新组织—社区党建工作部"红色联盟；建立起以街道社会工作党委为核心、社区党组织为主体、辖区单位党组织为基础、社区党员共同参与的"四位一体"的街道区域化党建工作综合体，构筑起全地区"上下相通、左右联动、纵向到底、横向到边"的社会管理"红色联盟"。

红色联盟组织架构如图 5-9 所示。

图 5-9　红色联盟组织架构

1. 红色联盟工作职责

（1）负责向商圈内的"两新"组织和党员宣传党的路线、方针、政策，倾听基层党组织呼声，反映党员诉求，加强与街道、辖区单位的协商沟通；

（2）掌握商圈内"两新"组织状况和党员数量，指导组建党组织和发展党员工作，帮助党员接转组织关系，提供入户、入学、计生、税收等政策咨询；

（3）开展党组织和党员队伍状况调研，制定符合商圈特点的

党建工作相关机制;

(4)实施流动党员"安家工程",组织商圈志愿者队伍,开展服务党员、服务群众、服务社会的为民服务活动;

(5)协调商圈内工会、共青团、妇联及其他组织开展工作;

(6)承担上级党组织交办的其他任务。

2. 红色联盟活动制度

(1)学习教育制度:结合商圈实际,采用集中讲学和网络自学相结合,政治教育与提供信息、学习培训和提供帮助相结合的方式,以"小型、灵活、务实"为原则,探索微型课堂、金领课堂、英才微博、英才QQ群和远程教育等网上学习交流平台,营造全员共学的商圈党建氛围。

(2)创先争优制度:实行商圈党员承诺践诺民主评议制度,激发党组织和党员创先争优的内在动力。开展"党员先锋岗"、"闪光言行"、"南星先锋"和"复兴英才"等评选活动,把树立和培养先进典型作为凝聚民心、鼓舞士气、促进工作的重要手段。

(3)为企服务制度:由街道为企服务中心牵头,做到每月定期走访上门、政策文件宣讲上门、解决问题服务上门、重点节庆慰问上门。

(4)党内帮扶制度:以商圈党委牵头,整合红色联盟和党员资源,对商圈内困难党员,以资金帮扶、物质帮扶、技能帮扶、结对帮扶、法律援助等形式,做到"一人一策"个性化帮扶,实现帮扶服务工作经常化、社会化、制度化的目标。

(5)作用发挥制度:商圈党委整合联盟单位资源,积极引导联盟单位参与街道"四零"工程、"三优"服务、"十化十零"、"春风行动"、招商引资、党员结对、公益服务等工作,重点打造"慈善太和屋"服务品牌,展示广大非公经济人士履行社会的责任感,形成共建、共助、共学、共享的党建工作新格局。

3. 组织和人员安排

(1)书记工作室:书记工作室主任由街道组织员担任。主要职责包括:

① 主持商圈党委的工作。贯彻落实党的路线、方针、政策,提出和研究红色联盟的发展规划,根据上级决议,制定措施,组织落实。

② 负责定期组织召开党建共建代表会议,邀请商圈内单位党组织负责人参加,共商共议组织建设、党员管理、活动开展、企业文化等。

③ 负责党的建设工作,保证党建目标的实现,及时准确地完成上级党组织下达的各项任务。

④ 加强商务楼宇内新经济组织、社会团体、民办非企业单位等基层单位的党建工作,扩大党的基层工作覆盖面。

⑤ 负责商务楼宇服务志愿者队伍建设。做好以楼宇党团员为骨干,楼宇员工参与的服务志愿者队伍建设工作,充分发挥商务楼宇志愿者的作用。

⑥ 加强商圈红色联盟的自身建设,落实党内各项制度,建立健全党员的教育、管理和监督制度,做好发展党员工作,发挥党员的先锋模范作用。

⑦ 讨论决定其他重要问题。

(2) 为企服务园:为企服务园主任由街道招商办副主任担任。主要职责包括:

① 送政策上门:宣传国家有关法律、法规与政策,提供政策及业务咨询服务;介绍辖区内投资环境及政策,推介招商项目。

② 送服务到家:负责中外客商来南星投资的前期接待、信息交流、合作洽谈;负责办理在南星内外商投资项目的审批、注册登记。实行项目审批全程负责制,对项目审批全过程进行跟踪、协调、督察、管理和服务。

③ 送温暖到心:加深与企业的沟通交流,定期上门走访商圈内的企业,对商圈企业在发展中遇到的问题进行分析,及时主动协调有关部门加以解决。遇到重大问题,提交街道党工委、办事处或上级有关部门协调解决。

(3) 慈善太和屋:慈善太和屋主任由街道民政科长担任。主要职责包括：

① 积极开展商圈内慈善事业宣传，加强商圈内企业的慈善意识。

② 积极引导商圈内企业开展各类帮扶救助工作。组织和支持商圈内热心社会慈善事业的单位和个人，为南星地区的困难群体提供扶助和服务。

③ 积极为商圈内企业中困难群体提供社会救助与服务，解决企业的后顾之忧。

④ 协调和指导商圈内的慈善工作，指导商圈企业开展慈善活动，加强商圈企业与街道公益机构的联系与协作，促进南星地区慈善事业的发展。

⑤ 反映商圈各界人士的意见、建议和要求，为政府制定有关方针、政策和法律法规提供咨询性意见。

（4）群飞凤凰苑：群飞凤凰苑主任由街道总工会副主席担任。主要职责包括：

① 组织党、团员认真学习党的路线、方针、政策，拥护党的领导，认真贯彻执行街道党工委、商圈党委的决议。

② 帮助党、团员学习党的基本知识，履行党、团章规定的义务，行使党、团员权利。

③ 经常对党、团员进行爱国主义和时事政治、形势任务教育。

④ 坚持"三会一事"制度，健全民主生活会制度。

⑤ 认真做好组织发展和党员积极分子培养发展工作。

⑥ 发挥党、团员先锋队、突击队作用，在和谐社会、文明城市建设中起好模范带头作用。

（5）共图钱江厅：共图钱江厅主任由商圈党委副书记担任。主要职责包括：

① 以文化为纽带，每年举办一届商圈文化艺术节，开展文艺汇演、群众体育、读书征文等形式多样的文体活动。

② 成立商圈"白领沙龙"，不定期组织内容丰富、形式多样的各类主题活动，促进辖区内企业之间的沟通与交流。"白领沙龙"

活动每年一到两次。

③ 组建商圈联谊会,了解情况,掌握动态,交流工作中的经验和做法,帮助解决各层面的各类问题,确保街道楼宇经济工作正常运转。联谊会每年一到两次。

(6)欢乐针织舍:欢乐针织舍主任由街道爱卫办主任担任。

① 以热情、积极、负责的态度,做好对每位来访者的接待、预约和登记工作。

② 为来访者创造温馨、安全的活动氛围,充分体现欢乐针织舍工作者应有的"爱心、耐心、诚心、细心、虚心"。

③ 开展专家辅导、快乐游戏、愉阅音乐、舒缓 SPA 等活动形式,减轻现代职场人士心理压力,培养来访者阳光心态。

④ 欢乐针织舍是为复兴商圈全体成员精心编织一份欢乐、愉悦工作心态的服务场所,应保持整洁、安静、优雅。

⑤ 欢乐针织舍物品外借,需做好登记工作,在规定的时间归还。

第二节　宏观层次:政府主导作用的具体表现

一、五个转变:拓展共治空间

在社区建设过程中,上城区政府作出了五个方面的转变,详见表 5-6。

一是服务主体的转变。过去,基层党组织和社区承担了绝大部分的社会管理职能,社区名义上为居民自治组织,实际上对上负责,行政化色彩浓重。此次调整,一方面,强化了政府职能部门在社会管理方面的职能,以应对政府缺位;另一方面,整合辖区单位、社区其他各类组织和居民代表等社会力量,事实上是在向社会放权,扭转政府越位现象。

表5-6 上城区政府的五个转变

总目标	和谐社区	转变前	转变后
职能转变具体表现	主体	党组织、居委会、工作站	政府相关部门、党组织、居委会、工作站、辖区单位、社区其他各类组织、社区居民代表
	对象	残疾人、低保户等特定对象	全体居民
	内容	单一的、针对性较强的服务	自主互助服务、便民利民服务、特色服务
	重点	协调矛盾	民生保障
	方式	行政手段	行政手段、居民自治、市场化手段和志愿服务并举

资料来源：陈微,马丽华.中国和谐社区——上城模式.北京：中国社会出版社,2011：20-22,59

二是服务对象的转变。服务对象是政府履行职能的受益群体,新形势下的社会需求要求政府不能仅仅局限于老人、残疾人、低保户等特定服务对象,而需要将社会管理全民化,即面向全体居民,包括外来人口,从而实现全民参与下的全民受益。

三是服务内容的转变。社会管理的服务内容与服务对象有着较强的关联性,针对特定服务对象的服务内容比较单一；随着政府在社会管理领域逐步地向市场和社会放权,服务内容也日趋多元,专业化、个性化、精细化服务成为可能。

四是服务重点的转变。过去,受到行政体制、制度设计、管理模式等多方面制约,政府在履行社会管理职能时比较被动,服务意识不强,对社会管理需求的响应程度较差,服务重点局限于处理矛盾；职能调整后,来自市场和社会声音得到表达,居民的社会管理方面的民生需求能够及时得到相关部门的关注,因此,社会管理的重点更加侧重于需求萌发时期的民生保障,而非后期矛盾积累后的处理解决。

五是服务方式的转变。政府向市场、社会放权的过程,必然伴随社会管理方式的转变。具体表现为单纯的行政手段向行政手段、居民自治、市场化手段和志愿服务多种方式并举的方向发展。以市场化手段促进服务质量和效率的提升,以志愿服务形式形成社会管理的公益氛围。

二、主动服务:营造共治格局

上述五个方面的转变为专业服务的多元共治开辟了空间。事实上,上城区的每个街道都存在一批由政府、社区和辖区单位协同共治的服务项目,详见表 5-7。

表 5-7 各街道协同治理服务项目

	名 称	服务对象	主要功能	政 府	社 区	辖区单位
湖滨街道	"帮一把"服务社①	需要帮助的辖区居民	承接政府服务项目,运用专业力量提供维修、餐饮、居家养老等专业服务	全额或补偿性资金支持	整合便民服务点、企业和有一技之长的下岗人员等社会力量	与"省老年服务业协会"合作,推出居家养老服务
	涌金门社区与杭州香溢浣纱宾馆联建点	需要帮助的辖区待就业人群	提供就业机会		借助企业建立就业基地,推荐人员,营造环境	提供就业信息与就业岗位
小营街道	社区青少年事务管理志愿服务队②	闲散、流动、困难、罪错、边缘青少年	提供就学就业、发展服务、预防犯罪、问题干预、心理疏导等综合管理服务	党政领导,共青团牵头,多部门参与	组织、协调	建立就业见习、医疗关怀等八大类服务基地

---

① 湖滨街道"帮一把"服务社真当灵.杭州日报,2011-03-10,http://www.hangzhou.gov.cn/main/zwdt/qxzc/cq/T346781.shtml,2013-04-04

② 陈文静.青少年事务管理"阳光使者"志愿服务队被授予杭州市首届十大杰出"平安志愿服务队"称号.2010-05-06,http://www.hzsc.com.cn/content/2010-05/06/content_2294031.htm,2013-04-04

协同治理
杭州"上城经验"

续表

	名称	服务对象	主要功能	政府	社区	辖区单位
清波街道	微笑志愿服务站	需要帮助的辖区居民	承接部分政府服务项目，有针对性地开展便民利民服务		提供场地、协调运作、推荐人员	承担医疗、培训等服务
望江街道	在水一方互助会①	需要帮助的辖区老年人	有针对性地提供老年公寓、居家养老等为老服务；课题研究	注册登记	开展服务月活动	承担部分服务项目
	邻里值班室②	需要帮助的辖区居民	解决居民着急解决、难以解决或特殊性强的问题	注册登记，业务指导	提供场地和中介服务	
紫阳街道	武强年画江南展示中心③	全体市民及游客	运用志愿者力量提供文化、科普专业服务	党委牵头、共青团、省社区研究会、浙工商、中国社区建设展示中心等多部门合作	提供场地（紫阳街道科普基地）	

---

① 上城区在水一方社区互助会不断发展. 浙江文明网，2011-02-14，http://www.zjwmw.com/07zjwm/system/2011/02/14/017294261.shtml，2013-04-04

② 每300户设立一个值班点，每个值班点配备4～5人（含1名值班长），值班长一般在社区办公室或自己家中，居民有事联系自己片区的值班长。紫阳街道居民遇到这些事都能找"邻里值班室"帮忙. 杭州网，2011-09-21，http://hznews.hangzhou.com.cn/chengshi/content/2011/09/21/content_3890022.htm，2013-04-04

③ 杭州建展示中心. 武强年画将入驻江南. 燕赵都市网，2010-08-24，http://yanzhao.yzdsb.com.cn/system/2010/08/24/010662922.shtml

第五章 上城经验：多元主体 功能互补 平台整合 流程优化

续表

	名称	服务对象	主要功能	政府	社区	辖区单位
南星街道	"大爱无疆"服务社①	需要帮助的辖区居民	运用志愿者队伍提供丧葬服务	注册登记，业务指导	根据丧户需求，提供特殊服务	承担社区丧葬服务

资料来源：陈微，马丽华.中国和谐社区——上城模式.北京：中国社会出版社，2011：75-77

相关链接 5-3：湖滨街道"帮一把"为民服务社

"帮一把"为民服务社成立于 2009 年，取名于"帮你一把"的含义，是一家以社区为依托，主要从事家政服务、水电维修、精神慰藉及其他服务的民办非企业。截至 2012 年年底，服务社累计服务 16 万小时，服务人次 1.6 万。以"帮一把"服务社为依托，湖滨街道还成立了"老年百味食堂"，开展了"五小便民工程"等民生实事，深受群众欢迎。

在这些项目中，政府、社区和辖区单位根据各自的能力和资源特点建立起协同关系，共同致力于关注民情，改善民生。一方面，这些公共服务项目本身具有较高的便民、为民、利民价值；另一方面，上城区的街道承担着大量经济发展的职能，与辖区单位的协同共治有利于密切街道与辖区单位的关系，为政府的为企服务和企业的落地生根夯实基础。就后者而言，湖滨街道"超五星"为企服务就是一例。

相关链接 5-4：快、实、细、广、优——湖滨街道"超五星"为企服务五字诀

为企服务的目的，在于盘活上城区经济发展的命脉，克服大环

---

① 南星街道有支"大爱无疆"服务队.杭州日报，2013-01-30，http：//www.hangzhou.gov.cn/main/zwdt/qxzc/cq/T430554.shtml

境的不利影响,更好地履行政府给予街道的经济职能。湖滨街道根据辖区内高端企业较多的特点,立足"经济发展优质化"的目标,围绕"楼宇为点、街巷为线、商圈为面"的发展思路,精心打造快、实、细、广、优的"超五星"服务,营造服务引企、环境利企和感情留企的招商引资和为企服务环境。

1."超五星"服务管理内涵

(1)服务团队。湖滨街道积极营造上至领导班子,下至普通办事人员,人人都是招商员的服务氛围;任命资历深、能力强的同志担任企业服务中心主任;建立企业档案,通过了解企业需求,为企业排忧解难等方式协调企业与职能部门之间的关系。

(2)服务制度。建立"四个一"跟踪服务制度,即一个重大项目、一名班子领导、一个服务小组、一名跟踪员;建立"三必访"制度,即成立访、重点访和年度访;建立"五必须"工作法,即楼宇信息必须动态更新,空置物业必须事实掌握,企业进出必须全程服务,重点企业必须专人联系和企业难题必须组团服务。

(3)服务基础。利用街道信息化优势,设计开发湖滨地区楼宇管理系统,完善招商信息服务网,实现网上管理与网下服务联动双赢。重点企业实行领导班子成员认领承包制,其他企业由街道企业服务中心人员负责联络,确保在企业需要时找得到人;规范注册地和经营地不一致企业的属地管理和属地服务。对为企服务专员进行定期培训,提升业务能力。

(4)服务环境。推进湖滨商圈硬件建设,优化地区投资、经营环境,提升辖区文明指数。加强部门联动和政企互动,搭建资源共享平台,宣传落实创业费用减免、办公用房补助和公司补助等各项优惠政策。为企业牵线搭桥,提供主动式服务。

2."超五星"服务五字要诀

(1)快。即为企业提供"一对一"个性服务和设计、咨询、代办"一条龙"服务,避免因为办理相关证照审批等业务而耽误企业的发展。

(2)实。即街道换位思考,实事求是地为企业解决办公环境差、融资难和停车难等经营相关问题,减少企业发展对周边居民和社会环境的负面影响。

（3）细。设身处地为企业考虑,印制《为企服务目录》,列出从领生育证到餐馆食客纠纷等25个服务项目,方便企业咨询;邀请人大代表、业界专家、企业代表和法律、金融、健康、管理、决策顾问团,为企业发展出谋划策。

（4）广。广泛调动辖区资源,成立湖滨商会会长联谊会、企业财务总监联谊会等,通过《今日湖滨》报纸等宣传辖区内的企业及其服务,为企业创造商机。

（5）优。主动服务,引导企业进行科技创新;帮助企业投资者落实投资入户、子女入园、群众沟通等问题;为中小企业提供信息、政务、交流培训、创业指导、融资担保、技术支持、法律服务和电子商务等八大类纵深化贴身服务。

过去的一年半时间里,湖滨街道共走访企业800余家,坚持每周与100家重点企业联系1次以上,成功引进杭州美华妇儿医院、中日节能环保投资基金、国内知名股权投资机构天图资本、浙江通策健康产业服务、杭州市商贸旅游集团等民营企业。目前,湖滨街道辖区范围内的现代服务业集聚,已经形成了岳王路婴孩一条街、延安路精品时尚购物街、平海路高端管理和商务服务街等特色街区。现代商贸、现代服务、现代金融和文化创意等产业已经成为辖区经济增长的重要支撑。

三、"以下评上"：提高社区居民影响力

"怎样评价社区,社区工作到底谁说了算",这个问题一直困扰着上城区负责社区工作的干部。事实上,不仅仅是社区工作方面,在基层工作的方方面面,绩效考评一直是一项比较有争议的工作。如何用几个指标来反映基层工作的生动面貌,是绩效考评制度受到的最大挑战。

从2001年开始,上城区探索实践出一套以居民满意为宗旨的"以下评上"评价机制,力求改变困扰社区工作的"眼睛朝向"问题,

扭转社区工作的行政化倾向。"原来社区工作的评价都来自各个部门,部门说好就好,老百姓没有说话的权力。长久以来,我们 700 多个社区干部头都朝上看,朝评价部门看;从来没有想过头朝下看,看看老百姓对你评价好不好","这种情况与《城市居民委员会组织法》的要求本末倒置,《居民委员会组织法》规定居民委员会有协助党和政府做好居民工作的义务,是联系居民的桥梁,要把居民的意愿反映给党和政府","尽管有这样的规定,但是很多社区工作者都不去做居民工作,头都朝上看,围着部门转,长此以往就脱离群众了"。社区建设方面的资深领导如此介绍。

"经过这么多年的发展,政府把原来的居民委员会发展成为社区居委会,为其配备人、财、物等方面的保障,主要还是要社区去做居民工作,把居民的意见传递给政府,把政府的关怀传递给居民。"绩效考核的另一大弊端是台账问题。以往每年为了迎接考核,社区工作者都会有大量的时间和精力耗费在台账上。"我们设置社工岗位,是要你去联系居民的,你们整天坐在办公室做台账,长此以往会怎么样?"上城区主抓社区建设的领导曾在许多场合对社区提出同样的问题。

考核基层工作,主要面临着以下三个方面的挑战:①几个抽象的考核指标无法有效反映基层工作的全貌,指标可能还会扭曲基层工作的重心;②考核是以年为单位的,许多工作是不能简单地以年为划分,生硬地对这些工作进行年度考核,容易出现结果扭曲;③社工下基层联系居民越多,准备台账的时间和精力就越少,而原来的部门考核是基于台账的,台账越漂亮,考核就越容易得到好的评价,因此,大量的时间、精力和资源被耗费在了准备台账上。

要了解基层的工作,离不开考核,考核已经成了上级指导和监督下级工作的指挥棒。因此,如果想要扭转社区工作者的眼睛朝向问题,同样需要从考核机制入手去解决。为此,上城区作出了巨大的努力,取得了明显的效果。最突出地表现在部门考核比重逐年降低,从 2005 年星级社区评比时的 100% 逐年分别下降为 80%、70% 和 60%。2010 年,上城区开始尝试以居民满意为导向

第五章
上城经验：多元主体　功能互补　平台整合　流程优化

的、多元主体参与的和谐社区评价机制。这套评价机制包括五个方面的内容：部门考核、居民满意度问卷调查、民情民意反馈与测查、实事项目和社会组织。其中，部门考核权重下调为30%；居民满意度问卷调查权重为40%，由区民政局委托第三方机构随机走访社区居民，了解居民对社区工作的评价；民情民意反馈与测查权重为10%，根据社区在"平安365"社会服务管理联动中的表现进行评价；实事项目和社会组织的培育和发展各占10%。

权重的调整，使得社区居民取代部门成了考核的主体，"那些围绕着部门在转，不是围绕着老百姓转的社区，老百姓就给你打不满意"，负责社区建设工作的领导如此总结。这套考核机制实施以来，一些原来参观团必到的社区，因为居民满意度不高而未能评上示范社区；而另一些原来不那么被部门关注到的社区，反而因为居民满意度高而评上了示范社区。与权重调整相伴随的是，考核不再只是部门的评价，还涉及专家、居民和第三方机构，考核的主体更加多元，考核的方式也更加科学。

2013年，上城区再次将部门考核的权重下调为10%，负责社区建设工作的领导认为，"我们要彻底扭转社区的立场，要他们眼睛一定朝下看，要把老百姓的事情当事情"，民情民意反馈与测查权重调整为15%，社会组织的权重上调至30%。如此，上城区通过改变考核内容和权重来倒逼社区工作人员转变思路、转变理念、转变头脑，以居民需求为社区工作导向。

常年负责社区建设工作的领导坦言，要建立并使用这样一套考核机制，必须要有区领导的远见和气度，"一种以居民利益为重，而不是以部门利益为重的气度"。十年来，上城区社区建设考核工作每年需要向常委会作两次汇报，一次汇报当年制定完成的考核办法，另一次汇报当年的考核结果。早些年，常委会上还会听到不同意见，诸如"这部分还是部门评价重要……"，2010年以后，这些意见都没有了；甚至有领导提出取消部门权重。考虑到各个部门具有协助做好社区建设工作的职责，最终部门评价被保留下来，但是权重被降得很低。

2013年的考核中,实事工程被修改为社区配合政府的实事工程,并就居民对政府实事工程的知晓度进行考核。从考核机制的设计到考核细节的关注,充分体现出区领导的意识决定了这个区的成就。

管理型政府向服务型政府的转变,离不开理念、方式和载体的转变。政府部门以经济建设为中心,但是经济发展了,人的思想进步了,政府的公共服务并不会自然地跟进。服务的跟进需要政府主动去了解居民的需求,整合可用的资源,为居民解决问题提供必要的帮助。

四、民主参与:推动基层居委会直选

在上城区,居委会承担着协助政府提供公共服务,开展自助和互助服务以及为企业到社区搭建平台、提供便利的职责。上城区认为,要更好地实现这三大类职责,居委会需要回归到自治和互助的状态。但是,怎么做?"我们常说,'社区是我家,建设靠大家',问题是这个家如何来建?怎样让大家参与进来?"负责社区建设的领导坦率地说,"居民和社区之间没有经济利益,尤其是城市的居委会,有钱人和上班族与社区之间根本没有关系;与社区有关系的是老年人、小孩子和困难群体。"在这种情况下,要实现自治和互助,社区建设者就不得不考虑如何最大限度地调动广大居民群众的参与积极性的问题。

如何解决这个问题?上城区指出,政府必须搭建一个能够让居民参与的载体或平台——居民委员会主任直选,依靠这种方式,上城区给出了自己的答案。截至2013年年底,上城区是杭州市唯一一个实现居民委员会连续三届直选的城区。

在上城区,18周岁以上的户籍人口以及居住一年以上的外来人口和境外人员,都能享有选举权和被选举权;据悉,选民登记的时候就出现过外国人。早些年,在杭州市的居委会直选率仅为30%~40%的时候,上城区的直选率就已经达到100%。居委会直选已经成为基层民主建设的一个趋势,2013年,杭州市要求全市范围内直选率达到80%,更多城区将参与到直选行列。

组织居民直选的工作量非常大,但是上城区的居委会直选工作已经坚持了7年,居民的参与性和积极性非常高,居民的民主意识越来越强。"选举当天有不少年轻人过来,一般都是两夫妻带着个小孩";"有一次,我刚到一个选区,就看到一个年轻小伙子叫住候选人说'我今天选你,但是你要把我家门口的那个树弄好;你如果不给我弄好的话,以后我要对你提意见的'"。在候选人回答居民提问的环节,居民都非常踊跃。"每次到我们换届选举的最后计票阶段,都有很多居民用照相机的摄像功能拍摄计票过程,看我们的计票是不是真实的。"美国长岛大学教授白桂娴(中文名)曾在上城区待了半个月,观摩上羊市街的社区选举,选举当天她一整天都在现场,最后她感叹道:"我没想到中国的民主有这么强,参与面会这么大。"

民主不会自发形成,民主意识是要靠培养的。"现阶段,区里的人民代表是直选的,但是到了市里、省里甚至全国,都是间接选举制,由代表来选代表,参与面比较有限。与之相补充的是,居委会的选举是最基层的,充分把握好这个层面的选举工作,能够发挥出居民的参与、自治和互助作用。在中国,民主制度是要靠培养的,但是居民的民主意识必须有序表达才行,所以政府在设计载体的时候需要考虑这方面的因素。"上城区社区建设方面的领导对直选的意义进行了深刻的阐述。

统一选举日,看似简单,却体现了上城区在居委会直选宣传方面的良苦用心。"统一选举日,能够形成一个宣传氛围"。全区范围内各个选举点的工作人员都经过统一培训,选举当天,所有的标语横幅铺天盖地,电台、报纸会有相应的宣传报道,"目的就是让居民知道,社区要选当家人了,你们都可以来参与"。同时,社区也借助直选居委会主任的时机,选出社区的居民代表、楼道长和小组长,搭建起社区内的基层网格结构。

五、组织创新：培育社会组织以激发社会活力

居委会主任直选是居民参与社区事务的重要途径之一，但是居委会直选三年一次；那么平时，如何发动社区居民参与社区事务呢？上城区提出了居民参与的第二个思路——培育和发展社会组织。在上城区，社会组织作为一种新型力量，已经成为社会管理的基础和着力点。"基层出现的社区组织都是草根性的，是基于共同的兴趣和爱好产生的，有别于与我们想发展的社会组织；而且，已经出现的草根社会组织如果不加培育，很快就消失了。"负责社区建设工作的领导经过多年观察后如此总结。

上城区具有培育和发展社会组织的土壤和环境。2003年"非典"期间，上城区在水一方社区的一栋居民楼被整体封闭，共有76户200余位居民被隔离了整整13天。隔离期间，这些住户成立自救会，通过BBS、QQ群等网络平台建立联系；隔离解除后，为传承这种互帮互助、团结友爱的邻里关系，在水一方邻里互助会宣告成立。经过十年的发展，这个互助会已经壮大成为杭州在水一方养老服务集团。

该集团现拥有杭州上城在水一方老人公寓、杭州上城在水一方益寿院、杭州市上城区在水一方陈娟英敬老院、杭州市下城区在水一方朝晖老人公寓、杭州市上城区在水一方南星老人公寓、杭州市上城区在水一方复兴敬老院、杭州市上城区在水一方湖滨敬老院、杭州市上城区残疾人阳光家园、杭州市望江街道为老服务中心、杭州市上城区湖滨街道帮一把为民服务社、杭州在水一方物业管理有限公司和杭州华爱老年事务发展中心等全资下属单位12家，合作开办了杭州钱江新城益寿院老人公寓、杭州银盛信息咨询服务有限公司两家单位。集团拥有员工近350人，年营业收入1 200余万元。机构养老合计床位数618张，入住率超过90%；居

家养老、居家安养年服务近40万小时,服务人次过5万。① 通过政府居家养老服务外包等扶持方式,在水一方互助会成功地实现了转型增值,为社区建设作出了很大的贡献。在水一方的成长史也堪称上城区政府扶持社会组织的经典案例。

在上城区,像在水一方这样的民间草根社会组织还有很多,如以殡葬服务见长的南星街道大爱无疆服务社帮助低保、残疾人及其他在身后事处理方面有需要的家庭提供临终关怀和后事料理服务,让生者安心,逝者安详,该服务社至今已经运作了7年。同属于南星街道的残疾人志愿者喊潮队也已经坚持了十个年头,从钱塘江边抢回了十余条人命。此外,还有许多以人名命名的个人工作室(如小营街道的陈文英工作室等)活跃在上城。

许美群是玉皇山社区的一位社区医生,工作期间,她总是自掏腰包买来热水袋、小毛巾和绒坐垫,供天凉时挂点滴的居民使用。她还给自己定下一条规矩,只要社区居民一住院,无论认识不认识的,她都要主动探望。由她领衔的许美群健康工作室,专门负责居民的健康管理,为居民授课并开展各类健康服务,充当起了社区内的"健康管家"。

贺出意是美政桥社区的藤艺名人,贺师傅代领创意藤园团队采用活藤培育、诱导生长、修剪成形的方式,在自家住房外墙上逐年种出了自己的藤艺墙,既绿色环保,又充满时代气息,成为了邻里和谐的新纽带。

相关链接5-5:南星街道社区社会组织②

南星街道位于上城区南部,东北沿万松岭路、江城路南段及飞云江路与紫阳街道连接,南依钱塘江中心线与滨江区隔江相望,西北以玉皇山、凤凰山与西湖区为界,北宽南窄,面积约4.31平方公里,辖复兴街、水澄桥、海月桥、馒头山、美政桥、玉皇山、紫花埠、白

---

① 杭州在水一方养老服务集团简介,http://www.zsyf.net.cn/show_hdr.php?xname=NGVR511&dname=2L9U511&xpos=0

② 相关资料由上城区南星街道办事处提供。

塔岭等8个社区,总户数19 557户计45 516人。居民以汉族为主,另有回族、满族、布依族、畲族等少数民族。

近年来,南星街道重视培育社区社会组织,不断完善工作机制。截至2013年6月,辖区内共有近90家社会组织,形成文体活动、社区服务、权益维护和慈善救助四个大类,涉及公共管理、公益服务、文化体育、社区教育、养老助残和困难救助等多个服务领域。

2012年,南星街道本着专业化、精细化的发展理念,构建起"一中心两基点四机制"的社会组织运作模式。一中心,即"南星益家"——以公益为核心,集扶持培育、权益维护、信息服务和培训交流为一体的综合性服务平台。两基点,即设立隶属于街道的社会组织交流点和隶属于社区的社会组织联谊点。四机制,即人力、物力、资金和政策扶持四重保障机制。

"南星益家"社会组织服务中心的组织架构图如图5-10所示。

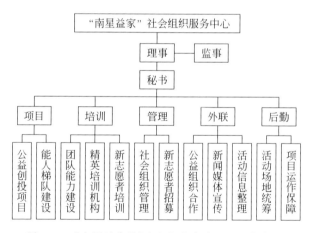

图5-10 "南星益家"社会组织服务中心组织架构图

在实际工作中,南星街道借助场所优势,着力打造集多功能活动室、娱乐室、会议室、阅览室和休闲室等为一体的社会组织实训基地,为更多辖区内的社会组织提供交流、学习、互动的场所。

• 复兴街社区社会组织

复兴街社区共成立备案社会组织12个,备案人员共计1 000

余人,服务内容涉及社区管理、志愿服务、公益服务、文化体育、社区教育、养老助残、困难救助等诸多领域。例如,老姐妹帮扶会为行动不便的老人买菜、洗涤和烧饭,看望生病的老人,与遭受不幸或子女长期不在身边的老人谈心,让社区中的老人拥有被照顾、被重视和被惦记的感觉。

• 水澄桥社区社会组织

水澄桥社区共成立11个社区社会组织,参与人数600余人,受益人群上万人。这些社会组织包括"心理慰藉"小分队、社区书画队、"和事佬"志愿者服务队、社区腰鼓队、讲师团、党员合唱队、民间智囊团、党员信息采集队、多乐园早教小分队、小蜜蜂代购志愿者服务队、"一呼即应"小分队。

• 海月桥社区社会组织

海月桥社区社会组织大多成立于2009年前后,目前已经形成包括宝宝贝贝俱乐部、菜园小分队在内的十余家社区社会组织。社区通过建立社会组织负责人月例会制度、强化人事管理制度等方式引导和服务社会组织。社会组织根据居民的不同需求,每周、每月或每季度开展一次活动,吸引社区居民自发参与其中。

• 馒头山社区社会组织

馒头山社区拥有亲情助老志愿者服务队、调解劝和服务队、健康健身服务队、环境保护服务队、巡山护宝队、邻里友爱互助服务队、"和事佬"协会、草根文化导游队、有障无碍注册志愿者服务队等十余家社区社会组织,通过无偿或低偿公益服务活动,办了许多顺民意、解民忧、增民利的实事好事。

• 美政桥社区社会组织

美政桥社区拥有社会工作室、相亲会所、"582"志愿者服务队、抗癌协会、庭改草根监督会、老年读书会等11家社会组织,个人会员近800人,参与人员近万人。社会组织的服务内容包括为社区内困难群体服务、邻里纠纷调解、心理危机干预等热点难点问题,通过电视、网络等媒介为未婚、离异人士提供免费交友平台等。

- 玉皇山社区社会组织

玉皇山社区针对辖区内外来流动人员多、经营户多、游客多的特点,成立了义务巡逻队、乐龄督导队、和事佬协会、腰鼓队、长跑队等十余个社会组织,拥有会员百余人,重点在社区治安管理、环境监督、文物保护以及丰富居民业余生活等方面开展活动,多层次全方位地推进了社区工作,强化了社区与居民群众之间的联系。

- 紫花埠社区社会组织

紫花埠社区共有登记备案社会组织10个,备案人员300余人,社会组织的居民参与率达到85%以上。现有社会组织以服务类和文体类为主,层次丰富、结构优化、布局合理、覆盖广泛,服务涉及物质上的扶贫帮困和精神上的慰藉沟通,居民满意率有较高提升。

- 白塔岭社区社会组织

白塔岭社区是典型的老龄化社区,根据服务对象差异,社区共建立10支社会组织队伍,开展各类文体活动、讲座培训、政策讲解等服务。社区依托社会组织的服务项目,灵活采取互助、志愿等方式,提高中介服务和公益服务的效能,丰富和充实居民的精神生活,打造和谐温馨的社区家园。

紫阳街道上羊市街社区的邻里值班室也是社会组织中的一大亮点。邻里值班室的组织架构为在社区建立三个总值班室,以社区内的各个楼道为单位建立分值班室,由党员、楼道长和小组长担任值班人员,解决邻里纠纷,开展邻里互助等。比如下雨天需要收衣服、小孩在家没人管等事情,居民都会找到楼道长帮忙;楼道长的价值也通过邻里值班室得到了充分地发挥。各式各样的草根社会组织为社区建设和居民参与注入了持久的动力。

政府培育草根社会组织的力度还在不断加大,近年,上城区政府每年投入100万元用于奖励677家草根社会组织中活动形式较好、居民满意度较高的组织。社会组织好坏和效果的评价内容包括活动次数、带动人群、服务人数和运行绩效等。从中评选出的十佳社会组织,可获得3万元的奖励;其余的社会组织也可以根据运作的情况分别获得几千、1万、2万不等的奖励。

2012年,上城区被列为浙江省三个社会组织建设和管理综合改革观察点之一。省里在上城区的观察内容就是让上城区充分借助社会组织培育土壤和环境,先行先试,重点发展社区社会组织,这与上城区一直以来发展社会组织的想法一拍即合。

随着社区居民对服务内容多元化和服务质量专业化需求的不断提高,上城区按照加快发展、培育为重、先易后难、逐步推进、发展与监管并重的原则,确定了社区社会组织培育"以社孵社、以社促社、以社助社"的"三社"发展思路,即以社区居民需求为导向培育社会组织,以社会力量的整合促进社会组织发展,以社会组织的发展提升居民自治水平,开创了基层社会服务与管理的新模式。

首先,上城区强调社会组织应当顺应社会需求,并重点培育大批立足社区、面向家庭、服务居民的社区社会组织。上城区认为,社会组织的孵化、培育和发展应当与居民的需求相适应;社会组织应当像星星之火一样,遍布社区的各个角落,为居民提供伸手可及的服务;用于社会组织建设的资金应当花在刀刃上。"现在许多地方扶持社会组织的方式是盖一栋大楼,让社会组织进驻,由政府出钱来孵化——进驻一个组织政府补贴多少,引进一个人员政府补贴多少——这样孵化出来的社会组织目标不是很明确,孵化完成后到底要干什么,心里没底",负责社会组织建设的相关人员向我们解说道:"我们的做法是,把社区的资源利用起来,给社会组织提供场地,政府对社会组织运作后的工作绩效进行评估,把钱花在奖励上。这样社会组织就不得不按照居民的需求去发展,这样培育出来的社会组织才有生命力。"据悉,上城区基本上达到了每100户拥有30平方米的社区配套用房,杭州市出台的新标准是每100户拥有50平方米的社区配套用房;54个社区中有30个社区的配套用房在1 000平方米以上;社区的社会组织基本上都在这些配套用房中开展工作。

其次,上城区特别强调,通过整合社会资源来促进社会组织的发展。在"社会组织培育方面,应该花的钱要花,不该花的钱要省,不要去建大楼,要充分利用社区的资源,想资源整合之道"。党的十八大提出"党委领导、政府负责、社会协同、公众参与、法治保障"的社会管理体制,这事实上对通过政府的力量来推动和引导社会组织的发展提出了更高的要求。十七大强调政府"推动"社会组织的发展,十八大强调政府"引导"社会组织的发展。如何引导?政府购买服务是其中的重要方式。2013年,上城区用于社会组织方面的资金投入达5 000多万元,其中政府购买服务的资金有3 000万元,占60%;仅居家养老服务一项,2012年的政府投入是800万元,2013年达到1 000万元。

最后,上城区特别强调,要动员全社会力量促进社会组织的发展。"一些不该政府管的,或者政府管不过来的事务,交给社会组织去管理,效果可能更好。例如,我们的食品药品监督管理局,一共才7个人,平时业务非常紧张,还要负责食品药品方面的宣传。后来,上城区成立了一个关注食品药品安全的民间组织——民间食安办。2013年6月,上城区民间食安办腾讯微博正式上线,专门宣传食品药品方面的常识、知识及其他相关信息,非常受老百姓欢迎。"相关负责人如此介绍。

社会组织建设不能紧紧依靠领导和居民两头热,夹在中间的部门也要动起来。部门需要考虑哪些职能可以让渡给社会组织来完成,"这些原来只是写在文字上的职能,现在要落实到行动上,这些职能对部门而言是有利益的,剥离这些职能的过程会产生阵痛,这就需要我们深入地做工作"。"比如许多学校下午4点半放学,放学后学生没地方去,距离家长下班又还有一两个小时,这段时间可以让社会组织介入,把小孩子集中起来做作业……如果这个事情需要教育部门来管,教育部门需要雇人、养人,而且管起来也不容易。"

与此同时,上城区也在进一步放宽社会组织的准入门槛。原来社会组织需要有3万元的注册资金,现在凡是公益类的、服务类的社会组织,都没有注册资金的要求。放宽门槛、降低门槛的做法,也成为鼓励和培育社会组织的重要途径。

对发展好的社会组织,上城区加大了培育力度。好的社会组织一定有好的带头人,上城区专门从上海聘请人员为这些社会组织的带头人提供培训,弄清事实,更新理念,提高认识。"如果大家都弄明白社会组织是怎么回事,社会组织在上城区肯定会蓬勃地发展起来,肯定会很有生命力",这是上城区给予社会组织带头人专业化培训的厚望。

六、"湖滨晴雨":公共领域的有效形式

在不同的分析语境下,学术界对公共领域的认识不尽相同。政治学与行政学框架下的公共领域与公共部门的治理活动密切相关。德国哲学家哈贝马斯最早提出了公共领域的概念,在《公共领域的结构转型》中,哈贝马斯提出,公共领域是"一种介于私人利益与国家权力之间的交往空间"。① 公共领域中的公众不需知晓彼此的身份、地位、财富和影响力,而是以一种"单纯作为人"的平等自愿地加入其中,探讨共同关心的公共事务。公共事务是指不以任何私人利益为目的,符合道德、伦理或法律要求,体现公共性的事务。公共领域的参与者通过理性思辨,以商谈形式达成共识,同时借助报纸、广播等大众媒介进行扩散,形成为更多人所关注的公共舆论。这种滚雪球似的不断被扩大和强化的公共舆论容易引起权力部门的关注和重视,从而形成一种潜在的压力,促使权力的规范运行和使用。

但早期哈贝马斯为公共领域概念框架的界定设置了过多限制,因而也招致不少挑战,集中表现在两个方面:一是言论的自由性被特权绑架。18世纪的咖啡馆是公共领域的典型代表,但很快

---

① 尤尔根·哈贝马斯.公共领域的结构转型.曹卫东,等译.上海:学林出版社,1999

公众自由探讨的空间被特权势力的排他性及其暴力威胁所瓦解；①社会分化和利益团体的聚合使得咖啡馆具有了鲜明的阶级性，支持共和主义的言论者一旦被君主制的拥护者识破，往往会遭受围攻、起诉甚至是下监狱。高悬的达摩克利剑使得政治公共领域面临着丧失论证权威的危机。二是对公共领域开放性的挑战。一方面，资产阶级公共领域对公众的理性要求暗示了资产阶级公众所具备的教育和财产的双重特征，但却理所当然地将无产阶级者拒之门外②③；另一方面，社会分化的增强带来的排他性摧残着建立在灵魂契约之上的平等预期，普通公众开始被咖啡馆社交所抛弃。

显然，这种高度理想化的概念界定难以在现实生活中找到很好的对应。允许公众多样化，承认公众的有限理性是扩大哈贝马斯早期公共领域概念适用范围的必要前提。这在哈贝马斯1992年出版的《在事实与规范之间——关于法律和民主治国的商谈理论》中有所体现。政治系统和社会系统的自封闭和孤立性，不利于应对复杂世界的现实要求，公共领域恰恰能够在这两个系统之间发挥某种整合作用，形成协同、合作或互补机制。"高度复杂的社会整合是无法绕开公众的交往权利而实现的"，"建制化的意见和建议形成过程，依赖于公共领域等一些非正式交往情境的输入"，而这些建制过程在某种程度上构成了政治权力的合法性来源。在商谈理论的视域下，公共领域是在以信息、观点和意见为内容的交往行为中产生的社会空间。公共领域与亲身到场的联系越松散，与散步在各处的读者或受众的联系越是依赖虚拟在场，交往情境

---

① 陈勇. 咖啡馆与近代早期英国的公共领域——哈贝马斯话题的历史管窥. 浙江学刊，2008(6)：28-34

② 焦文峰. 观念和社会史中的三种公共领域. 扬州大学学报(人文社会科学版)，2002(3)：61-65

③ 罗贵榕. 论哈贝马斯视阈中的公共领域与西方政治. 华北电力大学学报(社会科学版)，2009(1)：86-90

第五章　上城经验：多元主体　功能互补　平台整合　流程优化

的普遍化、包容性和匿名性就越高。①

过去，以商谈理论为特征的公共领域在国内比较鲜见，但三股力量导致这一现象有所改观。一是互联网进入中国。网络交往工具正在得到越来越多公众的普遍认同和广泛使用，互联网消除了地理距离、公众之间的身份、地位、财富和职位差距。换言之，互联网为生活世界提供了包容性更强、开放度更大、匿名性更高，传播路径更广、范围更大、速度更快、信息更多、对物理空间依赖程度更小的虚拟在场，使得网络公共领域得以萌生。② 二是公民意识的觉醒和公众参与感的增强。公共议题是公众在公共领域中商谈或交往的核心。公众之所以愿意表达观点、批评和意见，关键在于公众存在对公共领域影响政治生活的预期性。这种预期建立在公共领域的规范性、合法性和公众意见的有效性的基础之上。三是政府社会治理理念的转变，变"堵"为"疏"的治理方式正在开始成为政府基层治理的常态化机制。

湖滨街道"湖滨晴雨"工作室恰恰体现了这种社会治理理念上的转变，该案例中，既存在物理空间的公共领域，也存在依托网络的虚拟公共领域。首先，探讨依托于物理空间的公共领域。湖滨街道专门安排了一个30平方米左右，能够同时容纳二三十人的会议室作为"湖滨晴雨"工作室，会议室配备有桌椅、投影、音响等硬件设备，从而为社区居民的提供了一个稳定的商谈场所。与哈贝马斯观察到的咖啡馆等商谈场所不同，这个由街道发起提供的场所不是公众自主发现、自发形成的，因此，在某种意义上内嵌于街道的工作空间。"湖滨晴雨"工作室的形成有其特定的原因：一方面，与其他地区一样，上城区还处于社会资本较低的发展阶段，而有利益诉求的社区居民通常又处于相对劣势的社会地位，一般以年过半百或有特殊诉求的人群为主，这就使得居民之间难以自发

---

① 尤尔根·哈贝马斯. 在事实与规范之间：关于法律和民主法治国的商谈理论. 童世骏,译. 北京：生活·读书·新知三联书店, 2003
② 叶岚. 哈贝马斯语境下的中国网络公共领域. 中国非营利评论, 2011(2)：76-91

形成商谈意识。由街道出面,提供这样一个对话、交流的场所,能够让利益诉求主体的意见得到集中反映,也能够将矛盾和冲突锁定在有限的空间范围内表达。这样,能够减少原来隐匿在居民中间的零散的、无法控制的甚至难以知晓的矛盾宣泄,降低社会不和谐因素。这种工作机制的创新,在某种程度上正好弥补了"平安365"社会服务管理联动无法开展面对面交流的缺陷。

另一方面,由行政机关及其派出机构提供的商谈空间,也有其局限性。街道提供商谈空间是政府主导社会协同的一种具体表现形式,但商谈空间由政府来提供,也意味着其同样面临被收回的可能性。同时,公众可能因为依赖政府提供的空间而弱化商谈的独立性。此外,"湖滨晴雨"工作室的另一个缺陷是,街道层面能够汇聚的公众非常有限,商谈空间相对封闭,参与商谈的人员比较固定,公共议题也比较琐碎,相对固定的商谈结构尽管有助于增进彼此的了解和互信,但也可能嵌入集体性的思维困境。

其次,探讨依托于互联网的虚拟公共空间。"湖滨晴雨"门户网站设置了晴雨动态、问计于民、本周晴雨等模块,扩大了公共空间的边界和范围,白天分散在各自单位的上班族也能够加入公共议题的探讨中来。网络公共空间同时吸纳了专家、学者、政府官员、企业界人士及其他社会人士的政策解读、专业分析和独家见解,扩大了商谈空间的辐射范围,也提供了有效的政策传播渠道。但网络平台的建设目前还处于草创时期,仅有一名兼职人员维护,如何凝聚更多的民间智慧,促进社会各界的平等对话交流,让"湖滨晴雨"工作室现场反映的问题能够与网络空间中互动信息相互对接,是"湖滨晴雨"工作室可以持续关注的问题。

最后,尽管在街道的主导下,"湖滨晴雨"工作室已经形成了草根商谈空间,但受到地域、议题以及商谈人员背景等的限制,这种商谈空间仍具有一定的封闭性,此外,商谈能够发挥的作用比较有限,主要体现在两个方面:一是通过同等身份群体的交流平复情绪,实现矛盾的内部化解;二是帮助基层政府从商谈议题中了解到比较准确的舆情信息,商谈产生的舆情有时会成为政府下一年的工作重点,公共领域的价值也借此得到发挥。但更多的时候,商谈产生的问题还是积压在基层,街道只能将其作为舆情上报,但不掌握处理和解决这些问题的主动权。此外,一个更加持久性的问题是,即便是在政府主导推动公共空间的形成且不存在地理距离障碍的情况下,自发参与到公共领域当中的社区居民仍是少数比例,且多为直接利益相关者,其中的原因有两个方面:一是人与人之间较远的心理距离使然;二是公众对公共领域商谈的有效性缺乏合理预期。这也意味着真正要在基层形成自主运转的治理空间,还有很长的路要走。

第三节 微观层次:政府主导作用的间接影响

微观层次重点分析政府部门为更好地发挥协同治理的主导作用而做的革新和努力。社区建设的主管单位是民政系统,上城区社区建设的先导性有其历史基础,也有其人为因素。上城区主抓社区建设的民政局副局长在该岗位上已经工作十多个年头,一直致力于社区建设的创新和实践,对社区的定位、发展和功能有着深刻的思考。这种专业、经验、阅历和能力共同塑造了该领导对上城区社区建设方向的基本判断与战略思考,领导者的价值观也使得基层民主与自治服务的理念深入社工群体当中,并向周边城区辐射影响力,从而使得上城区的社区逐渐形成口碑和示范效应。尽管民政系统和街道没有进行结构调整,但在社区建设的过程中,上城区还是在社区党组织、社区居委会和社区公共服务工作站的设立和运行上投入了大量精力。

"湖滨晴雨"的建设主要依托于湖滨街道,但得到了区委区政府的大力支持,也吸引了政府官员和专家学者前来指导。尽管政府部门的影响没有直接反映在结构与运作上,但这一立足于街道的工作创新却值得思考。街道尽管是最基层的政府组织,但在实际工作中,却很少有机会与公众直接接触,与此同时,公众的情绪、矛盾和问题又都积压在基层,使得街道既面临着来自上级政府的指责,又面临着来自社会公众的拷问。因此,类似"湖滨晴雨"工作室这样的工作机制,能够起到查民意、知民情、解民忧的效果,排解民众的不满情绪,化解街道的行政压力。

基层党建工作则是新形势下加强基层党组织建设,发挥共产党员先进性的体现。在协同治理格局中,党委主要发挥领导作用,但对于基层党组织而言,党委领导往往需要与群众路线相结合。无论是复兴街道的党员代表常任制,还是南星街道的复兴商圈红色联盟,都体现了基层党组织在组织渗透的同时,更多地融入了主动服务的意识和举措,在政府、企业和社区党员间形成协同格局,让党内民主和党的先进性真正落到实处。在分工上,各级各界党组织的任务得到明确;在制度建设上,对其行为提出要求和约束;在组织文化上,不断提升党员的责任意识。

综上所述,在社区建设、"湖滨晴雨"和基层党建的三个案例中,区委区政府并没有进行结构与运作上的重大调整,但在宏观决策上,为社区自治、社会主体的成长和基层党组织建设释放了充足的空间。

第四节 小结与启示

宏观结构层次,上城区的社区建设过程中,既有政府的身影,也有社区和公民的参与互动,反映的是政府与社会之间的关系。宏观运作层次,民政部门对社区建设倾注了大量心血,积累了丰富的经验,也做出了深刻的思考。政府部门自愿将评价权重转向社区居民,坚持通过居委会主任选举等形式培养基层民主意识,表明上城区政府领导班子对基层政权建设主管部门的信任,以及基层政权建设主管部门对基层自治组织的信任。与此同时,社区建设和其他社会组织制度建设也在逐步完善。微观结构层次,上城区

第五章
上城经验：多元主体 功能互补 平台整合 流程优化

通过成立社区公共服务工作站，对原来社区党组织和社区居委会的二元结构进行了补充和完善，分工更加明确，职责更加清晰。微观运作层次，顺应结构的调整，社区工作的运作流程也进行了优化，如明晰公共服务供给流程，完善公共服务评价体系等。

对于"湖滨晴雨"而言，宏观层次形成的是街道与"湖滨晴雨"工作室的静态结构关系，宏观运作分析上，"湖滨晴雨"工作室主要在湖滨街道的指导下进行，政府有意加强与社区利益诉求主体的沟通交流，增进互信与理解，提升彼此之间的信任关系，制度建设方面，同样依靠街道力量寻求社区支持。微观层次，结构上"湖滨晴雨"是整合"社情民意信息直报点"、"社会舆情信息直报点"、"草根质监站"和社区调解的"和事佬"等平台后的新生事物，"民情气象台"就是一种创新性的结构设计。运作上，"民情气象"、"民生焦点"、"民生时政"和"民生品质"等制度的建立，推动了"湖滨晴雨"工作室的正常运转。

在基层党建方面，突出表现在微观层次上，街道党工委、基层党支部、企业党员和社区党员形成了相互之间的结构性联系；运作上，通过党员代表联络机制、代表管理制度、红色联盟活动制度等推进党代表与普通党员的联系。

本章给予我们的启示是，在政府与社会的协同关系中，如果宏观层次行动舞台上的主角是社会主体，并不妨碍政府在协同关系中发挥主导作用。同时，在这种类型的协同关系中，政府的主要任务是为社会主体提供更多的成长空间，营造更多的共治环境，培育和扶持社会组织的健康成长，使其有能力承担更多的社会职能，而在此过程中，政府不需要经历结构调整和运作变革的阵痛。对于社会组织而言，必须不断进行自身的结构与运作调整，才能够更快找准自身定位，更好地发挥社会组织的独特优势。

第六章　上城经验：
公私伙伴　服务外包
部门协调　考评监督

第一节　居家系列服务

一、老龄化催生为老服务需求

上城区的人口老龄化现象主要表现为四个方面：人口结构老龄化、人口自然增长率低、人口红利正在消退及空巢或独居老人增多。

（一）人口结构老龄化

对比2003年和2012年的数据（图6-1），可以发现，在不到十年时间里，上城区中年人口的比重相对稳定,但是18岁以下的人口比重从14.04%下降为10.29%;与此同时,60岁以上的人口比重上升了近5%。

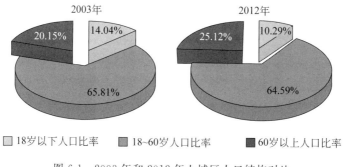

图6-1 2003年和2012年上城区人口结构对比

数据来源:浙江统计年鉴(2004年和2013年)

国际上,60岁以上人口占总人口数达到10%或65岁以上人口占总人口数达到7%时,意味着人口老龄化的出现。在上城区,60岁以上老龄人口已经接近总人口数的1/4,远远高于国际标准,上城区的人口结构老龄化现象不容小觑。

(二)人口自然增长率低

人口结构反映的是某一特定时间人口的截面特征,而一定时期内的人口出生率和死亡率,则揭示了人口自然增长的内在规律。人口的自然增长率是人口出生率与人口死亡率的差值,反映了人口的再生产水平。一般地,人口的自然增长率与当地的经济发展水平成反相关关系。图6-2显示了上城区户籍人口出生率与死亡率的变化趋势。

图6-2显示,2004年至2011年期间,上城区人口出生率与死亡率有所波动,但总体呈现上升趋势。各年的人口出生率均高于人口死亡率,未出现人口负增长现象。但2006年年底以前,出生率与死亡率比较接近,人口自然增长率较低;2007年开始,人口的出生率与死亡率差距明显加大,呈现发散态势,2009年起两者差距逐渐趋于稳定状态。通过图6-2不难发现,上城区的人口自然增长率可以划分为三个阶段:低位平稳期、扩张期和高位平稳期,如图6-3所示。

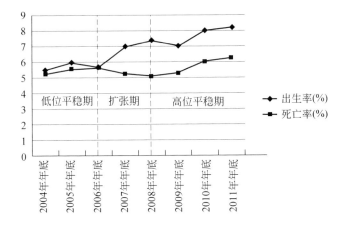

图 6-2 上城区人口出生率与死亡率比较

数据来源：上城区国民经济和社会发展统计公报（2004 年至 2011 年）

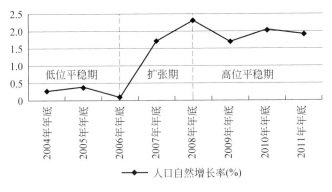

图 6-3 上城区人口自然增长率

数据来源：上城区国民经济和社会发展统计公报（2004 年至 2011 年）

在死亡率一定的情况下，育龄夫妇人数越多，生育意愿越强烈，人口自然增长率越高，人口老龄化趋势也可以得到相应缓解。但从图 6-3 中可以看出，2007 年年底至 2011 年年底，上城区的人口自然增长率始终维持在 2‰ 左右，低于全国平均水平 5.01‰[①]。

---

① 美国中情局（CIA）2008 年资料。

（三）人口红利正在消退

伴随着老龄化和低出生率，上城区的人口红利正在消退。传统意义上的人口红利指 15～59 岁劳动人口占总人口的比重。考虑到上城区已经普及 15 年教育[①]，15～18 岁的青少年还在接受高中教育，尚未进入职业生涯；而 18 岁成年以后，可以进入劳动力市场，因此，以 18～60 岁年龄段的人口作为替代[②]。

18～60 岁人口数量变化情况如图 6-4 所示。

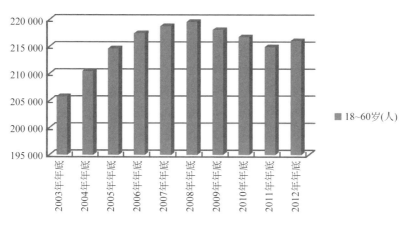

图 6-4　18～60 岁人口数量变化情况

数据来源：浙江统计年鉴（2004 年至 2013 年）

从图 6-4 中不难发现，2003 年至 2008 年年底，18～60 岁的人口数量呈现上升趋势；2008 年至 2011 年，人口数量出现持续下降，2008 年可能为上城区的第一次人口红利拐点，先于全国的人口红利拐点的时间点[③]。2012 年年底，上城区 18～60 岁人口数略有增加，与 2010 年年底该年龄段的人口数基本持平。

18 岁以下和 60 岁以上人口数量变化趋势如图 6-5 所示。从图中看见，随着时间推移，两条曲线呈发散状态，表明 60 岁以上老

---

① 浙江省在全省范围内推广 15 年教育，即幼儿园 3 年、小学 6 年、中学 6 年。
② 此处选用 60 岁而不是 59 岁，主要原因是 59 岁数据不可得。
③ 按照 15～50 岁的标准，全国首次人口红利下降出现在 2012 年。

龄人口与18岁以下人口数量正在扩大。2003年,60岁以上人口数量为18岁以下人口数量的1.44倍;2012年,前者为后者的2.44倍。18岁以下人口数量和比重明显下降,18～60岁人口数量和比重变化不甚明显,但60岁以上人口数量和比重均明显增加的现象表明,少子化和老龄化现象并存。

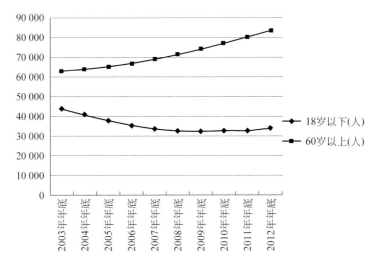

图6-5　18岁以下和60岁以上人口数量变化趋势

数据来源:浙江统计年鉴(2004年至2013年)

(四) 空巢或独居老人增多

与老龄化共生的另一个特征是家庭户均人口数少。2003年年底至2012年年底期间,上城区居民总户数呈现出稳中有升趋势,2012年年底较2003年年底净增700户,新增户数占2012年年底总户数的0.6%。上城区的户均人数总体维持在每户2.8人,(图6-6)这意味着,除传统意义上的"三口之家"①外,上城区还有许多1～2人组成的家庭。截至2013年6月,上城区共有空巢、独居老人23 174户,共计3万多人。② 空巢、独居老人很多是子女在

---

① 由夫妇和独生子女两代人构成的家庭。受城市计划生育政策的影响,通常意义上的由成年夫妇和未婚子女组成的核心家庭在中国的最常见形式是"三口之家"。
② 上城区民政局. 大管家服务社提供. 2013-06-04

外地读书、工作,无法照顾老人;或者老人离异、丧偶造成,随着老龄化和空巢、独居老人的增多,同时带来了许多社会问题。

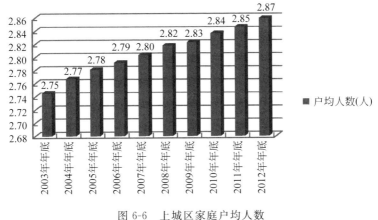

图 6-6 上城区家庭户均人数

数据来源:浙江统计年鉴(2004 年至 2013 年)

综上所述,在人口结构老龄化和人口老龄化趋势持续的双重作用下,人口红利正在消退。庞大的老龄人口正在成为上城区社会管理和公共服务的主要需求者。此外,现阶段的社会保障政策事实上在引导传统的"家庭养老"模式向"社会养老"模式转变。这些政策使得工薪阶层在提高社会抚养比的同时,忽视了家庭抚养比。这就使原本在家庭内部消化的养老、家政等活动被转移给政府或社会专业化机构当中。微观层面,随着生活水平的提高,人们对管理和服务的质量与供给形态也提出了更高的要求。如家庭经济状况较好的群体,希望获得更加个性化、高层次的收费服务。低保户、残疾人、空巢或独居老人等困难家庭希望获得最基本的免费服务。而介于两者之间的家庭,也希望通过各种各样的服务供给渠道,享受社会管理和公共服务的普惠性。这三方面因素都对社会管理的全面性、层次性和专业性提出了新的更高要求。

二、上城区居家服务无忧在线平台

2005 年,上城区民政局开始推出以"养老在家里,我们来帮你"

为主题的居家养老惠民工程;2008年,上城区发布了《上城区居家养老服务与管理规范》,标准化管理的居家养老服务涵盖了生活照料、医疗服务、家政服务、司法维权、精神慰藉和紧急救助6大类50余个项目的"菜单式"养老服务内容,能够根据相应的服务标准和内容照顾到老年人的各种日常需求。2011年,上城区将区级居家养老服务与管理规范被推为浙江省地方标准;同年,该标准还被列入国家标准制定计划。两年一个台阶,上城区的居家养老服务渐渐走在全市、全省,甚至全国前列。

经过将近9年的发展,仅上城区民政局投入的居家养老服务经费已经从起步时的30万元追加到527万元,加上街道配套的30%,2012年全年政府购买服务费用达到752万元。"居民的需求层次差异很大,我们有经济收入高、条件比较好的老人,他们宁可多花点钱享受档次高一点的服务;我们也有一部分困难老人,像低保户、残疾人、空巢或独居老人。但大部分还是中间层次的。我们将人群大致分为橄榄形,政府的免费服务要把困难老人这个小头管住,其他老人的需求可以让平台去提供,需要收费,但是价格可以低廉一点。"通过大管家服务平台的建设,居家养老已经开始从过去的特惠型向普惠型转变。

(一)五大"无忧"

2010年6月,家住天津的孟大爷病死家中一个多月后被发现,据悉,老人与妻子离婚多年,两个女儿常住国外,兄弟姐妹很少往来。①

2012年1月,南京市集庆路附近豆腐坊小区,一位七旬老人病死家中,被发现时身体已经出现腐烂现象。②

2012年3月,哈尔滨市平房区,一位六旬空巢老人病死家中,

---

① 空巢老人病死家中. 南大教授:社区应重点关注高危老人. 天津网,2010-06-04,http://www.tianjinwe.com/tianjin/jsbb/201006/t20100604_956208.html

② 独居老人病死家中多日尸体腐烂,邻居报警称1月未见老人. 龙虎网,2012-01-14,http://city.ifeng.com/cshz/nj/20120114/206577.shtml

第六章
上城经验：公私伙伴　服务外包　部门协调　考评监督

因社区干部及时上门，老人被发现时身体尚未僵硬。①

2013年5月，湖北省监利县柘木乡湖滨村，一位七旬老人病死家中数日至遗体发出臭味后被发现。②

2013年7月，四川省成都市新都区新繁镇严家桥，一位五旬老人病死家中数日至尸体腐烂后被发现。③

……

"每次看到这样的报道就会感觉特别痛心，我们的产品应该尽快推出，减少这些悲剧的发生"，大管家服务中心的当家人神情凝重地说。他所说的"产品"是楚风科技有限公司研发的一整套为老服务的电子卫士，包括服务按钮、120按钮、WC按钮、平安猫、门磁、煤气探测器等，搭配上呼叫主机，这些轻巧便捷的小配件能将老人的求助或需求实时传送到大管家服务平台。

截至2013年6月，上城区通过政府购买形式，已经为全部23 174户空巢、独居老人安装了主机和部分终端设备。这一通过"物联网"和"云计算"搭建起来的居家养老"无忧"平台从2012年开始就在上城区悄然推开。

实现"无忧"并非易事，为了让平台的功能落地，上城区提出了"呼叫无忧、传递无忧、服务无忧、安全无忧和关怀无忧"5个具体目标，详见下面内容。

1. 呼叫无忧

"呼叫无忧"，是指当老人需要帮助时，能够以最便捷的方式，即时、准确、迅速地将老人的求助信息传送到服务平台。考虑到老年人容易遗忘电话号码、不适应语音导航等情况，平台淘汰了号码百事通这样的传统呼叫模式，采用物联网技术开发出的"一键通"

---

① 64岁空巢老人病死家中，三民警抬棺帮出殡. CNTV，2012-03-07，http://news.qq.com/a/20120307/001935.htm

② 儿女常年在外地打工，监利一空巢老人病死家中数日. 楚网，2013-05-20，http://www.cnchu.com/viewnews-135284.html

③ 新都：一名五旬老人病死家中几日无人知晓. 四川新闻网，2013-07-03，http://local.newssc.org/system/20130703/001110790.html

呼叫器、电话连接①和网络在线求助②三种呼叫方式发出服务需求,并自动实现将服务需求中转至服务中心,不需要经过人工介入。

"一键通"呼叫器是一组很轻巧的终端设备,每个终端只有半个手掌心大小,装有一个按钮;根据老人的特殊需求,目前已经开发出的"一键通"呼叫器包括服务按钮、120按钮和WC按钮三种类型。一般情况下,老人需要各种服务的时候,在家里按下"服务按钮",服务中心会立即收到老人的呼叫信息,并根据设备注册信息数据库中的信息给老人回拨电话。

120按钮是针对有特殊需求的老人设置的,比如心脏病、高血压的老人,当老人感觉身体不适时,只需要按一下终端上的红色120按钮,呼叫信息会自动进入120急救中心,并同时传入服务中心。120急救中心先与老人进行通话;服务中心收到呼叫后也会与老人联系,并利用老人的信息帮助开展急救。这样可以确保老人只要在出现意外前,将信息传出来,外界就能知道老人需要急救。

WC按钮同样是为老人量身定制的,经验表明,厕所是老人发病较高的地方。安装WC按钮后,老人在进厕所时按一下按钮,出厕所时再按一下按钮,服务中心的信息就会自动消除;如果老人在长时间(根据老人需求预先设定时间,如15分钟)内没有从厕所出来或者出来时忘了按按钮,系统会自动报警,服务中心的工作人员会立即打电话到老人家里询问情况。

当老人在家里的时候,能够通过"一键通"呼叫器将需求信息传送出来;如果老人在外面需要呼叫服务中心时,可以拨打88881949(可以事先把这个号码设置成快捷键)。与一般的电话不同,该号码随时都能够打通,不会有语音导航,不会有"业务繁忙,请稍后"的提醒;老人一旦拨打这个号码,服务中心就会接收到老

---

① 88881949,四个八,1949是新中国成立的时间。
② 上城区居家服务无忧在线平台网址:http://www.scjjwyw.com。

人的呼叫并马上回拨老人电话。网络在线求助形式虽然已经开通，但是真正会使用网络的老人并不多，系统运行一年半以来，通过这种方式发起需求的老人数量很少；不过除了发起需求外，老人及其子女也可以从网站上了解终端设备和平台建设的情况。

"呼叫无忧"的另一大特点是，老人无论采取哪种方式发起需求，都不会产生任何费用。这使得一些心疼电话费而不愿意给子女打电话的老人在真正需要帮助的时候，也能够顺利呼叫服务中心。

2. 传递无忧

当服务中心工作人员了解到老人的需求信息后，怎样帮助老人解决问题呢？老人的需求五花八门，从事为老年人服务的人对此深有感触——请钟点工、摔跤、病发、漏水、停电、防盗门开不了、老年食堂订餐等。有需要卫生人员上门或120急救的紧急事件，也有家长里短的生活琐事。对于不同情况，服务中心都会前置分流居民的需求，将电子订单准确发送给离老人较近的商户，并将商户电话转接到老人那里，双方自行谈好价格和服务时间后再上门服务。如果老人对商户有要求，可以在上门服务前向服务中心说明，中心会根据老人的需求派发电子订单。大管家服务中心和民政部门能够对订单情况进行实时监控。

3. 服务无忧

"服务无忧"，是指商户派人员为老人上门服务时避免因服务时间、服务质量等问题与老人发生纠纷或争议，从而使得老人和商户都不会因为上门服务而产生后顾之忧。以往，商户派出的人员得不到有效监管。有些老人见到陌生人，戒备心理很强；有些上门修理人员服务一小时后收费离开，有些老人会因为错记服务时间而事后再找商户理论；由于缺乏相关凭证，容易引起纠纷。现在，每位上门服务人员手中都有一张与其身份唯一绑定的ID卡，进出门时在老人家中的主机上进行刷卡操作，记录到达和离开的时间，采集到的服务时间数据会自动上传到服务中心。服务完成后一两天内，服务中心会对老人进行电话回访："您家下水道有没有修啊？修了多长时间？收了多少钱？您满不满意啊"等。而在社会组织大管家背后，还有民政局这个更大的"管家"随时可以通过电脑查看服务中心的项目情况和服务过程数据，并在入户调查时向老人询问服务情况。

4. 安全无忧

"安全无忧"，是指登记为安全防范用户的老人，可以每天不定时地通过门磁或平安猫报平安。门磁是早年开发的产品，每当老人打开门时，意味着老人平安；但考虑有些老人并不天天出门，因此有了新研发的憨态可掬的平安猫（不倒翁造型）配件。老人每天在家不定时地摇一摇平安猫，房间内的呼叫主机就会发出"平安"两字的语音提醒，代表呼叫成功；如果一定时间间隔内服务中心未收到用户平安的指令，系统会自动弹出对话框预警，服务中心会根据预先登记的资料进行联系跟踪。系统默认时间间隔为24小时，老人可以根据需求以小时为单位进行调整。类似地，新近研发的煤气探测器能够在室内发生燃气泄漏时自动向服务中心报警。

5. 关怀无忧

"关怀无忧"，是指服务中心每月能将老人呼叫中心的次数、服务需求、平安状况等信息通过手机短信的形式发送给老人的家属，让子女能够及时知道自己的父母在这一个月中的情况。

（二）基础数据库

五项"无忧"环环相扣，终端设备各显神通，服务过程步步留痕，为居家养老提供了全方位的保障。但是设备只是部分解决了以什么样的方式提供服务的问题，如何确定服务人群？如何筛选服务商户？如何判断服务项目？要解决这三个问题，实现"无忧"服务各环节的顺畅运行，离不开三个关键的数据库：用户数据库、商户数据库和街道社区数据库。

1. 用户数据库

用户数据库记录了用户的姓名、年龄、电话、家庭地址、联系人、联系人电话、是否为安全防范用户等。对于中午需要午休，晚间请勿上门等特殊说明，都会进行一一备案。由于上城区采用的是政府购买的形式,因此民政局为大管家服务中心提供了用户数据库的基本信息。每一位提出政府购买居家养老服务申请的用户,需要先向社区提出申请,社区报送到街道,由街道报送到民政局;民政局派出评估小组到老人家中进行评估,评估结果由社区输入平台,经街道审核后,报民政局审批通过后,将新增老人的信息告诉大管家服务社。通过审批的老人可以享受相应时间的免费服务。评估小组由三人组成,包括卫生局派出的医生、街道事务科派出的居家养老工作人员和社区派出的居家养老工作人员。单一申请的审批周期一般为10个工作日。

2. 商户数据库

商户主要由贴近居民群众的街道社区五小行业组成,也注重引进一些品牌响、服务好的商户,以满足经济条件较好的老人的需求。在对最初框定的700多家商户逐一进行电话询问服务项目、服务意愿和服务价格后,剔除了收费较高、服务不到位的商户,最终确定了358家商户①。这些商户信息由大管家服务中心统一录入,形成商户数据库。

3. 街道社区数据库

街道社区数据库记录了上城区6个街道54个社区的信息,一旦用户出现需要社区解决的问题,大管家服务中心能够顺利地将信息转到相关社区。

通过这三个数据库,居民的需求与政府的公共服务、商户的商业服务和社会组织的公益性服务进行了良好的对接。

(三)需求信息识别

如何判断服务项目?最初的服务项目是通过商户的供给能力,老人的需求调查和政府的内部论证确定的。不过,大管家服务中心正式运行后,通过需求发起与回应的留痕管理,分析需求变化趋势和类别特征,为政府部门的资源投入和管理活动提供有力抓手。

---

① 截至2013年6月。

如图 6-7 所示,2012 年平台上线元年,全年老人发起需求的次数为 3 000 次,但随着平台日渐深入民心,2013 年前 5 个月,需求发起次数已经达到 6 577 次,比 2012 年全年高出 1.2 倍。越来越多的老人愿意通过居家服务无忧在线平台解决生活中方方面面的需求,表明政府部门在平台投入方面的建设真正发挥出了"便民、利民、惠民"的效果。

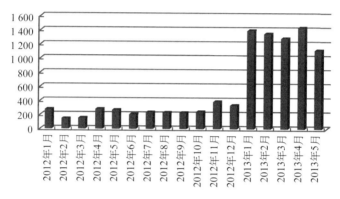

图 6-7 居家养老服务各月需求数量

图 6-8 显示了 2012 年 1 月到 2013 年 5 月间,居家服务无忧在线平台中各类服务的实际使用情况。其中,咨询服务占到将近 3/4 的比重,其次为维修、社区、医疗保健和生活小服务等。

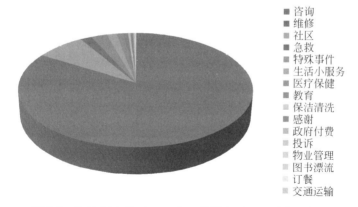

图 6-8 2012 年 1 月至 2013 年 5 月服务项目累计使用情况

表 6-1 简单罗列了一些主要服务类型的具体内容，从中不难发现，老年人群体的具体需求五花八门、千奇百态，如果不进行这样的过程记录，很难摸清楚这个特殊群体的需求特征究竟表现出怎样的形态。

表 6-1 服务类型的具体表现

大类	需要的服务
社区	老年食堂、吃饭
	邻里纠纷、老人和子女关系不好调解
	代缴各类费用
	买书
	老人摔倒，需要有人扶
	维修电子门、楼道灯
	修剪树枝
	买菜
	灭鼠
	各种费用的发放
	安装路灯
	法律咨询
	化粪池满溢
	安装日光灯、电跳闸
	房屋瓦片掉下来
社区	反映周边环境不好
	老人去世要办什么手续
	申请低保、老年卡、残疾证
	买了保健品要退，需要社区帮忙退
	老年痴呆不肯剪指甲
	哪里可以购买保洁人员使用的钳子
	反映路上窨井盖破了个洞经常有小孩脚卡住

协同治理
杭州"上城经验"

续表

大 类	需要的服务
社区	有老年痴呆无人照顾希望社区联系住户子女管管老人
	楼下铺路有私家车停着没办法铺
	立面整治时外面地势高了，院子里面积水
	因外立面整治，引起的漏水
	独居老人需要关心
	帮助寻找走失老人
	用户住院需通知社区工作人员
	照顾、搀扶老人
生活小服务	开锁
	上门理发
	请钟点工、保姆、陪聊
	修空调、电视机、热水器、冰箱
	下水道堵塞、抽水马桶漏水，水龙头
	安装灯管、煤气灶、电插座、开关、电风扇等小家电
	电子门按钮、开关
	修木头门窗、椅子、隐形纱窗
	电视无信号、座机、老年手机
	电脑
	电梯
急救	急救120
医疗保健	上门量血压
	上门体检
政府付费	用服务券理发
	上门搞卫生

资料来源：大管家服务社，2013年6月。

（四）平台延伸：居家系列服务

就在居家养老服务进行得如火如荼的时候，全国首家区级社区网络教育平台 E 学网于 2009 年在上城区成立；卫生、民政联手提供养老方面的医疗服务；残联的安养项目也在进行当中。

2012 年，上城区在总结居家养老等相对成熟、系统的公共服务模式的基础上，正式提出并实施上城区居家服务无忧在线平台建设。

"居家服务无忧在线平台的初衷其实就是把区里职能部门提供的公共服务整合在一起，让老百姓在家里就能够享受到公共服务。但是后来我们发现，居民群众的需求不仅仅是政府提供的公共服务，还包括商家和社会组织提供的服务。所以我们就想办法去整合商家和社会组织——主要是围绕'服务'，让老百姓在家里就能享受到各式各样的服务。"

在"民有所求，我有所应；民有所需，我有所为"的公共服务目标下，上城区加快了整合步伐。

- 平台启动。2012 年 3 月，上城区出台《关于推进上城区居家系列惠民工程的实施意见》，上城区居家服务无忧在线平台建设项目正式启动。
- 制度保障。民政、教育、卫生、文化、残联、人口计生、人力社保局和行政服务中心八个部门分别出台各自的实施方案和细则，如《上城区居家养老服务实施方案》《上城区构筑"二零四灵"居家教育服务体系的实施意见》①和《开展以创建幸福家庭为主题的"居家三优"服务实施意见》等八个文件，就资源整合方式，人、财、物保障和考核形式等做出明确规定。
- 领导小组。2012 年 7 月，上城区区委区政府成立上城区居家系列服务惠民工程领导小组，由时任区委书记担任组

---

① 实现"三零四灵"目标，"三零"即零收费、零距离、零障碍。"四灵"，即灵活的个性化学习内容、灵巧的专业性学习辅导、灵便的普惠性学习形式、灵动的便捷性学习速度。

长,时任区长担任第一副组长,区委办公室、区委政研室、区委宣传部、区直属机关工委、区政府办公室、区发改经信局、区民政局、区财政局、区教育局、区统计局、区监察局、区人力社保局、区住房和城建局、区文广新局、区卫生局、区人口计生局、区审计局、区法制办、区公共资源交易办、团区委、区残联、湖滨街道、清波街道、小营街道、望江街道、南星街道、紫阳街道和上城质监分局等29个职能部门为成员单位。

- 协调会议。负责领导小组日常工作的办公室设在民政局,由民政局牵头,联系八个部门召开协调会。从平台整合、推进到项目运作创新,八个部门一年开了23次协调会,居家无忧在线平台框架、服务对象、服务内容和服务手段等问题都是在协调会上逐步明确起来的。

- 服务外包。整合之前,各个部门都有自己的服务平台,上城区通过公开招标、服务外包的形式,选定由社会组织杭州"大管家服务社"来实现无忧在线服务平台建设。通过"物联网"、"云计算"等技术支撑,"大管家服务系统"花费51.5万元就实现了各个平台原有信息化资源的提升整合,而此前八个部门的服务信息化总投入高达974.1万元。

- 系统集成。为了避免简单的平台累加,实现真正意义上的资源整合,上城区在平台建设和项目运行过程中,提出了"八个统一"的要求,即规划设计统一、宣传途径统一、教育培训统一、服务标识统一、接入界面统一、技术标准统一、数据后台统一和社会评价统一。向"服务无忧"理念迈进了一步。

在区委区政府的推动和各部门的联合协作下,上城区建成了包含居家养老、居家教育、居家医疗、居家三优、居家就业、居家文化、居家安养和居家办事八项内容在内的居家服务无忧在线平台,详见表6-2。

第六章
上城经验：公私伙伴 服务外包 部门协调 考评监督

表 6-2 居家系列服务

服务内容	牵头单位	举 例
居家养老	区民政局	生活照料、医疗服务、家政服务、司法维权、精神慰藉、紧急救助等
居家教育	区教育局	网上学习、网上答疑、线下咨询、网上预约、送教入户、网上展厅、网下社团等
居家医疗	区卫生局	全区困难家庭基本医疗服务"零自负"，90岁以上老人残疾人（含精神病人）全覆盖，常住居民按比例提升
居家三优	区人口计生委	青春导航站、婚姻加油站、孕育指导站、温馨服务站、关爱接力站，优生婚前免费医学检查、免费孕前检查、早（幼）教等
居家就业	区人力社保局	灵活就业形式（网站建设及管理、多媒体网站制作、自由创造、创意工作室、远程教育、网络商店营运、生活服务、手工编织、维修等）
居家文化	区文广新局	楼道漂流书站、"百场百团"文艺演出等
居家安养	区残联	康复训练、生活能力训练、心理疏导、送餐、生活照料、家政、医疗康复等
居家办事	区公共资源交易办	构建5分钟行政服务圈，争取水、电、煤气、市民卡等便民事项可通过"居家办事"行政服务体系预约或受理

资料来源：上城区委区政府《关于推进我区居家系列惠民工程建设的实施意见》（上委〔2012〕48号）

整合八个部门的力量共同提供公共服务在上城区无疑是一项创举。此前，上城区同样面临着公共服务供给部门化，部门服务单体化现象。部门之间各自为政，条块分割严重，信息交流不畅，服务质量不均。对此，区委区政府殚精竭虑地思考着如何"打破部门界限，整合服务内容，统一提供方式，让居民群众接受高效便捷的服务"的问题。对此，上城区借助信息化的手段，以居家服务无忧在线平台建设项目为契机，提出了构建"信息共享、资源整合、协调有序、服务高效"的综合"大服务"体系的新思路。

这次平台整合的牵头单位是民政局。因为居家养老的基础比较好一些：一是居家养老已经从特惠型服务转向普惠型服务了；

二是居家养老做的时间比较长,积累了一些经验;三是居家养老服务中采用的信息化、社会化和标准化手段已经比较成熟。

但是,整合八个部门,谈何容易?"各个部门有各个部门的职责,有自己部门的法律法规和办事规范,在职责不交叉的地方或是涉及部门利益的时候,资源整合是非常难的。""关键还是要靠区委区政府的高度重视,虽然是民政部门牵头,但是区委书记亲自担任组长,两个常委一个副区长具体抓这个事,各个部门的一把手亲自参加协调会。""基本上是半个月开一次会,多的时候一个礼拜开一次会,对推进当中需要协调的事情进行沟通、明确,会上就把任务派下来。"区委区政府在统一制度设计的同时,注重强化部门协调机制与信息共享机制。这些协调机制搭配区考评办的大力支持,民政局得以在落实具体工作任务的过程中顺利发挥好牵头作用。

如何缓解部门间的"冲突"地带?上城区的办法是,让各个部门围绕"项目"开展合作,例如,为老年人、残疾人和育龄妇女提供医疗服务的专业性较强,在居家服务领导小组的协调下,民政、残联和妇联三个部门分别与区卫生局签订项目合作协议,通过向卫生局购买服务的形式,形成部门合理为居民提供服务。"民政部门在政府部门中属于弱势部门,原来弱势部门去找强势部门配合的时候还是有一定难度的。无忧在线平台正好让各个部门都参与进来,一些原来希望在居家养老服务过程中得到其他部门支持的部分也跟着整合进来了,民政部门反而能够利用其他部门的资源,这对于民政局来说是最大的一个收获。"整合的意义单从民政部门的表述中就可见一斑。

居家服务无忧在线平台的问世,不仅仅需要政府的决心和魄力,还需要一个承接政府外包服务的服务实体。那么,谁是合适人选呢?

"政府外包服务一定要找对人,要找到公益性强、服务意识强、责任性强的服务实体非常难"。上城区通过公开招标、服务外包的形式,确定由成立于2009年的社会组织杭州"大管家服务社"来进行无忧在线服务平台建设。

目前,大管家服务系统已经整合了 300 余家优质商户,为居民群众提供生活照料、医疗服务、家政服务、司法维权、精神慰藉、紧急救助、婚育保健和政策资源等多类别的个性化服务。借助这个系统,社会力量可以通过多种方式参与服务。例如,区卫生局加强了浙医二院、浙一医院、浙江省中医院、杭州市一医院等省立医院间的协作,通过双向转诊、专家预约、同质化培训、特色学科培育等合作,为居家医疗服务提供技术保障、智力支撑和科研平台。各社区卫生服务中心具体承接"大管家服务系统"转接的居家医疗服务,对辖区内困难群众实行基本医疗服务"零自负",并根据服务对象的实际需求提供必要的心理疏导、体检、提醒检查项目等服务。

引入大管家服务社并非偶然。上城区政府在公共服务供给过程中,已经觉察到单纯的政府供给,无法满足居民群众非规模化、个性化服务的需求。引入社会组织,实施市场化运作,有利于实现政社协同、政企协同和社企协同,汇聚政府、社会组织和企业多方主体为居民提供不同需求层次的服务。

截至 2012 年 11 月底,居家无忧在线平台为居民群众提供服务 31.36 万人次。居家养老方面,政府购买居家养老服务累计投入资金 2 145.19 万元,覆盖 32 938 万老人;居家就业方面,累计 10 624 人与街道劳动保障站签订协议,已有 15 692 人次到期享受居家就业社会保险费补贴 3 296.95 万元;志愿者服务 5 200 余人次,累计服务时间 10 万余小时。

通过无忧在线平台,居民的需求与政府的公共服务、商户的商业服务以及社会组织的公益服务实现了无缝对接,居民群众对政府解决生活就业难、看病难、上学难、清洁卫生难问题的满意率均达到 90% 以上。

居家无忧在线平台的建设,不仅使政府在变被动服务为主动服务的过程中,减少了部门割据带来的重复投入、资源浪费和信息隔阂,提高了信息共享程度和行政服务效率;而且也使得越来越多的优质社会组织脱颖而出,通过培育和发展创造出了一批就业服务岗位。

管理是为了服务，服务是更好的管理。整合八大部门资源，联合提供公共服务，是管理型政府向服务型政府转变的重要表现之一。上城区通过居家服务无忧在线平台建设，改被动行政管理为政府主动服务，克服服务分工定位难、条款分割沟通难、服务质量鉴定难，看似需要勇气和魄力，其实恰恰证明，政府的执政理念正在发生着彻底的转变。"我们刚开始做的时候也没有钱，别的地方如果要复制，起步的时候可以复制得粗糙一些、简单一点；但关键是要复制我们的理念——把为居民群众服务摆在第一位的理念，确定政府要为居民群众服务的理念。"民政部门的领导语重心长地说。

第二节　宏观层次：
　　　　政府购买服务促成合作伙伴关系

党的十八届三中全会明确提出，"推广政府购买服务，凡属事务性管理服务，原则上都要引入竞争机制，通过合同、委托等方式向社会购买"。主要理由是：社会组织具有降低交易成本的自发动力和内在机制，而政府恰恰相反。从资金来源上看，社会组织需要自己想办法筹集资金，政府部门的经费来源则通过财政拨款，以法律强制下的公民税收，因此，社会组织花的是自己的钱，政府花的是别人的钱，自然前者更具有自我约束力。从服务结果来看，社会组织通常不止一家，不同社会组织之间也会形成竞争关系，社会组织的服务对象可以以脚投票，因此社会组织对消费者的评价更加敏感，也更有动力保证服务质量。政府决策具有民主集中的特点，主要领导人在其中发挥较大的影响力，但服务性项目的考核通常是一次性的或者短期性的，一般采用覆盖率、经费投入等指标以及有限的公众调查，对服务质量的反映比较有限且不具有连贯性。

政府在向社会组织购买服务的过程中，形成政府和社会组织的协同伙伴关系。政府通过责任分解和下放，将部门公共服务职能转交给社会组织来承接,通常,政府保留决策制定、制度设计、经费支付、监督管理、标准设定和购买对象筛选的职能,社会组织负责具体的政策执行、服务供给、日常管理等工作。在此过程中,政府实现从"划桨"到"掌舵"的转变。社会组织承接政府让渡的公共服务生产过程,并不意味着政府公共服务职责的完全剥离,相反,政府需要通过建立硬性制度约束和柔性信任关系等手段,激励社会组织保质保量地提供服务。政府购买服务的方式包括生产方补助和消费方补助两种形式,生产方补助是指政府通过直接赠予、契约购买、拨款、提供办公场地和设备等实物性资助等方式补助社会组织;消费方补助是指政府通过消费券、税收优惠、贷款担保、报销等方式直接补贴从社会组织中获得服务的社区居民。①

政府与社会组织的关系通常需要经历三个发展阶段:一是萌芽和培育阶段。社会组织可能是根据实际需要自发产生的,也可能是政府有意栽培的,上城区大管家服务中心就属于后一种情况,处于萌芽或培育阶段的社会组织对政府业务指导、财政经费保障、服务优先购买、人员培训和支持、场地和设备供给等的依赖性较强,离开政府的"输氧",其自身的立足能力有限。二是"扶上马,送一程"的阶段。社会组织在政府前期扶持和服务供给实践过程中,不断发展和完善自身的组织架构、规章制度、内部管理和自律机制,机构自主性不断提升,对政府的生存依赖也越来越小。三是"自我造血"阶段。如果说前两个阶段的社会组织还需要政府降低进入"门槛"的话,发展到这个阶段的社会组织已经具备了适当的竞争力,能够通过服务口碑和专业优势吸引服务需求。同时,这个阶段的社会组织对自身的定位和使命更加明确,很可能率先发现并提供一些政府未能想到或想到但还未做的事项,通过工作实绩推动政府扩大视野,将服务纳入委托合约中。随着社会组织服务绩效和水平的不断提升,政府会更加愿意将原本由自己承担的、适

---

① 勾学玲. 西方发达国家政府购买服务的经验启示. 学习时报(第4版),2014-05-12

合社会组织做的事情委托给社会组织来完成,政府与社会组织的协同关系也将得到不断强化。①

除了社会组织外,政府向企业购买硬件设备、寻求咨询服务的情况也不在少数。居家系列服务通过政府购买,揭示了政府、企业与社会组织三者之间的协同关系,降低了政府直接供给服务的成本开支。具体而言,上城区民政局通过购买服务与大管家服务社建立起合作伙伴关系,由大管家服务社负责居家系列服务平台的日常运营,大管家服务社是民办非企业单位,但其主要负责人同时也是楚风科技有限公司的负责人,楚风科技有限公司成立较早,是一家大学生创业企业,创业初期曾经得到杭州市领导的关注。在居家养老服务过程中,政府向楚风科技购买主机、呼叫器、门磁等设备,免费为全区孤寡独居老人安装;同时,为大管家服务社提供场地建设服务中心,目前服务中心有两个席位,配有两台电脑和一个大屏幕等硬件设备。这样,政府、企业和社会组织三方协同,通过居家无忧在线平台实现资源和信息的整合对接,为社区居民提供 24 小时的为老服务。

首先,分析政府与社会组织的关系。大管家服务中心的主要功能是维持居家无忧在线平台的日常运转,包括基础数据库维护、社区居民呼叫信息接收、服务对接和结果跟踪、需求信息分析汇报等。服务中心是平台运作必不可少的条件,设置服务中心意味着需要场地、员工和日常经费保障,对于政府而言,聘用正式在编人员来接打电话并不是理性选择;对于社会组织而言,可以将上城实践成功的组织和管理模式复制到其他地区,实现社会组织自身的发展和完善。

其次,分析政府与企业的关系。这里的企业包括两大类:一是以楚风科技为代表的为政府提供终端呼叫设备的公司;二是为社区居民提供理发、洗衣、餐食等服务的社区五小企业。企业负责凭他开发和终端供给,企业具有自身的研发团队,技术能力和专业

---

① 张时飞.政府"购买"服务的国外经验.人民论坛,2008(1)B:35

化水平较高,企业开发完一套设备能够在多地使用,以降低边际成本。如果由政府部门自身来开发,一方面不具有专业化的技术团队;另一方面也不具有规模效应。社区五小企业服务质量参差不齐,为老服务意愿较低,但对于社区居民而言是可及性最强的服务供给主体。上城区民政局连同大管家服务社一起,对社区五小企业进行遴选、游说,将具备服务能力的企业纳入居家无忧在线平台数据库中,既整合了低小散企业的资源,也实现了服务过程的监督,在用好市场资源的同时,也规范了市场秩序。

最后,分析企业与社会组织的关系。在上城区,大管家服务社的主要负责人与楚风科技的主要负责人为同一人,为企业和社会组织的对接提供了天然的便利,能够帮助社会组织的成员快速了解产品的特性和功能。同时,社会组织和企业的目标高度一致,双方都能够将资源和精力集中于产品和服务本身,而不是彼此之间的反复沟通和目标调和上。当然,一般情况下,在需要企业和社会组织同时承接政府服务项目时,协调好企业与社会组织的关系必不可少。

第三节　微观层次:
　　　　以协调促整合,实现部门服务整合

微观层次重点分析从居家养老服务到居家系列服务的提升和转变。要求不同政府部门统一形象、服务规范并实现信息共享并非易事。部门各自为政可能造成服务重复供给、服务质量不一、服务监督管理困难、财政资金浪费等问题。对此,上城区通过建立居家服务无忧在线平台,不仅仅将政府、商家和社会资源汇聚起来,而且强调了政府内部多口服务的整合。实践中,由民政、教育、卫生、文化、残联、人口计生、人力社保局和行政服务中心八个部门提供的居家养老、居家教育、居家医疗、居家三优、居家就业、居家文化、居家安养和居家办事八项服务内容被统一整合到居家服务无

忧在线平台上,并在具体建设过程中遵循"八个统一"的要求,即规划设计统一、宣传途径统一、教育培训统一、服务标识统一、接入界面统一、技术标准统一、数据后台统一和社会评价统一,打破简单叠加,实现服务融合,而其经费投入仅为此前服务信息化投入的5.3%。

在此过程中,区委区政府并没有也不可能通过大部制改革的方式来进行服务整合,而是建立专门的领导小组,通过半月一次或每周一次的例会,加强协调和工作部署,同时,配合以区考评办的支持。以行政力量来化解行政惰性是上城区在改进政府部门作风中的经验之谈,这种整合无疑具有明显的放大效应——分散的部门资源得以凝聚,部门间业务衔接不顺和移交困难的问题得以解决,部门的相对地位在服务供给的过程中变得更加对等。

第四节 小结与启示

上城区居家系列服务依托于居家无忧在线平台为社区居民提供普惠型服务。宏观层次,结构主要体现在政府、企业和社会组织之间;运作上,政府更多地通过经济杠杆来撬动企业和社会组织的服务,而市场机制本身就是一种重要的制度形式;同时,在选择企业和社会组织时,政府不仅考虑了价格因素,也考虑了自身与企业和社会组织前期交往的经历,对于自身培育起来的大学生创业企业,无论是企业对政府,还是政府对企业,都具有较强的认同感。企业和社会组织之间不存在制度性约束,当两个组织拥有共同的领导人时,两个主体能够形成天然的信任关系;当两个组织完全独立时,企业和社会组织之间既不存在强化制度约束的动力,也不存在加强信任关系的动力,此时,需要政府作为委托方来对两者的行为施加监督。微观层次,政府部门并没有进行结构上的调整,但为了适应八大服务的整合,在技术、制度和文化上都有所更新和改进,概言之,就是通过优化政府运作,来实现信息和资源的整合。

第七章　上城经验：
　　　　长期合作　相互信任
　　　　组织扁平　技术支撑

第一节　城市管理
　　　　智能管控平台建设

一、现实挑战

城市管理工作是城市建设的一项长期性、系统性、基础性的工程。

上城区在2013年4月完成了对原来城管执法局的机构调整,调整后的城管局涵盖城管执法和市政环卫的十大类工作内容：包括城市

协同治理
杭州"上城经验"

秩序管理、市政设施养护①、河道绿化养护②、工程建设③、市政类审批④、保洁类⑤、环卫设施类⑥、垃圾分类⑦、收费类项目(各环卫所)⑧等。

城市建设不断加强,公共设施不断增多,使得城市管理的工作强度不断提升。"城管局每天要面对上千条的动态信息和成千上万的固定设施。"上城区共有67条主要道路、69条次要道路、391条背街小巷,沿街商铺7 860余家;全区人口密集程度高,动态人流量大,人均服务强度大。

随着居民文化素质的不断提升,生活水平的不断提高和维权意识的不断增强,对居住环境管理的要求也越来越高。

上城区还是杭州市的城市"客厅"与"窗口",领导和媒体关注度高,自然对城市管理乱象也是"零容忍"。

与此相矛盾的是,城市管理工作存在着许多问题:①基层作业人员、管理层和决策层信息不对称。"基层一线的工作人员接触到的信息是真实的,但是当信息传到中队,再由中队传到区一级时,信息就失真了。"②城市管理工作缺乏一套有效的运行机制,工作间节点与节点不衔接现象明显。"本来一件工作做到这里,另一

---

① 市政设施养护:(1)道路养护;(2)雨水井养护;(3)部分桥梁、路牌、护栏等市政设施养护;(4)部分地下通道市政设施养护。

② 河道绿化养护:(1)河道绿化养护;(2)行道树养护;(3)河道保洁养护;(4)高架绿化养护;(5)河道生态治理养护。

③ 工程建设:(1)低洼积水治理;(2)道路修缮、加固;(3)截污纳管;(4)停车场库建设;(5)背街小巷整治;(6)道路绿化美化;(7)无障碍设施改善;(8)河道清淤。

④ 市政类审批:(1)道路挖掘审批、占道审批(行政许可);(2)河道临时占用挖掘行政许可(行政许可);(3)建设工地临时排水接管(非行政许可)。

⑤ 保洁类:(1)道路保洁;(2)公厕保洁;(3)非法涂写和张贴小广告清理;(4)垃圾直运监督管理;(5)果壳箱、垃圾房清理;(6)化粪池清运。

⑥ 环卫设施类:(1)垃圾房提升改造及维护;(2)公厕提升改造;(3)果壳箱、垃圾桶维护;(4)机械化环卫车辆更新维护。

⑦ 垃圾分类:(1)牵头组织开展上城区垃圾分类工作;(2)开展区级督查;(3)垃圾分类设施、设备的采购,包括垃圾袋的采购及发放。

⑧ 收费类项目(各环卫所):(1)化粪池清运;(2)垃圾清运处置(代收,交市固废直运公司);(3)对外拓展保洁服务。

第七章
上城经验：长期合作　相互信任　组织扁平　技术支撑

个部门应该衔接上去，现在相关规定条文都有，但是没人去做。"③执法人员的工作质量完全取决于个人素质和能力，"经验丰富的执法人员知道在什么样的情况下怎样处置问题；经验不足的执法人员就可能出现媒体上经常曝光的暴力执法现象"。

这些问题使得城市管理工作在全新的社会需求面前变得越来越被动，但是如何才能使城市管理部门加强队伍管理，落实工作责任，及时处置问题，提高城管执法的公信力？常见的两种做法显得捉襟见肘：①招人，增加协管员的数量；但是，单纯增加协管员的数量，协管员的素质仍无法保证，信息不对称问题悬而未决。②市场化作业，政府通过购买服务并施加监督让市场力量介入进来，目前保洁和建设作业方面已在采用；但问题是，那些不适合进行市场化、法律法规明确规定必须让政府来完成的事情怎么办？

上城区城管局找到了第三条路径——运用遥感和互联网等现代化技术，完善城市管理的工作机制。"要在城市管理工作中寻找到适应现实条件、能够正常运行的工作机制，仅仅依靠队伍、权力和资金是不够的，要靠技术"。

2005年，上城区开始探索将一些小的技术手段（比如在现场拍照取证等）运用于城管执法工作当中，搭建起了一个简单的视频监控系统。2008年，时任区长在考察城管执法工作后提出了一个问题："城管部门的管理层压力很大，但是一线作业人员没有压力，你们如何解决这种压力不传递、责任不落实的问题，把管理层的压力落实到一线作业人员身上去？"当时，管理层的压力主要来自城市管理的工作量、媒体的曝光和老百姓的评价。但由于缺乏有效监督，一线作业人员上班时离开指定岗位或路段的"溜号"现象时有发生，给城管部门的内部管理增加了难度。

为了解决压力传递和责任传递的问题，城管局在细化行业标准和队伍工作纪律的基础上，设置了一套量化管理系统。该系统要求执法人员每天录入工作量、工作时间、工作方式等信息，由系统进行月度考评和扣分。同时，又陆陆续续地推出了视频传输和信息交互等做法。2010年，上城区正式成立上城区城市管理智能

· 223 ·

管控平台建设领导小组,由分管区长担任组长,城管局主要领导担任副组长。2010年10月,以标准化为体、信息化为用的"城管智能管控平台"完成建设。

二、智能管控

在城市管理工作中,智能管控四个字,可谓字字珠玑。智能管控平台的上线为过去城管工作职责不分解、压力不传递、工作量不明确、制度不落实、工作标准束之高阁、作业信息不对称、管理行为不规范、队伍工作方法陈旧等一系列"顽疾"下了一剂"猛药"。

城管智能管控平台运用无线网络传输、全球定位、地理信息、遥感影像、智能分析等核心技术,整合已经开发成熟的数据库、数字城管平台、权力阳光执法办案平台和量化管理平台,通过远程视频监控、数据信息共享、案件实时办理、执法实时监督、决策实时辅助手段,实现管理资源优化整合、管理流程科学再造和管理主体多元参与。同时,平台通过电子督岗、技术巡查和后台支持等方式,搭建起全新的管理架构,达到了及时发现问题、准确传递工作信息、绩效考核量化评价的效果。

智能管控平台由指挥中心、信息采集、外部信息、一线/后台巡查处理和量化管理五部分组成。

(一)指挥中心

指挥中心由受理指挥中心和中队指挥平台两部分组成。指挥中心设置智能管控主界面和通信系统,依靠数据库和工作制度开展数据分析、指挥调度、交办督察、信息管理和装备维护等工作。设置指挥中心实际上减少了信息传递的层级,提高了信息的真实性、准确性和时效性,提高了指挥调度的工作效率。

数据分析。智能管控平台通过十余种与各类执法业务相关的基础数据库中的信息,制订工作计划、安排工作重点、合理调配工作量。这些数据库包括:执法队员数据库、全区道路街巷地图数据库、沿街商店数据库、车辆信息数据库、日常管控工作巡查路线、中队指挥预案数据库、"难热点"问题数据、执法案件数据库、信访投诉、数字城管、巡查发现的数据库等。

指挥调度。指挥中心负责全区市容秩序管控的工作计划和任务落实。通过通信保障设备,对重点管控区域和重点时间段内的执法管控力量进行指挥协调,遇到突发事件时及时做出决策并调度相关人员。

交办督察。指挥中心对所受理的数字城管或信访投诉等问题,交办给一线巡查队员,由一线作业人员按照规定的时间和流程进行处置。

(二)信息采集

智能管控平台利用多种视频手段,全天候、全覆盖、准确、及时地采集全区城市管理的动态问题,全程记录和反馈队员巡查现场工作情况。

固定监控。固定监控根据街面秩序管理需要合理设置,监控可视范围内的街面秩序以视频的形式实时上传到后台进行分析;一旦发现问题,及时呼叫路面巡查队员进行现场处置,或通过数据库调取当事人基本信息,以电话形式进行教育劝导。固定监控实现了以"电子督岗"代替人员督岗,节省了大量安排在问题多发路段的人员力量,逐步实现了监控可视范围内街面的无人化管理。

智能报警监控。智能报警系统是指部分固定监控具有自动分析功能,能够根据采集到的视频信息,自动锁定预设的违法行为,如违章停车、出店经营、商贩无照经营、偷倒渣土等,并对符合预警情况的信息以卷宗的方式发送到智能管控平台,提请平台进行处理。智能报警视频监控实现了可视范围内 24 小时全天候不间断地管控和报警分析。

无线车载移动监控。车载移动监控是指安装在车辆顶端的视频监控和车辆上安装的 GPS 定位系统。车载视频监控可以将车辆巡查沿途的街面秩序实时传输到后台,作为固定监控的补充。车载 GPS 定位系统能够使后台从运用遥感技术绘制的三位地图上直观了解车辆的巡查轨迹、当前位置,以及车辆所在地的实时街面秩序和巡查情况。管理者可以实时了解队员的工作情况,为考核提供可靠依据。

单兵便携移动监控。单兵便携移动监控是执法队员随身配戴的便携移动监控设备,该设备能够通过无限宽带城域网,将现场采集到的信息传输至后台。单兵便携移动监控能够对车载移动监控无法达到位置的信息进行补充采集,真正实现视频覆盖的"无缝隙"。

城管通。城管通能够通过 3G 网络,将定点的街面秩序现状以图片形式传至后台,实时传输发现和处置问题的现场图片。由于城管通支持的网络与上述四种设备不同,与无限宽带城域网相互补充,因此真正实现了信息采集的全覆盖和零死角。

(三)外部信息

上级派遣(数字城管)。数字城管作为第三方采集、分析、监督城市管理问题,客观鉴证城市管理市容秩序状况。

信访投诉。信访投诉指城管执法范围内的来电、来信、来访和网上投诉,包括 96310 受理热线,市区相关部门专版的队容风纪和七项职能等相关问题。

(四)一线/后台巡查处置

执法过程中,一线巡查队员和后台巡查队员相互配合,按照巡查计划,在信息采集系统的支撑和标准化作业的要求下,对市容秩序管理问题进行处置。做到"第一时间发现问题,第一时间处置问题,第一时间解决问题",并实时上传现场视频和图片。对于符合立案标准的问题,将转入权力阳光系统进行执法办案;对于不符合立案标准的,将实时现场劝导或由后台巡查队员电话联系当事人进行非现场处置。一线巡查队员和后台巡查人员都需要接受指挥中心的调度,即时处置信访投诉问题。

(五)量化管理

量化管理结合《公务员法》和《行政执法工作考核》办法,制定了 339 条细则,详细录入个人的工作职责、工作计划,并由智能管控系统作为信息支撑,对队员巡查路线、执法规范、处置效果进行监督和管理,对"标准动作"进行详细规范和全程监督,实现队伍管

第七章
上城经验：长期合作　相互信任　组织扁平　技术支撑

理事前有计划、事中有控制、绩效能量化、责任能追究的内部管理模式。

街面制度督察。信息采集系统与现场督察相结合，随机抽查道路秩序状况；有目标、有重点地督办难点、热点问题。

工作运行督察。监督管理智能管控平台第一时间发现问题"定量"，第一时间处置问题"定时"，第一时间解决问题"定性"以及中心日常工作规范情况。

队伍纪律督察。从责任追究向过程控制转变，从出现问题、追求责任，向事前预防、事中控制、事后考核评价转变。

立案督办。针对智能管控系统在主、次、背道路发现的经常性、反复发生并符合立案标准的违法现象——包括数字城管、巡查发现、信访投诉和交办移送四大类执法事件，进行立案督办并进行案件跟踪和立案考核。

网上考试培训。通过内部建立的"考务通"促进业务学习，提高业务能力。

案件审理。通过权力阳光办案系统，把关案件质量，对在办案件给予法律支撑。

三、建设过程

（一）资金和技术问题

资金和技术是智能管控平台的两大物质支撑。平台投入到底有多大？公共财政是否承受得了？很多人对此提出了疑问。

"如果仅靠区政府来投资建设全套平台和所有设备，可能两三个亿都不止，而且对政府来说这样的投资没有意义，因为新技术层出不穷，每半年就需要更新。"在这方面，上城区再一次巧妙地发挥了企业的力量——借助华数的平台、服务器和硬件设备为政府城市管理服务。城管局仅投入了少部分的设备，就搭建起这个"全天候、全覆盖、无缝隙"的城管智能管控平台，而先期向区财政筹借的800万元总投入资金在两年内就全部还清。这是怎么回事呢？

原来，平台的上线彻底改变了传统依靠人力进行街面巡查的工作方式,大大提高了工作效率和工作质量,所起到的直接效果是城管局原来 300 多名协管员精减了一半,年节省人员费用达到 500 万~600 万元。

资金问题解决了,但是尚未解决的问题是,企业有能力开发出与城市管理工作相匹配的软件系统吗?"这个软件公司跟我们合作已经快十年了,开始他们对城管业务一点也不了解,现在他们的业务能力跟我们工作人员的水平基本上差不多了。""软件公司熟悉单方面业务是容易的,但要找到熟悉整个城管系统所有业务的公司,很难找。""不过熟悉了业务之后,他们开发的软件也可以在全国复制"。

(二)破解协调困局

城管执法工作涉及市容环境卫生、城市规划、城市绿化、市政公用、环境保护、工商行政、公安交通等方面的管理,累计执行各类法律、法规、规章 79 项。"比如小区里的窨井盖破了、管线堵了,谁去?可能是城管市政的,也可能是房管的、建设的、物业管理的;但是老百姓不知道,全找城管。""不是城管的事城管不管,老百姓会认为你们职能部门不作为。"

然后,部门之间也存在协调困惑。"每个部门有自己的事情,你干你的,我干我的,你不知道我,我不知道你,平时见了面我跟你关系都挺好的,但是这样,往往就会等到矛盾集中、问题爆发后,才把几个部门叫到一起,对照各个部门的职责分析是谁的责任;政府部门协调不畅,不是政府部门不负责任,而是缺少一个让下一环节的部门知道何时介入、向谁流转任务的中介平台。"

智能管控平台的建设,致力于以标准化的方式部分地解决部门内部和部门间的业务流转问题。当然,更重要的是服务理念的深入和转变工作作风的决心。上城区为统一房管、绿化、市政、工商、环保等多部门思想,专门组建领导小组,区委、区政府主要领导赴执法局调研 4 次,召开专题研究会议 8 次,得以形成跨部门协作的工作网络。

部门间协调离不开领导的魄力和各部门的配合,但城管局工作人员之间的内部协调同样困难重重。智能管控平台离不开人的指挥与运作。"刚开始的时候,我们把所有的中队长都叫到指挥平台来,一天换一个,要求中队长必须熟悉中队辖区的问题。""很多老城管的工作思想已经根深蒂固了,突然手上少这么多人,事情却增加这么多,无法适应,不愿意接受新科技,有些队员也破坏设备。我们用了一年半时间才逐步'逼'着他们一点一点转变过来。"

智能管控平台运行至今,累计有14个省市的120多批人过来参观调研,有些地方也在学,"但设备、软件都可以复制,人不能复制"。平台能够真正发挥作用,关键还是要依靠人的观念和理念来驱动。

（三）标准化助航

标准化为体,信息化为用是上城区社会管理的创新的重要手段,在城市管理方面表现得尤为突出。标准化路径"闯三关",一关胜一关。

第一关,标准制定。为什么要制定标准?标准化就是通过工作要求的制度化来约束城管队员执法行为,避免队员在执法过程中滥用自由裁量权,引起不必要的冲突。"制定标准的意义在于让城管队员知道这类事情发生后,怎样做才是最正式的,最准确的,不会被认为是暴力执法的。"如何制定标准?"标准化的内容是经过专家反复研究、反复推敲后确定的一个相对最优的工作程序,工作人员只需要根据计算机的提醒按一步一步操作就可以了。"标准是可以修改的,新问题层出不穷,标准也要做相应的更新和完善。

第二关,标准运用。政府部门的工作标准很多地方都在制定,但是真正将标准很好地运用到日常工作当中的,上城区可以说是首屈一指。"运用标准意味着束缚办事人员的手脚,让他们不能自由发挥、自由操作,一些公务员会感到不适应、不方便,而不愿意去做。"上城区采用的是"标准化为体,信息化为用"的思路,将工作标准开发成基于计算机平台的信息化流程——"只要做一件工作,就必须操作电脑,计算机上就留下相应的记录。"上城区正是通过这种被动适应的方式,让办事人员逐步熟悉标准,运用标准,从而使得政府部门的运行更加规范。

第三关,标准升级。"区级标准3～6个月时间就能定下来,应该说是很快的;但是如果同样的标准上升到市标、省标或者国家标准,受协调部门数量和时空的影响,需要的协调时间就会很长。"同时,"标准层级越高,标准水平越低,换言之,标准一定要切合实际,国家标准需要与全国的平均水平齐平,不然制定出来的标准是没有用的"。但即便如此,国家标准同样会存在问题:发展较好的地方可能动力不足,发展欠佳的地方完成起来可能仍然比较吃力。

据悉,事实上早在2004年,上城区民政局已经开始以建设国家行政管理和公共服务标准化工作试点区和"质量强省"工作试点区为契机,围绕社区建设、民政公共服务和民政执法(权力阳光运行)三个方面,推进标准化体系建设,制定实施了37个标准规范,其中,省级标准4个,市级标准13个,区级标准20个;涉及社区建设13个,民政公共服务3个,民政执法1个,权力阳光运行20个,初步建立了覆盖主要民政工作的标准化体系。如今,居家养老服务标准又走在了全国前列。

标准化体系建设是强化依法行政,明晰职责权限,规范运作流程,增强部门协同,向社会公众提供规范、透明、高效服务的需要,是建设创新型、责任型、节约型、服务型、法治型和廉洁型政府的具体要求。标准的制定和实施,有助于提高政府部门依法完成行政事务的能力,提高政府部门为民服务的质量,标志着政府部门开始从传统型、经验型和粗放型的工作方式向现代化、专业化和精细化的方向转变,促进了基层政府工作的创新发展。

四、平台功能

(一)盘清家底

城管智能管控系统建设,大大节省了手工记录和查询的工作量。"一个网格有多少井盖?多少公共设施?多少道路需要维修保洁？在以前,遇到这类问题,环卫所会拿出厚厚一沓资料,人工查询,非常耗时耗力;现在网上一点,哪条路有多少公厕,多少蹲位,哪年修的,维护情况怎样,很快就能调出来。""数据库帮助我们把家底盘清了,城管有多少工作量我们就非常清楚了。"

（二）卷宗存档

城管智能管控系统建设,保障了信息和数据的传递性和持续性。"这十年杭州建设得非常快,每年有大量设施新建,建了以后所有的都是纸质的资料,而且都是分块保管的,你问街道,街道根本不知道,都在职能部门,职能部门分散在各个科室,各个科室有时也不知道——张三是从那边调来的,李四是在这里的,这个科室老同志走了,有时候连资料都找不到了。基础信息的不规范、不集中、不了解,对我们现在的管理工作确实带来大量的困扰。"

（三）信息对称

城管智能管控系统建设,解决了信息不对称的问题。一是解决了城管队员人浮于事、管理人员却不得而知的现象;二是通过图片、视频等方式解决了过去城管执法过程中缺乏现场证据的问题;三是让后台管理人员和一线城管队员能够同样看到现场真切的情况,避免信息在层层上传过程中出现的扭曲和失真。

"系统具有'千里眼、顺风耳'的作用,能在任何时间、任何地方,足不出户就能了解当天当时执法管控情况：多少人上街执法、在什么地方执法、多少车辆在巡查、在什么地方巡查;发生了多少违章、哪几类违章、处理得怎么样、怎么处理的、是谁处理的;信访投诉多少人、投诉些什么问题、怎么处理的、是谁处理的;数字城管抄告多少问题、哪几类问题、处理结果是怎么样的等。"可以说这套系统是可查看、可分析、可追溯的。

（四）过程管理

城管智能管控系统建设,变结果管理为过程、结果留痕管理。"这不像以前,在一件管理工作开始时就能预测到结果,那样直接考核结果就可以了；现在不是这样，设施多了，要求变了，标准不一样了，做一件事情，中间就会有很多环节，结果没法预测，如果还用原来的考核方法肯定会出现很多问题"。

（五）决策水平

城管智能管控系统的建设，提高了决策水平。"现在平台建立起来，所有的数据真实地展现在你面前，让你的想法都有提升，让你看问题的深度都有提升，有了这个提升以后，就会再去考虑我们哪里出问题了。找到问题，下面就很好办了，找解决问题的办法，这个大家集思广益，再加点经验，解决办法就出来了。"

（六）工作提速

城管智能管控系统的建设，缩短了工作时间。平台的上线使得数字城管交办时间大大缩短，由过去的 30 分钟减少到目前的即时交办，实现第一时间交办问题；处理时间大大缩短，由过去的 3 小时减少到目前的 30 分钟，实现第一时间处理问题；反馈时间大大缩短，准确性大大提高，由过去的人工核查变为视屏监控核查，实现第一时间反馈问题。2011 年 2 月统计的问题重复发生率与 2009 年同期相比减少了 20%。

（七）文明执法

城管智能管控系统的建设，体现了"人性化执法"。系统建立了大量的数据库，以短信提示、电话通知形式，消除了面对面执法产生的弊端，降低了执法对象抵触情绪，大大缓解了"两暴"行为。2011 年 2 月，上城区违章停车抄单数同比下降 35%，信访投诉量与 2009 年同期相比下降 10%，区域内未发生一起严重暴力抗法事件，居民群众对上城区城市管理环境卫生满意度在全市排名首位。

第七章
上城经验：长期合作 相互信任 组织扁平 技术支撑

第二节 宏观层次：
政府与市场有效结合实现公共利益

宏观层次，城管智能管控系统充分体现了政府与市场的关系。市场主体承担了智能管控平台开发设计的全部工作，但不同于居家系列服务那样的简单信息对接平台，城市管理是一项复杂的系统工程，涉及的管理对象和事项繁多且动态变化，因此对技术适应性和硬件分布也提出了较高的要求。一方面，平台开发企业必须非常熟悉城市管理部门的主要业务及其流程，实现其可视化和信息化呈现，绝大多数企业都不具备这样的能力。上城区受托企业的优势在于在过去很长时间内一直为城市管理部门提供服务，但即便如此，要开发如此系统性的智能平台，企业与政府还是需要不断交流与磨合。另一方面，对动态事件的自动捕捉和报警是智能管控"智能性"的体现之一，这意味着需要在全区的街头巷尾安装大量电子眼，如果单纯让政府出钱来布置电子眼，成本将非常高昂；而委托企业正好已经在街头布设了比公安系统更为密集的电子眼，政府通过租赁的形式使用，节省了大量的成本。

具体而言，上城区首创非现场管控 SFG 系统，向"实况感知"要效益。SFG 系统由 97 个普通监控探头、47 个红外线智能报警探头、21 辆无线监控执法车和指挥操作后台组成，144 个固定监控探头通常都安装在重点路段、窗口地区和难热点多发位置，驻守设置点可形成周边 150 米管控圈，再加上 21 辆无线监控执法车按照固定路线不间断地巡查，前台拍摄到的画面、声音即时传输至后台指挥中心，后台可以即时发现存在问题，并合理安排管控力量、对突发市容秩序问题做出及时反应，避免徒步巡查管理不到位、信息不及时不准确、市容秩序问题处置过于滞后等问题。同时,该区在工作人员现场执法时,充分利用"城管通"这一数字执法系统,对现场的违法行为开展信息查询、案件取证和案件处理等操作,简易案件的相关信息通过 GPS 直接回传到"城管通"系统的数据库中,并且自动连接到业务系统或电子台账系统中,避免了重复输入。上述系统使上城区在保序时间增加 350%(检查时间从固定 20 天,每天 4 小时左右增加到每月不固定时间,每天 12 小时;备检时间从原先的每月 80 小时增加到现在的 360 小时)的情况下,城管协管员人数从 320 多名裁减到目前的 160 名左右,节省人员费用 500 多万元,而总体工作测评成绩继续走在全市前列。此外,通过及时发现违停车辆,及时纠正违章行为,减少了人行道、绿化等市政公用设施的维护费用,全年节约此类维护费用约 50 万元。

在城管智能管控系统中,政府与企业的协同价值得到充分体现。对于政府部门而言,脱离企业,政府无法开发出智能管控系统或者开发成本极其高昂,而政府购买和租赁省去了政府自己进行技术学习、软件开发、设备安装的代价,加快实现了政府内部信息化的更新换代,城市管理效率明显提升。企业具有较强的专业技术优势,在平台开发中不需要投入过多额外的成本,同时,企业已经从与城管部门的前期合作中积累了大量经验,因此能够以较低成本、较高的效率开发出客户需要的产品。由此,形成政府和企业的双赢格局。

在此,以城管规范违章停车为例,对职能管控平台建立前后的执法流程进行比较分析。根据人行道违法停车非现场处理的相关规定,执法行为包括以下几个环节:一是确认当事车主的确违法,开具《违法停车告知单》,记录违法行为详情;二是进行现场拍照取证,确保照片包含车辆全景、车牌信息和告知单内容;三是当时车主发现告知单之后,前往执法中队确认违法事实,接

第七章
上城经验：长期合作 相互信任 组织扁平 技术支撑

受执法行为并交纳行政罚款。在这个过程中执法人员需要巡逻发现疑似违法车辆、并确认违法，进而进行取证和做出处罚决定。执法中队需要对执法人员的告知单和证据进行统计和录入，对车主进行处罚通知，并接受车主的罚款。直接执法的流程图如图7-1所示。

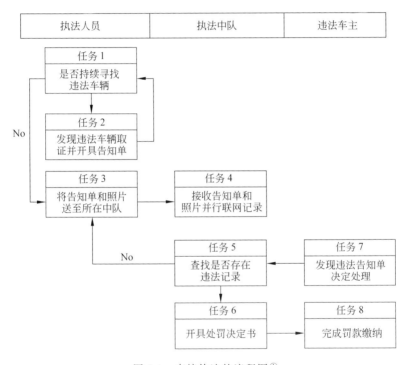

图7-1 直接执法的流程图①

图7-2通过对任务、资源和活动者之间的依赖分析，认为原有的权责基础上进行任务的删减，是无法完成增加部分的任务的。

智能管控系统建成后，违法停车执法行为在平台建立后有全

---

① 说明：流程图中如果任务有两种输出的可能需要进行判断，那么判断不成立的输出结果的线条上用"No"标识。

·235·

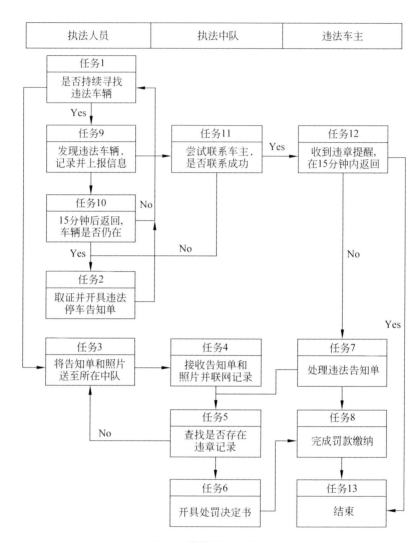

图 7-2 等待执法的流程图

新的运作流程,如图 7-3 所示。其中大部分任务内容和平台建立前相同,最大的区别为增加了"指挥中心"这个活动者,并承担了 5 个任务:远程监控违法车辆动态,对于能识别车辆信息的向车主发送违法停车提醒短信,不能识别的在执法人员进行现场确认后发送。无论是否发送短信,确认有违法情况之后进行 15 分钟倒计时,倒计时结束之后确认未驶离的违法车辆的违法行为,由执法人员在现场开具违法停车告知单,同时平台能够自动记录违法信息以便联网查询。此外,在车主接受处罚决定书之后可以自动收集车主联系方式并进入数据库。

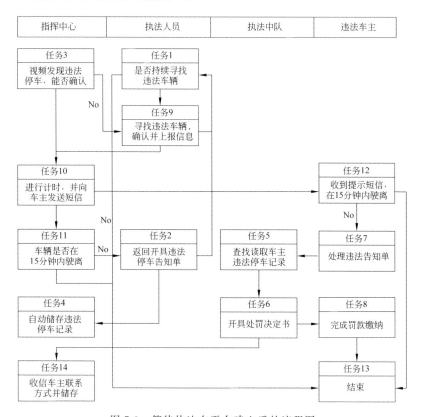

图 7-3 等待执法在平台建立后的流程图

通过上述案例,可以得出以下三个方面的结论:首先,当一个需要妥善处理的依赖在平台建立前后发生了去除或改变协调机制的变化时,流程整体就可能向着更高效的状态转变;同时,通过引入新的任务、活动者和资源,去除原流程中的部分元素,智能管控平台实现了特定依赖的去除和协调机制的改变。例如,在平台建立后,当车主未能在 15 分钟之内驶离之后,执法人员才进行开具违法告知单,车主就不存在中断执法过程的可能。从而任务 2 和违法车主之间的影响依赖在平台建立后被去除。

其次,通过对同一目标平台建立前后两种不同流程、不同依赖的对比可以推测,当我们针对现有流程进行分析,指出存在协调问题的依赖之后,就可能根据这些依赖的分类,尝试进行新流程的设计。新流程的设计通过增加或者减少活动者、资源和任务等基本元素以及改变信息流动指向,对原来的依赖关系产生影响,同时生成一些新的依赖关系。针对新生成的依赖关系中那些不能妥善解决的部分,再次变动基本元素或改变信息流动指向,可进一步优化流程。如此反复地进行元素的变动、指向的更改和依赖的验证,就能够到达对流程进行协调优化的目的。

最后,在"智能管控平台"的案例分析中,我们通过对比两个实际运作的流程的不同(平台建立之前和平台建立之后),证明了依赖的去除、代替和对应协调机制的变化是第二个流程运作更加高效的原因。

第三节 微观层次:
信息技术与业务流程优化[①]

微观层次,研究将结合网络化治理的三个层次——组织层次、业务单位层次和个体层次,[②]探索信息技术与城管部门内部关系网络的影响机制。

一、组织层次的分析

组织层次,主要指履行城市管理执法职能的政府部门,如城市

---

① 本节相关研究来自:叶岚. 技术认同度、个体适应性与政府内部治理结构优化——以城市管理部门为例,公共管理评论(第十七卷). 已录用
② 马汀·奇达夫,蔡文彬,著. 社会网络与组织. 王凤彬,朱超威,等译. 北京:中国人民大学出版社,2009:5-10

管理局。为便于分析,将城市管理部门的工作人员划分为高层管理人员(如局长、副局长)、中层管理人员(如中队长)和基层作业人员。一般地,各中队结构相近,城市管理执法工作以中队为单位实施,基层作业人员在中队长的带领下开展工作。在研究中,组织层次重点关注高层管理人员与中层管理人员之间的关系结构变化。在高层管理人员和中层管理人员人数和岗位不变的情况下,高层管理人员的主要职责是统筹安排部门整体工作,并进行跨部门的沟通协调;信息技术能够为高层管理人员提供更加充分可靠的决策信息。中队通过业务包干的方式相对独立地开展工作,中队之间的业务合作很少。数据平台的监控与信息交互需要由专门的人员来完成,这些专门人员独立于中队,但负责与所有中队以及高层管理者进行信息交流和指令传递。中队与数据平台的操作人员均需对高层管理人员负责。

网络结构的评价指标包括网络完备性、点中心度、图中心势、网络规模和复杂性等。网络完备性取决于网络密度,后者反映网络中各点联系的紧凑程度,密度越大,网络完备性越强;点中心度反映点在网络中的绝对或相对重要性;图中心势反映网络的内聚力在多大程度上围绕特定点形成。① 国内基于网络结构分析的实证研究非常少,主要集中在旅游领域。陈秀琼等人运用程度中心性、接近中心性和中介中心性指标对福建省的旅游核心区、缓冲区和边缘区进行识别和区分;②杨兴柱等人运用旅游网络结构评价指标对南京市旅游流进行实证研究;③杨效忠等人利用点中心度、网络密度等社会网络分析指标对风景名胜区的空间经济联系进行

---

① 约翰·斯科特.社会网络分析法(第2版).刘军,译.重庆:重庆大学出版社,2007:74
② 陈秀琼,黄福才.基于社会网络理论的旅游系统空间结构优化研究.地理与地理信息科学,2006(5):75-80
③ 杨兴柱,顾朝林,王群.南京市旅游流网络结构构建.地理学报,2007(6):609-620

分析。① 此外,裴蓓运用点中心度指标对文献关键词网络进行分析,提出航空领域的研究热点。② 基于上述对组织层次网络结构的限定和已有实证研究的启示,提出以下三个假设:

假设1:其他条件一定时,引入信息技术及其必要支持③,有利于增加组织层面城管执法网络的完备性,这意味着网络结构发挥的价值在增加。

假设2:其他条件一定时,引入信息技术及其必要支持,有利于增加组织层面城管执法网络的点中心度,这意味着高层管理人员和中层管理人员的岗位重要性在增加。

假设3:其他条件一定时,引入信息技术及其必要支持,有利于缩小组织层面城管执法网络的图中心势,网络分布更加均匀,这意味着高层管理人员和中层管理人员岗位之间的等级差距在缩小,业务交流趋于扁平化。

上城区城管局有7个中队,一个中队负责一个街道,并配备有一个机动中队(夜间工作或处理突发事件),每个中队由城管队员和协管人员组成,中队规模从十余人到三十余人不等。智能管控平台配备有专门的指挥中心,并为每个中队配备专人进行后台监控,后台操作人员集中管理,独立于中队,并与中队分开考核。将城管局中队以上的管理层视为一个整体,将每个中队视为一个独立的整体,智能管控平台上线前,城管执法局组织层次的关系网络如图7-4所示。

图7-4中,a为中队以上的管理层(不含中队),b至h为七个中队(含机动中队),各中队受a领导并对a负责,中队之间业务交叉较少。因此,图a中的连线是双向的,连线长短没有意义。引入智能管控平台后,将指挥中心新增的后台操作人员视为一个整体,

---

① 杨效忠,刘国明,冯立新,梁家琴.基于网络分析法的跨界旅游区空间经济联系——以壶口瀑布风景名胜区为例.地理研究,2011(7):1319-1330

② 裴蓓.基于社会网络的科研查新信息主题网络分析.情报理论与实践,2013(4):81-84

③ 如专门的信息中心或指挥中心。

第七章
上城经验：长期合作 相互信任 组织扁平 技术支撑

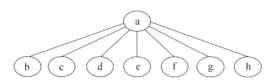

图 7-4 智能管控平台上线前组织层次城管执法局关系网络

用 i 表示，则组织层次的关系网络变化为图 7-5。

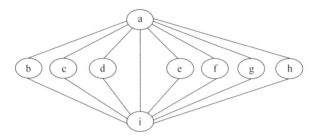

图 7-5 智能管控平台上线后组织层次城管执法局关系网络

分析引入智能管控平台后，上城区城管执法组织层次关系网络的密度，来考察网络完备性的变化情况，相关数据详见表 7-1。

表 7-1 上城区城管执法组织层次关系网络密度

	相连点数	内含度	度数总和	连线数	密度
上线前	8	1	14	7	0.25
上线后	9	1	30	15	0.42

表 7-1 显示，在引入智能管控平台后，城管执法关系网络的相连点数、度数总和与连线数增加，表明网络的复杂性增加，但内含度仍为 1，表明在组织层次没有闲余管理人员。关系网络的密度从 0.25 增加到 0.42，表明尽管网络的复杂性略有增加，但网络的完备性也得到了明显增强。引入平台后，网络的价值得到了更好的发挥，突出表现在三个方面：一是基础数据和动态信息的存储与调用更加便捷完善，如以电子台账取代手工台账，以"电子眼"取

代人工排查等,城管执法的工作效率和信息的准确性明显提升;二是可视化的动态信息能够使管理层在极短的时间内准确掌握执法现象的情况及其进展,并在必要时给出指示,批量化的动态信息为管理层明确定位违法行为高发区域等决策提供可靠的研判依据;三是实现了对中队和协管员工作状态的实时监控,以及对各中队标准化的绩效考核。

表7-2 城管执法关系网络价值提升的具体表现

编号	网络价值	前	后	依 据①
1	数据存储和调用的便捷性和完善性	弱	强	"现在我们盘清了所有的家底,多少个井盖,多少公共设施,多少扫地的工作量,多少道路需要维修保洁……以前要查某某路的哪个厕所有几个蹲位,需要拿出本子翻上半个小时;现在只要网上一点击,就能知道这里有几个厕所,多少个蹲位,哪年修的,维护情况怎么样。" "我们原来的管理就是一笔糊涂账,对讲机听着,哪里有问题了赶去看看,稍微不注意,就可能这里出问题,那里出问题,甚至有时候出了问题你都不知道。"
2	动态、全面、实时、准确的数据采集为决策提供有效依据	弱	强	"现在到每天下午三四点,动态信息就会超过1 000条,其中80%~90%是现场处理的动态问题,余下的是需要立案查办的问题。" "对于我们认为在前段时间事情比较多发,投诉比较多的地方(如市容管理、停车管理和违法经营等),我们会将其设置为难热点,意识是要中队经常性地加以关注。" "某些地方如果同一问题(如违章停车、出店经营等)多发,我们会设置智能监控,一旦出现这些行为,系统会自动报警。" "现在平台建立起来,所有的数据真实地展现在你面前,让你的想法都有提升,让你看问题的深度都有提升,有了这个提升以后,就会再去考虑我们哪里出问题了。找到问题,下面就很好办了,找解决问题的办法,这个大家集思广益,再加点经验,解决办法就出来了。"

第七章
上城经验：长期合作　相互信任　组织扁平　技术支撑

续表

编号	网络价值	前	后	依　据①
3	实时监控与规范化绩效考核的可行性	无	有	"以前上了班，这些同志哪个角落去躲一会儿，躲个一两个小时，谁知道呢，现在躲不了了。" "队员或者协管员需要把现场处理前后的情况通过照片传输到平台上。" "现在我们建了个量化系统，把行业标准和队伍纪律标准化，每天录入队员的工作量、在岗时间和处理方式，进行月度考评，到月底分数一加总，就知道队员的工作状态了。"

注：①本部分内容为对城管局某领导的访谈实录。

综上，假设1成立。进一步地，考察城管执法组织层次关系网络的点中心度（表7-3）。绝对点中心度表征与点直接相连的其他点的个数，相对点中心度即点的实际度数与可能联系的最大度数的比值。绝对点中心度越高，表明该点比网络中的其他点更加重要；相对点中心度越高，表明该点比其他网络中的点的相对重要程度更高。

表7-3　上城区城管执法组织层次关系网络的点中心度

局部点中心度	前		后	
	绝对值	相对值	绝对值	相对值
a	7	1.00	8	1.00
b	1	0.14	2	0.25
c	1	0.14	2	0.25
d	1	0.14	2	0.25
e	1	0.14	2	0.25
f	1	0.14	2	0.25
g	1	0.14	2	0.25
h	1	0.14	2	0.25
i	—	—	8	1.00

考察点中心度易发现,智能管控平台上线后,管理层和中队的点中心度都在增加,平台上线后的岗位重要性比上线前有明显提升,主要体现在三个方面:一是工作责任传到基层,落到实处,因为疏于值守而造成的高重复投诉率的现象有所缓解;二是更加强调人岗匹配与能岗匹配,通过转变工作内涵促使各中队能够更好地履行岗位职责;三是标准化、规范化的岗位设置,更能体现业务骨干的胜任能力,使得中层管理人员的选拔更加客观公正。

城管执法关系网络岗位重要性提升的具体表现详见表7-4。

表7-4 城管执法关系网络岗位重要性提升的具体表现

编号	岗位重要性	前	后	依 据[①]
1	工作职责落到实处	相对困难	相对容易	"以前来了一个投诉,我这里的人员受理后,转交到中队,中队长如果记着,就会告诉队员去处理下,中队长一忙,可能就忘了……比如说家门口有个小摊贩影响我休息,这个问题(在以前)群众可以投诉200次……现在要求半个小时到现场解决问题,到没到现场,系统自动跟踪。"
2	人岗匹配与能岗匹配	相对困难	相对容易	"过去真的没有办法来体现岗位和人的差异;现在我们把岗位按照风险高低和难度大小分为不同等级,风险高难度大的岗位,相应的奖励也高,这样的岗位能力弱的中队不敢选,但能力强的中队会愿意接受挑战,目前来看,没有出现两个中队同时选择一个岗位的情况。"
3	岗位设置反映胜任能力	相对困难	相对容易	"原来选拔中层干部时,领导对你的看法占了很大比重,有些业务骨干默默无闻,领导看不见,就被埋没掉了;现在通过工作量和办案能力等指标,干部选拔起码有50%是参考你个人的胜任能力的。"

注:①本部分内容为对城管局某领导的访谈实录。

综上,假设2成立。进一步考察图中心势(表7-5)。

表7-5 上城区城管执法组织层次关系网络的图中心势

	实际点中心度的差值	点中心度最大可能差	图中心势
上线前	42	42	1.00
上线后	42	56	0.75

第七章
上城经验:长期合作 相互信任 组织扁平 技术支撑

从表7-5可看出,上城区城管执法智能管控平台上线前,组织层次的各中队围绕管理层呈现星形分布,因此,图中心势为1;平台上线后,关系网络的分布更加均匀,图中心势变小,为0.75。事实上,图中心势降低,意味着管理层和中队之间的等级差距缩小,组织层次的关系网络更显扁平化特征,有利于城管执法工作的开展,具体表现在以下两个方面:一方面,常规性的工作联络开始以网络取代行政组织层级之间的传递,在自上而下与自下而上两个方向上建立起了相对平等的信息沟通渠道;另一方面,工作业绩的可视化使得中队能够通过业绩指标提高高层决策的公正性,削弱了等级制下领导意识带来的负激励。

城管执法关系网络等级差距缩小的具体表现详见表7-6。

表7-6 城管执法关系网络等级差距缩小的具体表现

编号	等级差距	前	后	依 据①
1	相对平等的信息沟通渠道	弱	强	"原来没有这个平台,各个所、市政、城管局的网络都不通;有了这个平台后,2012年我把所有的所长、中队用网络全部打通,现在所有的办公系统全部都通用,不用老是召集来开会,发个通知就行了。"
2	自下而上的影响	弱	强	"现在中层干部选聘,新上来的中层干部都是业务骨干;原来不一定的。"

注:①本部分内容为对城管局某领导的访谈实录。

综上,假设3成立。这也印证了阿格拉诺夫和麦圭尔的判断:在相互依赖和信息突起的环境中,部门之间或层级之间的界限更像是概念而不是事实上的区别。①

二、业务单位层次的分析

组织层次的研究分析了引入信息技术及其必要支持后,高层

---

① 罗伯特·阿格拉诺夫,迈克尔·麦圭尔. 协作性公共管理:地方政府新战略. 北京:北京大学出版社,2007:2

管理人员和中层管理人员的关系网络结构变化;业务单位层次的分析将重点研究中层管理人员和基层作业人员的关系网络结构变化。在实际工作中,能否引进新技术的一个重要考虑是平台建设是否会造成短期内行政成本的明显增加。从执法效果上看,智能管控平台能够部分取代机械式的人工巡逻,实现"无死角"监管。据此,研究假设,技术革新的经费来自技术对人员的替代所节省的人事开支。

在中层管理人员和基层作业人员的关系模式中,作业人员之间以团队形式在中队管理人员的指挥下开展工作,并对中队负责,因此各个主体之间都存在紧密的双向联系。基层作业人员精简后,中队规模缩小,但各个主体之间的连通路径不变。以"城市管理体制"为主题的文章汗牛充栋,但几乎都集中于执法权限配置、纵向部门设置以及各地做法介绍方面[①][②],没有发现从城管部门内部不同主体间网络规模和复杂性角度开展的研究。以下三项假设主要基于对上城区城管局的深入观察得出。

假设4:其他条件一定时,技术对人员的替代性越高,业务单位层面越能够在不牺牲关系网络完备性的情况下,缩小网络规模,较少网络的复杂性。

假设5:其他条件一定时,技术对人员的替代性越高,业务单位层面越能够在不牺牲相对点中心度的情况下,缩小网络规模,较少网络的复杂性。

假设6:其他条件一定时,技术对人员的替代性越高,业务单位层面越能够在保持原有图中心势(即扁平化结构)的基础上,缩小网络规模,较少网络的复杂性。

业务单位层次的分析以城管执法中队为分析单元,案例显示,

---

① 余钟夫,马亚西,乔智玮.城市管理体制如何应时而变,变当其用——基于广州、深圳城市管理体制改革的调查分析.城市管理前沿,2011(4):18-21

② 朱胜玉,李鑫.完善无锡市城市管理体制机制建议.城市管理与科技,2014(1):71-72

城管执法智能管控平台上线后,城管局的中队规模精简到原来的一半,而此前的中队规模为十余人到三十余人不等。为简便起见,以 10 人和 30 人组成的中队为例,各中队均有一名中队长。城管执法智能管控平台上线前后中队关系网络变化详见表 7-7。

表 7-7　城管执法智能管控平台上线前后中队关系网络变化

中队规模	时间状态	相连点数	内含度	度数总和	连线数	密度
10 人	上线前	10	1	90	45	1
10 人	上线后	5	1	20	10	1
30 人	上线前	30	1	870	435	1
30 人	上线后	15	1	210	105	1

根据城管执法的实际经验,中队长与协管员以及协管员之间均以团队形式开展合作,业务关系紧密,因此,中队各成员彼此之间有着频繁的双向联系。表 7-7 显示,城管执法智能管控平台上线后,不同规模的中队关系网络相连点数减少到原来的 50%(已知,取平均情况),网络的内含度始终为 1。规模为 10 人的中队的关系网络度数从上线前的 90 下降到上线后的 20,规模为 30 人的中队的关系网络从上线前的 870 下降到上线后的 210,易得,无论平台上线前的中队规模大小,中队关系网络的规模和复杂性都有显著下降,并且初始规模较小的中队,复杂性程度下降的更快。进一步地,平台上线前后,10 人中队的关系网络连接数从 45 下降到 10,30 人中队的关系网络连接数从 435 下降到 105,但网络密度始终为 1。

业务单位层次,决定中队关系网络变化的一个核心变量是中队规模的有效缩减,换言之,协管员数量的减少主要带来两大影响:一方面,协管员规模的减少意味着未来各年这部分群体的人员开支得到节省,从而在避免显著增加行政成本的前提下实现了技术对人力的替代;另一方面,需要考虑的问题是,这种技术对人力的替代是否有效,会对不同主体和社会福利产生怎样的影响?调查显示,上城区在城管执法领域进行的技术替代是有效的,主要表现在三个方面:一是与目前公共部门的人员结构有关,被精简的协管员均为城管执法部门的临时雇用人员,解聘成本较低,同时,在一定程度上扭转了执法部门因为在编人员不足而扩大编外人员的运作方式;二是当前社会普遍存在媒体曝光城管暴力执法事件后,城管执法部门推脱当事人为城管部门的临时雇员而非正式用工,这些非正式用工人员规模的减少,有助于将城管规范执法的责任回归到城管执法部门本身,这也有助于通过改善运作提升公共部门的形象;三是提升中队执法的整体水平,智能城管平台的上线,对中队队员和协管员适应和使用手持终端设备和处理信息化数据等方面提出了更高的要求,那些无法适应新的胜任能力要求的协管员更容易在此轮精减中出局。

技术替代人员的可行性问题详见表 7-8。

表 7-8 技术替代人员的可行性问题

编号	协管员	依 据①
1	业务激增导致人员不足	"过去 20 年,城市管理部门面临的问题和矛盾像温水煮青蛙一样,慢慢积累起来,现在解决问题的唯一办法就是招人,协管员就是这样产生的。"
2	市场化缺陷	"有些法律法规赋予政府部门去做的事情,无法通过市场化的手段去解决,比如城管行政执法和城市管理监督。目前城管部门没有人,只能招协管员来应付这些事情,那么一旦出了问题(暴力执法),就容易推脱成协管员的责任。"
3	胜任能力的提升	"对于中队长而言,手上的人少了这么多,事情反而比原来多。" "宁波市委书记过来学习之后,说宁波建的系统'架子看看(跟上城)差不多了,但是内容上还差远了',设备、软件都可以复制,人不能复制。" "工作内涵改变后,队伍素质明显提高,一是外部约束力更强了,中队队员一到岗就被监控;二是城管队员自己的素质也在提高。"
4	工作饱和度增加	"现在对现场作业人员的要求更高了,一线执法人员的工作压力更大了,队员的自我约束能力强了。"

注:①本部分内容为对城管局某领导的访谈实录。

综合上述分析,假设 4 成立。

同理,中队关系网络规模缩小后,中队成员之间两两联系的业务模式没有改变,因此网络的相对点中心度均为 1,由此,假设 5 成立。值得说明的是,以尽可能简洁的网络结构实现尽可能充分的关系往来是提高网络有效性的重要表现,因此,上城区的实践表明,城管执法智能管控平台较好地提升了中队内部信息传输的效率,在某种程度上提高了网络的有效性。同样地,比较中队关系网络的图中心势,容易观察到,不同规模的关系网络的分布均非常均匀,表 7-8 中四种状态下得图中心势相等,由此验证了假设 6。

三、个体层次的分析

个体层次的分析与关系网络的分析存在差异,研究将从个体认知、行为和与相对人的关系三个方面加以分析。受到我国政府部门人事制度和财务制度的影响,无论是人员数量或结构调整还是技术引进与革新,一般都是自上而下推动的,由此也带来了个体认知层面不同程度的影响。

(一)个体认知

研究表明,人们对技术的心理反应对技术的实现影响较大;技术心理包括技术认知、情感、动机和态度等。技术认知是指人们对技术的认识和理解,受技术所处的时代背景、技术自身的特点以及个体的价值观等因素的影响;个体对技术的情绪感受影响个体的技术认同,积极的情绪有助于推动技术参与和技术实现。[①]

对于城管执法部门而言,最开始,高层管理人员、中层管理人员和基层作业人员对新技术的接受程度逐级递减。通常,高层管理人员对技术的需求最明显,是技术引进与技术创新的推动者,一

---

① 陈凡,刘玉劲.社会公众的技术心理及其调适——论技术社会化过程中的社会心理问题.自然辩证法通讯,1993(2):33-42

般对技术的认同度最高;但新技术的使用,不仅需要基层作业人员学习和适应新设备的作业方式,而且整个作业过程被全时段监控,随着作业规范化水平的提高,附着在基层作业人员身上的活动空间限制和工作约束力也在增强,难免使他们产生最新技术的抵触心理。对于中层管理人员而言,一方面,新技术能够帮助他们更好地监督和管理基层作业人员,这使得他们对技术有一定的认同度;另一方面,新技术也对他们转变传统的执法方式,适应电子化设备和信息化通信提出了新的要求,同时他们还受到基层作业人员的压力,因此,对新技术的认可度不及高层管理人员。

随着时间的推移,可能发生两种情况:一种情况是在高层管理人员的强力推进和系统化的学习培训下,中层管理人员和基层作业人员慢慢适应新技术,并意识到新技术带来的作业优势,从而渐渐增强认同度,这将使得技术推动组织革新成为现实;另一种情况是基层作业人员对新技术的抵触情绪过强或者接受适应能力不足,导致新的作业模式无法取代传统作业模式,而高层管理人员的影响力又无法抵御强大的组织惯性,其结果是新技术被束之高阁,组织仍按原来的状态运行。基于上述分析,基层作业人员的技术认同有助于推进技术实现。

假设7:其他条件一定时,基层作业人员对新技术的认同度越高,新技术越容易在组织中发挥作用。

(二)个体行为

从我国现行城管执法部门的编制情况看,高层管理人员和中层管理人员普遍为编内人员,在享受行政资源的同时,也受到较强的纪律规范和行政性约束,因此,采取破坏性行为阻止新技术的可能性很低。但"上面千条线,底下一根针"的行政生态使得基层政府部门普遍存在人手不足的问题,临时雇用编外人员成为缓解现状的权宜之计。但相比于在编人员,编外人员存在内在激励低、外在约束弱的现象,在新技术面前,可能表现出三种不同的行为方式:一是学习并使用新技术;二是离职;三是联合起来,破坏或抵制新技术。第一种情形无疑是高层管理人员和中层管理人员最乐于见到的,这将大大降低技术引进成本,减少组织变革中的内耗和损失。在第二种情形下,适量的人员离职,能够减少新技术下基层作业人员的冗余,有利于控制行政成本;但过度的人员离职,则会迫使组织在引进新技术的同时,产生额外的作业人员搜寻成本或追加基层作业人员的工资待遇。第三种情形将给技术引进期间的组织造成混乱,必要时管理者需要通过强制性措施将其转化为第一种情形或第二种情形。研究认为,第一种情形下基层作业人员对新技术的适应性最强;第二种情形次之;第三种情形最弱。

假设8:其他条件一定时,基层作业人员对操作新技术的适应性越强,新技术越容易在组织中发挥作用。

(三) 与相对人的关系

与相对人的关系指基层作业人员与执法对象的关系。城市管理执法部门的工作特征在于监督、管理和规范执法对象的违法行为,如违章经营、违章停车等。基层作业人员在履行职责的过程中,一定会带来与执法对象的紧张关系。传统的管理模式缺乏及时有效的取证环节,为执法对象逃脱责任带来可乘之机,也容易引起基层作业人员和执法对象之间的口角甚至是肢体冲突。新技术使得远程监控、远程联络、现场取证和实时传输成为可能,原来执法过程中的模糊地带变得清晰可视。一方面,一些违法行为(如违章停车)不再依赖面对面的现场执法,降低了执法双方发生直接冲突的可能性;另一方面,在基层作业人员自由裁量权受到管理者监督的同时,中层甚至是高层管理人员也可以通过实时传输的信息指导基层作业人员正确处理违法事件。基于上述分析及对上城区的观察访谈,提出假设9。

假设9:其他条件一定时,在线监控和通信技术将减少基层作业人员和执法对象行为的不确定性。

个体层次分析的实证依据详见表7-9。

协同治理
杭州"上城经验"

表 7-9 个体层次分析的实证依据

编号	关键词	依 据[①]
1	增加认同度	(挑战)"……受到的限制是人的观念和理念,整个平台要靠人来指挥和运作,我们经过了很多的努力,召开了一次又一次的研讨会来统一思想……老城管的工作思路已经很根深蒂固了,突然的改变,会一下子转变不过来,科技的力量他们还没有体会到。" (措施)"我们经过了 1.5 年以上才逐步逐步逼着他们、强制性地要求他们转变过来。所有的中队长都到指挥平台上来,每天都有人来,一天换一个,一天换一个,反正你中队领导必须要熟悉掌握中队辖区内的问题。"
2	提高适应性	(措施)"协管员的待遇提高了,现在一线协管员的待遇等于原来 1 个半人,应该说一线工作人员的收入最起码比原来提高 50%。中队队员岗位差异之后,有能力的队员待遇也在提高,实际上干得好的队员,一个月奖金也能拿到 1 000 多元。"
3	改善与执法对象的关系	"我们街上开了很多店,原来城管每天在店门口晃来晃去,队员也烦,店主也烦。碰上生意好,店老板心情好,会比较配合;碰到队员心情好,讲话比较客气;碰到大家心情不好,两句话就吵起来了。" "现在所有店家我们后台监控都可以看到,哪家店东西摆出来了,我们电话打过去提醒一下,店主一般比较配合,我们的队员就不用去了,这样不但避免了矛盾,而且效果更好。"

注:①本部分内容为对城管局某领导的访谈实录。

通过表 7-9 的实证依据易得,个体层次分析的三个假设成立。

四、结论

研究结果表明,在组织层次,技术有助于提升关系网络的价值和岗位的重要性、促进业务关系的扁平化;在业务单位层次,技术有助于缩小网络规模,减少网络的复杂性;在个体层次,技术能够产生约束力,减少行为的不确定性。就上城区而言,城市管理领域的技术替代使得城管执法部门的整体网络结构更为优化,重点突出在高层领导(决策层)在网络中的地位更加突出,各中队(执法单元)的网络结构更加轻便灵活,正好反映了城市管理的"智能"性;同时,充分发挥决策层这一中枢神经系统的强大作用,能够提升整个网络系统的决策科学性、信息传输的高效性、运行的顺畅性和执法行为的规范性,从而有效锐减执法人员与执法对象之间的冲突,提升城市管理部门的综合形象。

第四节 小结与启示

回顾上城区城市管理智能管控平台建设情况,宏观层次,政府与企业形成协同关系,构成其结构特征;运作方面,政府与企业的协同关系以市场机制为保障,并同时依托于两者长期合作所形成的信任关系。微观层次,政府的分工、协作与制衡情况都发生适应性的变化,运作上,信息技术帮助政府部门优化了业务流程。

上城区的实践表明,部门成员对新技术的认同度和适应性是发挥技术红利的必要条件。因此,需要加强面向政府部门成员的信息技术技能培训。从培训效果看,可以划分为三个阶段:一是通过信息技术技能培训,让管理队伍和操作人员能够充分认识到信息技术对提升政府绩效的重要性及其内在优势,扫除其对传统工作模式的惯性思维、路径依赖和对新技术、新事物的抵触情绪;二是通过信息技术技能培训,让管理队伍和操作人员能够在树立正确认识和清除抵触情绪的前提下,学习、理解并掌握新型设备的使用方法和信息技术的规范化运作流程,并真正落实于日常工作当中;三是通过信息技术技能培训,让管理队伍和操作人员在按照规范流程熟练运用信息技术平台的基础上,结合日常工作实际和数据分析结果,发现平台架构中的不合理之处,提出优化和改进平台建设的具体方案。这些经验都将为信息化在政府部门社会管理工作中的有效渗透铺就道路。

第八章　上城经验总结：协同治理效果分析

第一节　协同治理 2×2 分析框架分析结果

本书运用协同治理 2×2 分析框架，对上城区"平安 365"社会服务管理联动、社区建设、"湖滨晴雨"、基层党建、居家系列服务和城市管理智能管控平台建设等社会管理与公共服务创新实践进行分析。这些案例分别展示了宏、微观层次结构与运作的不同情形（表 8-1）。

第八章
上城经验总结：协同治理效果分析

表 8-1 案例分析结果汇总

	宏观		微观	
	结构	运作	结构	运作
"平安365"社会服务管理联动	N	N	n	n
社区建设	O	O	m	m
"湖滨晴雨"	M	M	n	n
基层党建	—	—	n	n
居家系列服务	N	M	n	n
城市管理智能管控平台建设	O	O	m	m

注：在宏观层面，大写的 M、N、O 分别表示该项目相对于初始状态有一些变化、有较大变化以及几乎没有变化；在微观层面，小写的 m、n、o 分别表示政府结构与运作有一些变化、有较大变化以及几乎没有变化；斜体的 *m*、*n*、*o* 分别表示企业或社会组织的结构与运作有一些变化、有较大变化以及几乎没有变化。"—"表示不涉及此项内容。

上城区"平安365"社会服务管理联动工作纳入了网格化、信息化和标准化的工作思路，宏观层次的结构创新主要体现在建立四级网格，在区领导决策班子、职能部门、派出机构、社区自治组织和社区居民之间形成网络结构；运作上则进行了相应的配套，"一格三员"制度、自助服务和联动服务保障了信息和资源在网络体系中的迅速流通和共享，增强了基层信息员的工作积极性和主观能动性。微观层次上，主要体现在政府内部的结构与运作调整。结构上，设立"平安365"社会服务管理联动指挥中心，放在公安分局内部，由公安的人员负责管理，24小时运转。运作上，通过制度化的方式建立指令流转、九大联席会议、绩效考评等制度，督促和带动职能部门履行职责、解决问题；通过系统化思想和闭环式管理，优化业务流程；通过需求归类、趋势分析等精细化管理方式，提高决策科学性。由此，无论是在宏观层面的结构与运作上，还是在微观层面的结构与运作上，"平安365"社会服务管理联动都是社会管理创新的典型案例。

社区建设方面，宏观结构主要体现在社区与街道、政府的相对关系上，这个纵向结构一直贯穿社区建设始终，其运作方式也没有发生较大程度的改变。微观层面，为了更好地实现"共建、共治、共享",上城区提出"333＋X"模式,成立社区公共服务工作站,培育和吸引其他社会组织,因此在结构上,社会组织的网络体系更加健全,运作上,也加强了社区居委会主任公选、公共服务评价体系建设、社工队伍和社区信息化建设等,具体表现形式极其多元,内容非常丰富。因此,在社区建设过程中,宏观层次的结构与运作没有较之前的形式发生什么变化,微观层次的结构与运作都在原来的基础上有所完善和增强。

"湖滨晴雨"是"社情民意信息直报点"、"社会舆情信息直报点"、"草根质监站"和社区调解的"和事佬"等舆情平台的整合,因此,从宏观上看,"晴雨工作室"与政府的结构关系相比于之前这些舆情平台而言,并没有发生本质性的变化。微观层面,"湖滨晴雨"工作室则显示出了新生事物的特点;结构上,"民情气象台"是此前所没有的;运作上,有针对性地形成了一系列民情、民生报送机制,通过互联网进行线上互动,通过"晴雨工作室"实现线下交流,不断提升"湖滨晴雨"的作用和价值。

基层党建工作旨在回应街道对党员群众参与的迫切需求,发挥党员代表的实质性作用。党组织的结构体系比较完善,基层党建的特点主要体现在微观层面。结构上,南星街道成立了党代表工作室,社区和企业成立了党员代表工作室,复兴商圈则形成了街道辖区单位党组织、两新组织、社区党建工作部的红色联盟。运作上,配套以相应的组织人员安排和日常运行机制、创新代表管理制度、明确红色联盟活动制度,为基层党建工作的深入开展做出了铺垫。

居家系列服务在宏观结构上,形成了政府、企业和社会组织高度依赖的协同网络,这是具有开创意义的;运作上,对政府点对点联系委托方提供服务、各部门分散管理的方式进行了改进,整合大批"五小"企业资源,由居家服务无忧在线平台统一进行数据管理和过程记录。微观上,为了实现"八大平台"的统一,八个部门进行了不断的沟通和协调,而在此前,零敲散打现象严重,部门间协作有限。技术上,上城区政府在居家养老等方面制定了具体的标准,

第八章
上城经验总结：协同治理效果分析

以物联网技术实现了"五大无忧"，并以"八个统一"为居家系列服务营造统一的文化品牌。

在城市管理智能管控平台建设中，宏观层面结构与运作的差异不明显，结构上，城管局与平台开发企业的合作由来已久，运作主要以政府购买和租赁的方式使用企业的软件和设备；微观层面，平台的上线，使得城管部门内部的分工、协作、制衡状况发生了新的变化，日常管理制度和绩效考评制度得以完善，基层作业人员的工作状态也进行了适应性的调整。

尽管上述案例在宏、微观层面的结构运作情况不尽相同，但其中也反映出一个共同的规律：当新的结构出现时，上述案例中都出现了新的运作方式或是对原有运作方式的明显优化和改进，换言之，这些创新实践之所以能够取得成功，是因为它们都没有脱离运作而只进行单方面的结构调整。

第二节 公务员对政府部门结构与运作的微观感知

上城区政府部门公务员对本部门的结构和运作的自评结果充分支持了上城区在社会管理和公共服务领域的一系列创新实践所取得的积极效果。九成以上的被调查者对互联网等信息技术在数据管理、工作交流和信息收集等方面发挥的作用给予了充分肯定；八成以上的被调查者认为政府部门的分工明确、协作顺畅；同样有九成以上的被调查者认为政府部门在社会管理领域的各方面制度建设比较完善，八五成以上的被调查者对现行同事关系、同事的工作积极性和工作认真程度等表示满意。

一、分工

政府部门的分工情况如图 8-1 所示。

分工合理方面，选择的数字越大，表明被调查者所在部门承担的分工越合理。76.6% 的被调查者选择了中间偏右的选项，表明

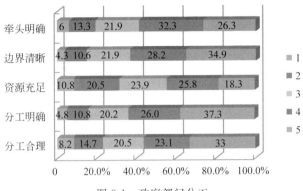

图 8-1 政府部门分工

3/4 以上的被调查者所在政府部门承担的分工合理。

分工明确方面,选择的数字越大,表明被调查者所在部门承担的分工越明确。83.5%的被调查者选择了中间偏右的选项,表明八成以上被调查者所在部门知道自己部门要做什么。

资源充足方面,选择数字越大,表明被调查者所在部门完成分工的资源越充足。68%的被调查者选择了中间偏右的选项,表明仍有三成以上被调查者所在部门存在资源不足以完成分工的现象。

边界清晰方面,选择数字越大,表明在遇到工作交叉时,被调查者所在部门越清楚自己的部门边界。85%的被调查者选择了中间偏右的选项,表明八五成被调查者所在部门在工作交叉时比较清楚自己的部门边界。

牵头明确方面,选择数字越大,表明在遇到工作交叉时,牵头部门越明确。80.5%的被调查者选择了中间偏右的选项,表明八成被调查者所在部门在工作交叉时有相对明确的牵头部门。

二、协作

政府部门的协作情况如图 8-2 所示。

组织协调方面,选择数字越大,表明在遇到工作交叉时,牵头部门越能负起组织协调责任。82.9%的被调查者选择了中间偏右

第八章 上城经验总结：协同治理效果分析

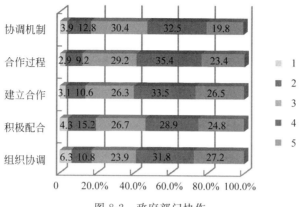

图 8-2　政府部门协作

的选项，表明八成以上被调查者所在部门在遇到工作交叉时，牵头部门都能在不同程度上负起组织协调责任。

积极配合方面，选择数字越大，表明在遇到工作交叉时，相关部门越能积极主动配合。80.4％的被调查者选择了中间偏右的选项，表明八成的被调查者所在部门在遇到工作交叉时，相关部门在不同程度上能积极主动配合。

建立合作方面，选择数字越大，表明部门间越容易建立合作关系。86.3％的被调查者选择了中间偏右的选项，表明八五成以上的被调查者感受到部门间建立合作关系比较容易。

合作过程方面，选择数字越大，表明部门间合作过程越顺畅。88％的被调查者选择了中间偏右的选项，表明八五成以上的被调查者感受到部门间合作过程比较顺畅。

协调机制方面，选择数字越大，表明现行协调机制越健全完善。82.7％被调查者选择了中间偏右的选项，表明八成以上的被调查者认为现行协调机制比较健全完善。

三、制衡

政府部门的制衡情况如图 8-3 所示。

决策方面，选择数字越大，表明部门重大决策公开透明程度越

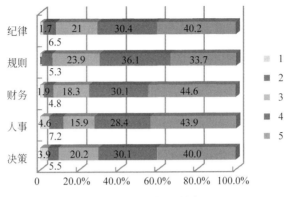

图 8-3 政府部门制衡

高。90.3%的被调查者选择了中间偏右的选项,表明九成被调查者认为部门重大决策能够做到公开透明。

人事方面,选择数字越大,表明部门人事安排公开透明程度越高。88.2%的被调查者选择了中间偏右的选项,表明八五成以上的被调查者认为部门人事安排能够做到公开透明。

财务方面,选择数字越大,表明财务管理部门对部门经费使用情况的监督越有效。93%的被调查者选择了中间偏右的选项,表明九成以上被调查者认同目前财务部门对部门经费使用的监督。

规则方面,选择数字越大,表明公务执行过程中的规则和程序越是健全完善。93.7%的被调查者选择了中间偏右的选项,表明九成以上被调查者认为公务执行过程中的规则和程序比较健全完善。

纪律方面,选择数字越大,表明公务员纪律约束的有效性越好。92%的被调查者选择了中间偏右的选项,表明九成以上被调查者认为公务员纪律约束比较有效。

四、技术

政府部门使用技术情况如图 8-4 所示。

数据管理方面,选择数字越大,表明被调查者对部门使用电脑

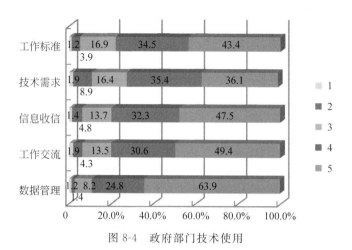

图 8-4 政府部门技术使用

管理业务数据的现状评价越高。96.9%的被调查者选择了中间偏右的选项,表明九五成以上的被调查者所在部门使用电脑管理业务数据。

工作交流方面,选择数字越大,表明被调查者对部门间通过网络开展工作交流的现状评价越高。93.5%的被调查者选择了中间偏右的选项,表明九成以上的被调查者所在部门通过网络开展工作交流。

信息收集方面,选择数字越大,表明被调查者所在部门通过互联网平台搜集需求信息程度越高。93.5%的被调查者选择了中间偏右的选项,表明九成以上被调查者所在部门通过互联网平台搜集需求信息。

技术需求方面,选择数字越大,表明被调查者所在部门工作的技术(电子、网络、通信等现代技术)需求得到满足程度越高。87.9%的被调查者选择了中间偏右的选项,表明被调查者所在部门工作的技术需求得到满足程度较高。

工作标准方面,选择数字越大,表明被调查者所在部门越有明确标准的工作规范。94.8%的被调查者选择了中间偏右的选项,表明接近九五成的被调查者所在部门有明确规范的工作标准。

五、制度

政府部门制度化情况如图 8-5 所示。

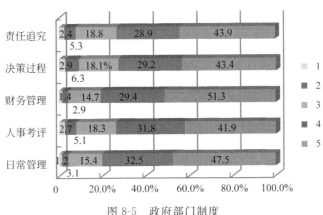

图 8-5　政府部门制度

日常管理方面，选择数字越大，表明被调查者所在部门日常工作管理制度越好。95.4%的被调查者选择了中间偏右的选项，表明九五成被调查者所在部门的日常工作管理制度好。

人事考评方面，选择数字越大，表明被调查者所在部门的人事考评制度越公平。92%的被调查者选择了中间偏右的选项，表明九成以上被调查者所在部门的人事考评制度比较公平。

财务管理方面，选择数字越大，表明被调查者所在部门的财务管理制度越规范。95.4%的被调查者选择了中间偏右的选项，表明九五成被调查者所在部门的财务管理制度比较规范。

决策过程方面，选择数字越大，表明被调查者所在部门的决策过程越能体现民主与集中相结合。90.7%的被调查者选择了中间偏右的选项，表明九成以上被调查者所在部门的决策过程较能体现民主与集中相结合。

责任追究方面，选择数字越大，表明被调查者所在部门的责任追究机制越健全。91.6%的被调查者选择了中间偏右的选项，表明九成以上被调查者所在部门的责任追究机制比较健全。

六、文化

政府部门文化的情况如图8-6所示。

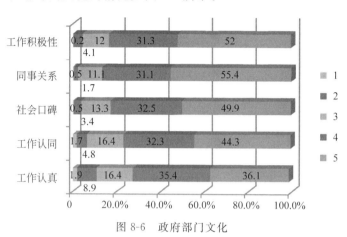

图8-6 政府部门文化

工作认真方面,选择数字越大,表明被调查者的部门同事工作越认真踏实。87.9%的被调查者选择了中间偏右的选项,表明八五成以上被调查者的部门同事工作比较认真踏实。

工作认同方面,选择数字越大,表明被调查者的同事越认同部门工作的社会价值。93%的被调查者选择了中间偏右的选项,表明九成以上被调查者的同事比较认同部门工作的社会价值。

社会口碑方面,选择数字越大,表明被调查者的同事越看重社会对部门工作的口碑。95.7%的被调查者选择了中间偏右的选项,表明九五成以上被调查者的同事比较看重社会对部门工作的评价。

同事关系方面,选择数字越大,表明被调查者所在部门同事之间越能相互尊重、理解、支持。97.6%的被调查者选择了中间偏右的选项,表明九七成以上被调查者所在部门同事之间比较能够相互尊重、理解、支持。

工作积极性方面,选择数字越大,表明被调查者所在部门同事工作积极性越高。95.3%的被调查者选择了中间偏右的选项,表明九五成被调查者的同事工作积极性比较高。

第三节 政府部门绩效:
公务员感知与社区居民评价

本节通过对以下两个群体——政府部门公务员与社区居民——的问卷调查,从内外两个不同视角,考察政府部门在社会管理和公共服务方面的绩效。政府部门绩效由服务、责任、法治、廉洁和效能五个维度组成,各维度分别设置3个测量指标。调查采用李克特五级量表,由被调查者进行打分(1~5分),评分越接近5,表明被调查者对该项目的评价越正面,评分越接近1,表明被调查者对项目的评价越负面。调查结果显示,政府部门公务员对所在部门绩效的感知好于社区居民对政府部门绩效的评价,社区居民对政府部门绩效的评价存在地域差异,具体调查结果及分析如下。

一、公务员对政府部门绩效的感知

公务员对政府部门绩效的感知将从三个方面呈现:一是政府部门绩效五个维度的综合得分;二是五个维度的各调查项目的得分情况;三是各调查项目得分之间的横向比较。

(一)综合情况

公务员对政府部门绩效感知的综合结果显示(图 8-7),在服务、责任、法治、廉洁和效能 5 个维度得分均在 4.3 分以上,表明公务员对政府部门绩效的感知非常好。其中,公务员认为政府部门在廉洁方面做得最好(4.49 分)。

公务员对政府部门绩效 5 个维度中各调查项目感知情况显示

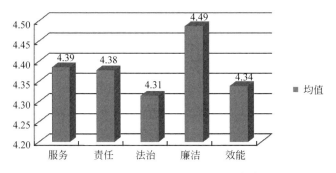

图 8-7 公务员对政府部门绩效综合感知

(图 8-8),各项得分均在 4.25 分以上,表明公务员对政府部门在各方面的表现持非常肯定的态度。其中,感知最好的两项是廉洁奉公(4.55 分)和不铺张浪费(4.49 分)。

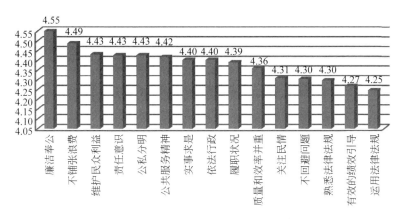

图 8-8 公务员对政府部门绩效分项感知

比较维度均值和各调查项目均值可以发现(表 8-2),尚有 6 个项目的得分低于维度平均分,可以作为政府部门进一步提升绩效的行动参考,这 6 个项目依次为关注民情(服务维度)、不回避问题(责任维度)、熟悉法律法规(法治问题)、运用法律法规(法治维度)、公私分明(廉洁维度)和有效的绩效引导(效能维度)。

表 8-2 公务员对政府部门绩效感知

维度	维度均值/分	调查项目	项目均值/分	低于维度均值
服务	4.39	关注民情	4.31	√
		公共服务精神	4.42	
		维护民众利益	4.43	
责任	4.38	责任意识	4.43	
		不回避问题	4.30	√
		实事求是	4.40	
法治	4.31	依法行政	4.40	
		熟悉法律法规	4.30	√
		运用法律法规	4.25	√
廉洁	4.49	公私分明	4.43	√
		不铺张浪费	4.49	
		廉洁奉公	4.55	
效能	4.34	质量和效率并重	4.36	
		有效的绩效引导	4.27	√
		履职状况	4.39	

在分析公务员对政府部门绩效感知的综合情况的基础上,研究进一步考察与社会管理和公共服务密切相关的 6 个政府职能部门的绩效情况。这 6 个部门分别为上城区公安分局、质监分局、民政局、城建局、人力社保局和信访局。

(二) 公安分局

公务员对公安分局在服务、责任、法治、廉洁和效能方面绩效的感知结果显示(图 8-9),法治、责任、廉洁、效能的得分均在 4 分以上,表明公安分局公务员对部门在这四个方面的绩效表现持非常肯定的态度,服务维度的得分为 3.95 分,表明公务员对分局该维度的绩效持比较肯定的态度。显而易见,公安分局各维度绩效感知的得分分布体现了其职能特点。

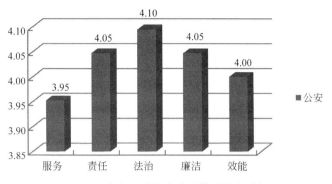

图 8-9　公务员对公安分局绩效综合感知

从公安分局各调查项目的绩效感知得分可以发现(图 8-10),大部分项目的绩效感知得分均不低于 4 分,在关注民情方面得分略低于其他各项,为 3.86 分,各项目得分情况表明,公务员对公安分局的工作持比较肯定的态度。

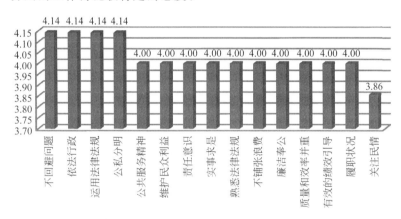

图 8-10　公务员对公安分局绩效分项感知

公安分局有 6 个调查项目的绩效感知得分低于其所属维度的平均分(表 8-3),这 6 个项目分别为关注民情(服务维度)、责任意识(责任维度)、实事求是(责任维度)、熟悉法律法规(法治维度)、不铺张浪费(廉洁维度)和廉洁奉公(廉洁维度),可以作为公安分局进一步提升绩效水平的行动参考。

表 8-3 公务员对公安分局绩效感知

维度	维度均值/分	调查项目	项目均值/分	低于维度均值
服务	3.95	关注民情	3.86	√
		公共服务精神	4.00	
		维护民众利益	4.00	
责任	4.05	责任意识	4.00	√
		不回避问题	4.14	
		实事求是	4.00	√
法治	4.10	依法行政	4.14	
		熟悉法律法规	4.00	√
		运用法律法规	4.14	
廉洁	4.05	公私分明	4.14	
		不铺张浪费	4.00	√
		廉洁奉公	4.00	√
效能	4.00	质量和效率并重	4.00	
		有效的绩效引导	4.00	
		履职状况	4.00	

（三）质监分局

公务员对质监分局的绩效感知结果显示，服务、责任、法治、廉洁和效能的得分均不低于 4 分（图 8-11），表明公务员对质监分局这 5 个维度的绩效表现均持非常肯定的态度。其中，法治和廉洁维度的得分最高，为 4.29 分，表明公务员对质监分局在这两个维度上的绩效感知状况最好。

公务员对质监分局各调查项目的绩效感知结果显示（图 8-12），廉洁奉公和履职状况的得分最高，为 4.43 分；关注民情和有效的绩效引导的得分较低，为 3.71 分；其余各项的得分均不低于 4 分，表明公务员对质监分局的工作持比较肯定的态度。

质监分局有 6 个项目的平均绩效感知得分低于其所属维度的

第八章
上城经验总结:协同治理效果分析

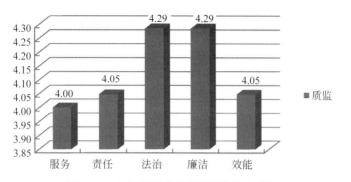

图 8-11　公务员对质监分局绩效综合感知

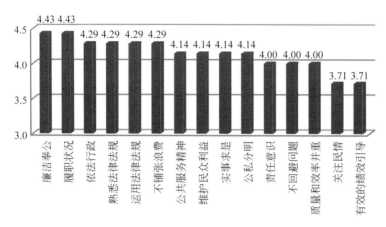

图 8-12　公务员对质监分局绩效分项感知

平均分(表 8-4),这 6 个项目分别为关注民情(服务维度)、责任意识(责任维度)、不回避问题(责任维度)、公私分明(廉洁维度)、质量和效率并重(效能维度)和有效的绩效引导(效能维度),可以作为质监分局进一步提升绩效水平的行动参考。

表 8-4　公务员对质监分局绩效感知

维度	维度均值/分	调查项目	项目均值/分	低于维度均值
服务	4.00	关注民情	3.71	√
		公共服务精神	4.14	
		维护民众利益	4.14	

续表

维度	维度均值/分	调查项目	项目均值/分	低于维度均值
责任	4.05	责任意识	4.00	√
		不回避问题	4.00	√
		实事求是	4.14	
法治	4.29	依法行政	4.29	
		熟悉法律法规	4.29	
		运用法律法规	4.29	
廉洁	4.29	公私分明	4.14	√
		不铺张浪费	4.29	
		廉洁奉公	4.43	
效能	4.05	质量和效率并重	4.00	√
		有效的绩效引导	3.71	√
		履职状况	4.43	

（四）民政局

公务员对民政局的绩效感知结果显示，5个维度的得分均在4.6分以上（图8-13），其中，服务维度得分高达4.81分，其余由高到低依次为法治（4.76分）、廉洁（4.71分）、责任（4.67分）和效能（4.67分）。这表明民政局公务员对本部门绩效表现持非常肯定的态度。这可能与民政局在居家养老、社区建设、困难救助等方面开展的诸多工作息息相关。

从民政局各调查项目得分均值分布来看（图8-14），除运用法律法规和不铺张浪费两项的得分为4.43分以外，其余各项得分均在4.5分以上，熟悉法律法规和廉洁奉公两项得分为5分，表明公务员对民政局的工作持非常肯定的态度。

比较公务员对民政局绩效的综合感知和分项感知得分可以发现（表8-5），该部门共有5个项目的得分低于其所属维度的平均水平，这5个项目分别为维护民众利益（服务维度）、不回避问题（责

第八章 上城经验总结：协同治理效果分析

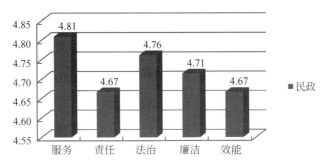

图 8-13　公务员对民政局绩效综合感知

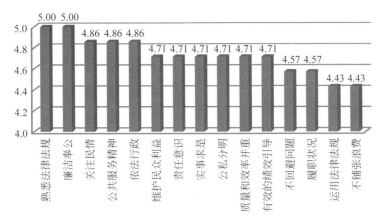

图 8-14　公务员对民政局绩效分项感知

任维度）、运用法律法规（法治维度）、不铺张浪费（廉洁维度）和履职状况（效能维度）。但由于维护民众利益、不回避问题和履职状况的得分已经非常高（高于 4.5 分），因此，为进一步提升政府绩效，民政局可以将关注点侧重于运用法律法规和不铺张浪费这两项。

表 8-5　公务员对民政局绩效感知

维度	维度均值/分	调查项目	项目均值/分	低于维度均值
服务	4.81	关注民情	4.86	
		公共服务精神	4.86	
		维护民众利益	4.71	√

· 271 ·

续表

维度	维度均值/分	调查项目	项目均值/分	低于维度均值
责任	4.67	责任意识	4.71	
		不回避问题	4.57	√
		实事求是	4.71	
法治	4.76	依法行政	4.86	
		熟悉法律法规	5.00	
		运用法律法规	4.43	√
廉洁	4.71	公私分明	4.71	
		不铺张浪费	4.43	√
		廉洁奉公	5.00	
效能	4.67	质量和效率并重	4.71	
		有效的绩效引导	4.71	
		履职状况	4.57	√

(五)城建局

公务员对城建局的绩效感知结果显示,5个维度的得分均在4.5分以上(图8-15),其中,得分最高的为责任和廉洁两个维度(4.76分);其次为服务和法治维度(4.67分);再次为效能维度(4.57分)。这可能与公务员对城建局在背街小巷改造、厨卫改造等方面所做工作的肯定密切相关。

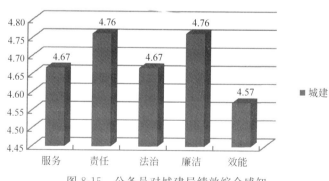

图8-15 公务员对城建局绩效综合感知

除有效的绩效引导(4.29 分)外,城建局各项目的得分均在 4.5 分以上(图 8-16),其中,维护民众利益、不回避问题、不铺张浪费三项的绩效感知得分高达 4.86 分。总体而言,本部门公务员对城建局的工作持非常肯定的态度。

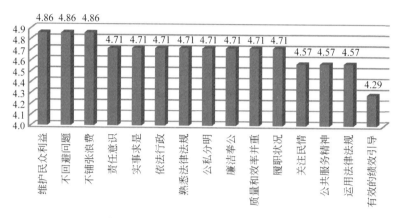

图 8-16 公务员对城建局绩效分项感知

比较公务员对城建局绩效的综合感知和分项感知得分发现(表 8-6),城建局共有 8 个项目的得分低于其所属维度得分均值,依次为关注民情(服务维度)、公共服务精神(服务维度)、责任意识(责任维度)、实事求是(责任维度)、运用法律法规(法治维度)、公私分明(廉洁维度)、廉洁奉公(廉洁维度)和有效的绩效引导(效能维度)。但除有效的绩效引导得分偏低外,其余各项得分都非常高,因此,城建局在进一步提升绩效方面,可以将制定有效的绩效引导措施作为重要的行动参考。

表 8-6 公务员对城建局绩效感知

维度	维度均值/分	调查项目	项目均值/分	低于维度均值
服务	4.67	关注民情	4.57	√
		公共服务精神	4.57	√
		维护民众利益	4.86	

续表

维度	维度均值/分	调查项目	项目均值/分	低于维度均值
责任	4.76	责任意识	4.71	√
		不回避问题	4.86	
		实事求是	4.71	√
法治	4.67	依法行政	4.71	
		熟悉法律法规	4.71	
		运用法律法规	4.57	√
廉洁	4.76	公私分明	4.71	√
		不铺张浪费	4.86	
		廉洁奉公	4.71	√
效能	4.57	质量和效率并重	4.71	
		有效的绩效引导	4.29	√
		履职状况	4.71	

（六）人力社保局

公务员对人力社保局的绩效感知结果显示，服务、廉洁、效能维度的得分均为 5 分（图 8-17）；责任维度的得分为 4.95 分；法治维度的得分为 4.86 分，表明公务员对本部门绩效的感知非常好。

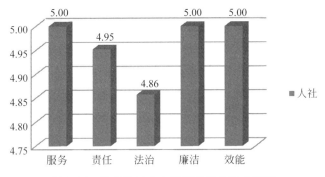

图 8-17 公务员对人力社保局绩效综合感知

公务员对人力社保局绩效分项感知状况表明（图8-18），关注民情等11个项目的得分为5分，实事求是、依法行政、熟悉法律法规、运用法律法规4项的得分为4.86分。

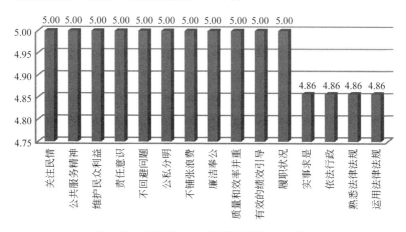

图8-18　公务员对人力社保局绩效分项感知

从人力社保局5个维度中各调查项目的绩效感知得分可以发现（表8-7），仅有实事求是（责任维度）这项的得分低于其所属维度的平均水平，为4.86分。此外，法治维度中依法行政、熟悉法律法规和运用法律法规3个项目的得分为4.86分，因而这四项可以作为人力社保局进一步提升绩效的着力点。

表8-7　公务员对人力社保局绩效感知

维度	维度均值/分	调查项目	项目均值/分	低于维度均值
服务	5.00	关注民情	5.00	
		公共服务精神	5.00	
		维护民众利益	5.00	
责任	4.95	责任意识	5.00	
		不回避问题	5.00	
		实事求是	4.86	√

续表

维度	维度均值/分	调 查 项 目	项目均值/分	低于维度均值
法治	4.86	依法行政	4.86	
		熟悉法律法规	4.86	
		运用法律法规	4.86	
廉洁	5.00	公私分明	5.00	
		不铺张浪费	5.00	
		廉洁奉公	5.00	
效能	5.00	质量和效率并重	5.00	
		有效的绩效引导	5.00	
		履职状况	5.00	

（七）信访局

信访局公务员对本部门的绩效感知结果表明，5个维度的得分由高到低依次为廉洁（4.9分）、服务（4.76分）、法治（4.62分）、责任（4.57分）和效能（4.48分），如图8-19所示。总体而言，公务员对本部门工作持肯定态度。

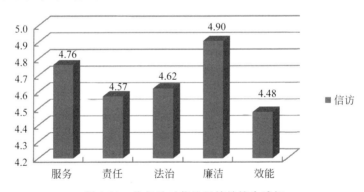

图8-19　公务员对信访局绩效综合感知

从信访局5个维度中各调查项目的得分可以看出（图8-20），廉洁奉公的得分最高，为5分；有效的绩效引导的得分最低，为4.29分；其余各项介于两者之间。这表明，公务员对信访局绩效

第八章　上城经验总结：协同治理效果分析

表现的感知较好。

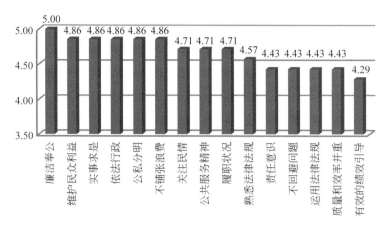

图 8-20　公务员对信访局绩效分项感知

比较各维度均值和各调查项目均值可以发现(表 8-8)，信访局共有 10 个项目的得分低于其所属维度的平均分，这 10 个项目分别为关注民情(服务维度)、公共服务精神(服务维度)、责任意识(责任维度)、不回避问题(责任维度)、熟悉法律法规(法治维度)、运用法律法规(法治维度)、公私分明(廉洁维度)、不铺张浪费(廉洁维度)、质量和效率并重(效能维度)和有效的绩效引导(效能维度)。其中，关注民情、公共服务精神、熟悉法律法规、公私分明和不铺张浪费 5 项的得分较高，因此，为进一步提升政府工作绩效，信访局应重点关注责任意识、不回避问题、运用法律法规、质量和效率并重与有效的绩效引导 5 个方面。

表 8-8　公务员对信访局绩效感知

维度	维度均值/分	调查项目	项目均值/分	低于维度均值
服务	4.76	关注民情	4.71	√
		公共服务精神	4.71	√
		维护民众利益	4.86	

· 277 ·

续表

维度	维度均值/分	调查项目	项目均值/分	低于维度均值
责任	4.57	责任意识	4.43	√
		不回避问题	4.43	√
		实事求是	4.86	
法治	4.62	依法行政	4.86	
		熟悉法律法规	4.57	√
		运用法律法规	4.43	√
廉洁	4.90	公私分明	4.86	√
		不铺张浪费	4.86	√
		廉洁奉公	5.00	
效能	4.48	质量和效率并重	4.43	√
		有效的绩效引导	4.29	√
		履职状况	4.71	

（八）综合分析

公务员从其工作经历与感受的视角，对政府部门在服务、责任、法治、廉洁和效能5个维度上的绩效表现给予肯定。在各调查项目中，公务员尤其认为，政府部门在廉洁奉公和不铺张浪费两个方面的表现最好（表8-9）。

表8-9　公务员对政府部门绩效感知的综合分析

政府部门	维度均值/分	示范	改进
综合情况[①]	服务（4.39） 责任（4.38） 法治（4.31） 廉洁（4.49） 效能（4.34）	廉洁奉公 不铺张浪费	运用法律法规 有效的绩效引导 熟悉法律法规
公安分局	服务（3.95） 责任（4.05） 法治（4.10） 廉洁（4.05） 效能（4.00）	—	关注民情 责任意识 实事求是 熟悉法律法规 不铺张浪费 廉洁奉公

第八章 上城经验总结：协同治理效果分析

续表

政府部门	维度均值/分	示 范	改 进
质监分局	服务(4.00) 责任(4.05) 法治(4.29) 廉洁(4.29) 效能(4.05)	廉洁奉公 履职状况	关注民情 有效的绩效引导
民政局	服务(4.81) 责任(4.67) 法治(4.76) 廉洁(4.71) 效能(4.67)	熟悉法律法规 廉洁奉公	运用法律法规 不铺张浪费
城建局	服务(4.67) 责任(4.76) 法治(4.67) 廉洁(4.76) 效能(4.57)	维护民众利益 不回避问题 不铺张浪费	有效的绩效引导
人力社保局	服务(5.00) 责任(4.95) 法治(4.86) 廉洁(5.00) 效能(5.00)	关注民情 公共服务精神 维护民众利益 责任意识 不回避问题 公私分明 不铺张浪费 廉洁奉公 质量和效率并重 有效的绩效引导 履职状况	—
信访局	服务(4.76) 责任(4.57) 法治(4.62) 廉洁(4.90) 效能(4.48)	廉洁奉公 维护民众利益 实事求是 依法行政 公私分明 不铺张浪费	责任意识 不回避问题 运用法律法规 质量和效率并重 有效的绩效引导
频 次		廉洁奉公(5次) 不铺张浪费(4次)	有效的绩效引导(4次) 运用法律法规(3次)

注：①请见图8-7及其相关内容。

上城区6个政府职能部门绩效感知情况表明,民政局、城建局、人力社保局和信访局的绩效感知状况优于全区平均水平,而公安分局和质监分局的绩效感知状况劣于全区平均水平。可以从两个方面来理解这个结果:一是管理主体的差异性,民政局、城建局、人力社保局和信访局都是属地管理部门,而公安分局和质监分局属于垂直管理部门。二是管理业务的差异性,民政局、城建局、人力社保局和信访局都是直接投入资金、提供服务或听取、解决问题的部门,而公安分局和质监分局的工作特点则是执法、监督和惩罚。

分析结果同时表明,为进一步提升政府部门绩效,上城区政府应当重点考虑从两个方面入手:一是各个部门都应当继续致力于制定和完善有效的绩效引导措施;二是提高政府部门公务员运用法律法规的意识和能力。

二、社区居民对政府部门绩效的评价

(一)综合情况

社区居民对政府部门在服务、责任、法治、廉洁和效能5个方面的综合评价均值由高到低依次为(图8-21):法治3.47分,服务3.45分,效能3.27分,责任3.26分和廉洁3.15分。各维度得分均在3分以上,表明社区居民对政府部门在这5个方面的绩效表

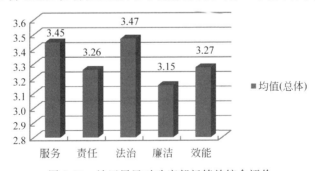

图8-21 社区居民对政府部门绩效综合评价

现持肯定态度。

社区居民对 5 个绩效维度中的调查项目的评价结果显示（图 8-22），各项得分均在 3.1 分以上，表明社区居民对各调查项目持不同程度的正面评价。其中，熟悉法律法规的得分最高，为 3.58 分；廉洁奉公和不铺张浪费的得分较低，依次为 3.11 分和 3.12 分，而这两项恰恰是公务员对政府部门绩效分项感知得分最高的两项，这表明，在政府部门廉洁奉公和不铺张浪费这两方面，公务员的感知和社区居民的评价存在差异。

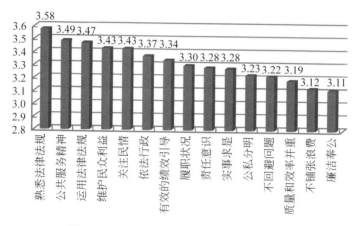

图 8-22 社区居民对政府部门绩效分项评价

比较维度均值和各调查项目均值可以发现（表 8-10），有 7 个项目的得分低于维度平均分，这 7 个项目依次为关注民情（服务维度）、维护民众利益（服务维度）、不回避问题（责任维度）、依法行政（法治维度）、不铺张浪费（廉洁维度）、廉洁奉公（廉洁维度）、质量和效率并重（效能维度）。其中，关注民情、维护民众利益和依法行政三项的高分值表明，上城区政府在社会管理和公共服务方面的系列举措得到了社区居民的认可，未来，政府部门提升绩效应在不回避问题、不铺张浪费、廉洁奉公以及质量和效率并重四个方面予以加强。

表 8-10 社区居民对政府部门绩效评价

维度	维度均值/分	调查项目	项目均值/分	低于维度均值
服务	3.45	关注民情	3.43	√
		公共服务精神	3.49	
		维护民众利益	3.43	√
责任	3.26	责任意识	3.28	
		不回避问题	3.22	√
		实事求是	3.28	
法治	3.47	依法行政	3.37	√
		熟悉法律法规	3.58	
		运用法律法规	3.47	
廉洁	3.15	公私分明	3.23	
		不铺张浪费	3.12	√
		廉洁奉公	3.11	√
效能	3.27	质量和效率并重	3.19	√
		有效的绩效引导	3.34	
		履职状况	3.30	

(二)湖滨街道居民的评价

湖滨街道居民对政府部门绩效各维度的评价结果显示(图 8-23),服务、法治、责任和效能四个维度的得分均在 3 分以上,表明湖滨街道居民对这四个方面的政府部门绩效表示肯定。值得关注的是,湖滨街道居民对廉洁维度的绩效评价仅为 2.84 分,表明湖滨街道居民对政府部门在廉洁维度上的绩效表现不予肯定。

从 5 个维度中各调查项目的得分来看(图 8-24),湖滨街道居民对政府部门熟悉法律法规的评价最高,为 3.41 分,但对政府部门在廉洁奉公、不铺张浪费、质量和效率并重、公私分明这四个方面的绩效表现评价较低。

第八章
上城经验总结：协同治理效果分析

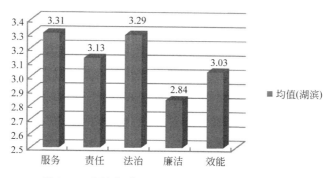

图 8-23　湖滨街道居民对政府部门绩效综合评价

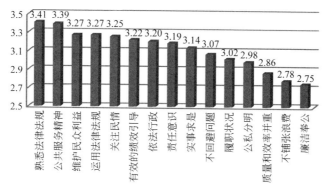

图 8-24　湖滨街道居民对政府部门绩效分项评价

从湖滨街道居民对政府部门绩效评价的各维度均值和各项目均值来看，有 9 个项目均值低于其所属维度的均值（见表 8-11 中"√"项）。由此，政府部门在关注民情、维护民众利益、不回避问题、依法行政、运用法律法规、履职状况、不铺张浪费、廉洁奉公、质量和效率并重等方面，尤其是后三个方面，应当加强改进。

表 8-11　湖滨街道居民对政府部门绩效评价

维度	维度均值/分	调查项目	项目均值/分	低于维度均值
服务	3.31	关注民情	3.25	√
		公共服务精神	3.39	
		维护民众利益	3.27	√

· 283 ·

续表

维度	维度均值/分	调查项目	项目均值/分	低于维度均值
责任	3.13	责任意识	3.19	
		不回避问题	3.07	√
		实事求是	3.14	
法治	3.29	依法行政	3.20	√
		熟悉法律法规	3.41	
		运用法律法规	3.27	√
廉洁	2.84	公私分明	2.98	
		不铺张浪费	2.78	√
		廉洁奉公	2.75	√
效能	3.03	质量和效率并重	2.86	√
		有效的绩效引导	3.22	
		履职状况	3.02	√

（三）小营街道居民的评价

小营街道居民对政府部门绩效各维度的评价均在3分以上（图8-25），表明该街道居民对政府部门绩效表示肯定。其中，评价相对较高的为法治和服务，分别为3.28分和3.23分，其余按得分高低为效能、责任和廉洁，依次为3.08分、3.06分和3.02分。

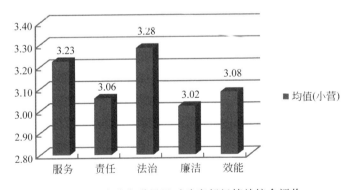

图8-25 小营街道居民对政府部门绩效综合评价

从图 8-26 中不难发现,小营街道居民对 5 个维度中各调查项目的绩效评价几乎都在 3 分以上,其中,熟悉法律法规的得分最高,为 3.39 分。但该街道居民对政府部门在不铺张浪费方面的绩效表现评价较低,为 2.99 分。

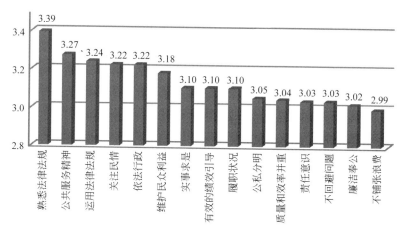

图 8-26　小营街道居民对政府部门绩效分项评价

从小营街道居民对政府部门绩效评价的各维度均值和各项目均值来看,有 8 个项目均值低于其所属维度的均值(见表 8-12 中"√"项)。由此,政府部门在关注民情、维护民众利益、责任意识、不回避问题、依法行政、运用法律法规、质量和效率并重、不铺张浪费等方面,尤其是最后一个方面,应当加强改进。

表 8-12　小营街道居民对政府部门绩效评价

维度	维度均值/分	调查项目	项目均值/分	低于维度均值
服务	3.23	关注民情	3.22	√
		公共服务精神	3.27	
		维护民众利益	3.18	√
责任	3.06	责任意识	3.03	√
		不回避问题	3.03	√
		实事求是	3.10	

续表

维度	维度均值/分	调查项目	项目均值/分	低于维度均值
法治	3.28	依法行政	3.22	√
		熟悉法律法规	3.39	
		运用法律法规	3.24	√
廉洁	3.02	公私分明	3.05	
		不铺张浪费	2.99	√
		廉洁奉公	3.02	
效能	3.08	质量和效率并重	3.04	√
		有效的绩效引导	3.10	
		履职状况	3.10	

（四）清波街道居民的评价

清波街道居民对政府部门绩效各维度的评价均在3.2分以上（图8-27），其中，法治维度得分最高（3.76分），其余依次为服务维度（3.65分）、责任维度（3.58分）、效能维度（3.51分）和廉洁维度（3.27分），表明清波街道居民对政府绩效表现表示肯定。

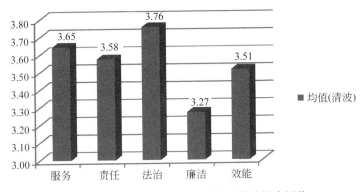

图8-27 清波街道居民对政府部门绩效综合评价

5个维度中各调查项目的得分结果显示（图8-28），清波街道居民对政府部门在依法行政和运用法律法规方面的绩效表现评价最高，分别为3.79分和3.77分；对政府部门在公私分明和不铺张浪费方面的评价略低,为3.23分和3.25分。但各项目的分值均高于3.2分,表明清波街道居民对政府部门绩效表现比较肯定。

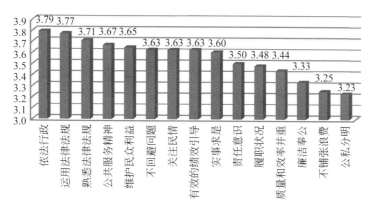

图8-28 清波街道居民对政府部门绩效分项评价

从清波街道居民对政府部门绩效评价的各维度均值和各项目均值来看,有7个项目均值低于其所属维度的均值(见表8-13中"√"项)。由此,政府部门在关注民情、责任意识、熟悉法律法规、公私分明、不铺张浪费、质量和效率并重和履职状况等方面,应加强改进。

表8-13 清波街道居民对政府部门绩效评价

维度	维度均值/分	调查项目	项目均值/分	低于维度均值
服务	3.65	关注民情	3.63	√
		公共服务精神	3.67	
		维护民众利益	3.65	
责任	3.58	责任意识	3.50	√
		不回避问题	3.63	
		实事求是	3.60	
法治	3.76	依法行政	3.79	
		熟悉法律法规	3.71	√
		运用法律法规	3.77	

续表

维度	维度均值/分	调查项目	项目均值/分	低于维度均值
廉洁	3.27	公私分明	3.23	√
		不铺张浪费	3.25	√
		廉洁奉公	3.33	
效能	3.51	质量和效率并重	3.44	√
		有效的绩效引导	3.63	
		履职状况	3.48	√

（五）望江街道居民的评价

望江街道居民对政府部门绩效各维度的评价均不低于3分（图8-29），由高到低依次为法治3.42分，服务3.36分，效能3.16分，责任3.11分和廉洁3.0分。这表明望江街道居民对政府部门绩效表示肯定。

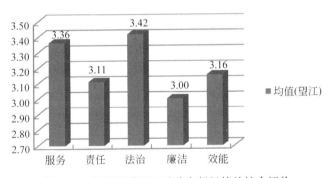

图8-29 望江街道居民对政府部门绩效综合评价

从5个维度中各调查项目的得分来看（图8-30），望江街道居民对绝大部分项目的评分较高，其中评价最好的为熟悉法律法规（3.65分），但对政府部门廉洁奉公和不铺张浪费两项的评价偏低，仅为2.94分和2.98分。

从望江街道居民对政府部门绩效评价的各维度均值和各项目均值来看，有9个项目均值低于其所属维度的均值（见表8-14中"√"项）。由此，政府部门在关注民情、维护民众利益、不回避问

第八章
上城经验总结：协同治理效果分析

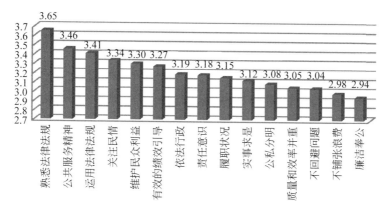

图 8-30　望江街道居民对政府部门绩效分项评价

题、依法行政、运用法律法规、质量和效率并重、履职状况、不铺张浪费和廉洁奉公等方面，尤其是后两方面，应当加强改进。

表 8-14　望江街道居民对政府部门绩效评价

维度	维度均值/分	调查项目	项目均值/分	低于维度均值
服务	3.36	关注民情	3.34	√
		公共服务精神	3.46	
		维护民众利益	3.30	√
责任	3.11	责任意识	3.18	
		不回避问题	3.04	√
		实事求是	3.12	
法治	3.42	依法行政	3.19	√
		熟悉法律法规	3.65	
		运用法律法规	3.41	√
廉洁	3.00	公私分明	3.08	
		不铺张浪费	2.98	√
		廉洁奉公	2.94	√
效能	3.16	质量和效率并重	3.05	√
		有效的绩效引导	3.27	
		履职状况	3.15	√

(六)紫阳街道居民的评价

紫阳街道居民对政府部门绩效各维度的评分较高(图 8-31),其中,服务和法治维度的得分最高,为 3.7 分;其次为效能维度(3.55 分);最后为责任(3.47 分)和廉洁维度(3.40 分)。

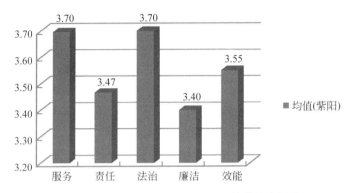

图 8-31　紫阳街道居民对政府部门绩效综合评价

从紫阳街道居民对 5 个维度中各调查项目的评分结果不难发现(图 8-32),各项得分均在 3.3 分以上,表明该街道居民对政府部门绩效表现表示肯定,其中得分最高的为公共服务精神(3.75 分)和熟悉法律法规(3.75 分);不回避问题的得分相对较低,为 3.31 分。

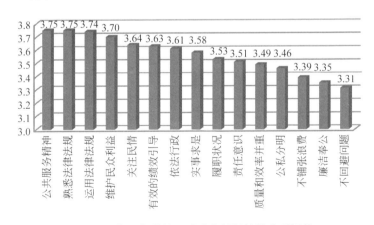

图 8-32　紫阳街道居民对政府部门绩效分项评价

如表 8-15 所示,在紫阳街道居民对政府部门绩效的评价中,有 7 个项目均值低于其所属维度的均值(见表 8-15 中"√"项)。由此,政府部门在关注民情、不回避问题、依法行政、不铺张浪费、廉洁奉公、质量和效率并重以及履职状况等方面,应当加强改进。

表 8-15　紫阳街道居民对政府部门绩效评价

维度	维度均值/分	调查项目	项目均值/分	低于维度均值
服务	3.70	关注民情	3.64	√
		公共服务精神	3.75	
		维护民众利益	3.70	
责任	3.47	责任意识	3.51	
		不回避问题	3.31	√
		实事求是	3.58	
法治	3.70	依法行政	3.61	√
		熟悉法律法规	3.75	
		运用法律法规	3.74	
廉洁	3.40	公私分明	3.46	
		不铺张浪费	3.39	√
		廉洁奉公	3.35	√
效能	3.55	质量和效率并重	3.49	√
		有效的绩效引导	3.63	
		履职状况	3.53	√

(七)南星街道居民的评价

南星街道居民对政府部门绩效各维度的评价情况较好(图 8-33),其中,居民认为政府部门在服务方面表现最好;其次为法治;最后为廉洁、责任和效能。

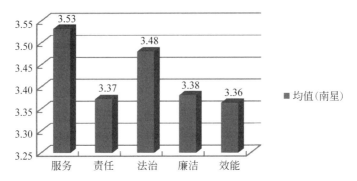

图 8-33　南星街道居民对政府部门绩效综合评价

各调查项目的得分情况显示(图 8-34),南星街道居民认为政府部门在维护民众利益方面表现最好(3.62 分),而得分最低的项目是实事求是(3.26 分),其余各项均介于两者之间。总体而言,南星街道居民对政府部门绩效表现表示肯定。

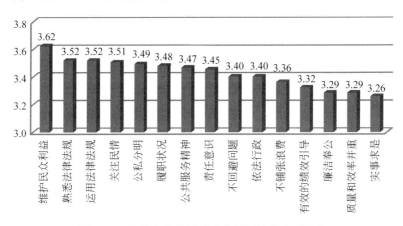

图 8-34　南星街道居民对政府部门绩效分项评价

从南星街道居民对政府部门绩效评价的各维度均值和各项目均值来看,有 8 个项目均值低于其所属维度的均值(见表 8-16 中"√"项)。由此,政府部门在关注民情、公共服务精神、实事求是、依法行政、不铺张浪费、廉洁奉公、质量和效率并重以及有效的绩效引导等方面,应当加强改进。

第八章 上城经验总结：协同治理效果分析

表 8-16　南星街道居民对政府部门绩效评价

维度	维度均值/分	调查项目	项目均值/分	低于维度均值
服务	3.53	关注民情	3.51	√
		公共服务精神	3.47	√
		维护民众利益	3.62	
责任	3.37	责任意识	3.45	
		不回避问题	3.40	
		实事求是	3.26	√
法治	3.48	依法行政	3.40	√
		熟悉法律法规	3.52	
		运用法律法规	3.52	
廉洁	3.38	公私分明	3.49	
		不铺张浪费	3.36	√
		廉洁奉公	3.29	√
效能	3.36	质量和效率并重	3.29	√
		有效的绩效引导	3.32	√
		履职状况	3.48	

（八）综合分析

表 8-17 总结了上城区各街道居民对政府部门绩效评价的综合分析情况，结果显示，社区居民对政府部门绩效整体持肯定态度，表明上城区政府在社会管理和公共服务方面的诸多努力得到了实际成效。

表 8-17　社区居民对政府部门绩效评价的综合分析

街道	维度均值/分	示范	改进
综合情况①	服务(3.45) 责任(3.26) 法治(3.47) 廉洁(3.15) 效能(3.27)	熟悉法律法规 公共服务精神 运用法律法规	廉洁奉公 不铺张浪费 质量和效率并重

· 293 ·

续表

街道	维度均值/分	示　范	改　进
湖滨	服务(3.31) 责任(3.13) 法治(3.29) 廉洁(2.84) 效能(3.03)	熟悉法律法规	廉洁奉公 不铺张浪费 质量和效率并重 公私分明 履职状况
小营	服务(3.23) 责任(3.06) 法治(3.28) 廉洁(3.02) 效能(3.08)	熟悉法律法规	不铺张浪费 廉洁奉公 不回避问题 责任意识 质量和效率并重 公私分明
清波	服务(3.65) 责任(3.58) 法治(3.76) 廉洁(3.27) 效能(3.51)	依法行政 运用法律法规 熟悉法律法规 公共服务精神 维护民众利益 不回避问题 关注民情 有效的绩效引导 实事求是	—
望江	服务(3.36) 责任(3.11) 法治(3.42) 廉洁(3.00) 效能(3.16)	熟悉法律法规 公共服务精神	廉洁奉公 不铺张浪费 不回避问题 质量和效率并重
紫阳	服务(3.70) 责任(3.47) 法治(3.70) 廉洁(3.40) 效能(3.55)	公共服务精神 熟悉法律法规 运用法律法规 维护民众利益 关注民情 有效的绩效引导 依法行政 实事求是	—

第八章　上城经验总结：协同治理效果分析

续表

街道	维度均值/分	示　　范	改　　进
南星	服务(3.53) 责任(3.37) 法治(3.48) 廉洁(3.38) 效能(3.36)	维护民众利益 熟悉法律法规 运用法律法规 关注民情	实事求是
频　次		熟悉法律法规(7次) 公共服务精神(4次) 运用法律法规(4次)	廉洁奉公(4次) 不铺张浪费(4次) 质量和效率并重(4次)

注：①请见图8-21及其相关内容。

同时，从表8-17中可以看出，在政府部门5个绩效维度上各街道居民的评价存在差异。因而，政府部门在施政中应更加注重考虑街道居民对社会管理和公共服务需求的差异性。

总体而言，社区居民认为政府部门在熟悉法律法规、运用法律法规和公共服务精神三个方面的绩效表现较好，而认为政府部门在廉洁奉公、不铺张浪费以及质量和效率并重三个方面的绩效表现有待进一步改进。

三、政府部门绩效：公务员感知与社区居民评价的比较分析

对于政府部门绩效，公务员的感知状况在所有5个维度上都好于社区居民的评价状况（图8-35），这种差异性由大到小依次为廉洁、责任、效能、服务和法治。可以从以下两方面来理解这个结果：一是信息差异，公务员与社区居民对政府部门工作了解的视角与程度不一样。二是角色差异，公务员是社会管理责任主体和公共服务供给方，社区居民是社会管理和公共服务的需求方。基于图8-35中的结果以及上述分析，对政府部门绩效，公务员感知和社区居民评价基本上相互一致并且相互支持，都持肯定态度。

进一步地，对于政府部门绩效5个维度中的各调查项目，公务员感知状况都好于社区居民评价状况。有两种情形值得重点

协同治理
杭州"上城经验"

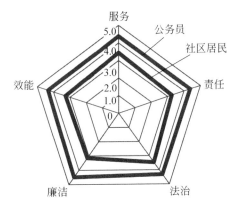

图 8-35 政府部门绩效：公务员综合感知与社区居民综合评价

关注：第一种情形，社区居民评价较低，公务员感知较好；第二种情形，社区居民评价较低，公务员感知较差。图 8-36 显示，"廉洁奉公"属于第一种情形，"不回避问题"属于第二种情形。为更加有效地提高政府部门绩效，在属于第一种情形的方面，应重点考虑改进政府部门的工作内容与对外工作方式；而在属于第二种情形的方面，应重点考虑改进政府部门的工作内容与对内管理方式。

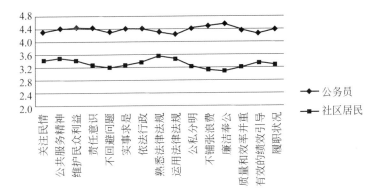

图 8-36 政府部门绩效：公务员分项感知与社区居民分项评价

第八章
上城经验总结：协同治理效果分析

第四节 政府绩效评价：居民幸福感①

政府部门履行社会管理和公共服务职能的根本目的是要增加人们的幸福感。幸福感是人们对自身生存和发展状况的感受和体验。幸福指数被视为当今世界社会运行状况和民众生活状态的"晴雨表"，以及社会发展和民心向背的"风向标"。②浙江财经学院《上城区幸福指数评价体系及居民幸福感研究报告》表明，对于城市区一级而言，最有可能影响个体幸福感的九大因素排序为：就业收入、社会保障、物价水平、身心状况、居住环境、婚姻家庭、子女抚养教育、社会治安、交通出行。③显然，这些因素中的大部分与政府的社会管理能力和公共服务供给水平存在密切联系。因此，本节以下内容采用浙江财经学院《上城区幸福指数评价体系及居民幸福感研究报告》的成果，以试图进一步反映上城区政府部门履行社会管理和公共服务职能的绩效情况。

上城区幸福指数测评体系由客观指标体系和主观指标体系两部分组成。④客观指标主要反映政府在改善民生、提高社区居民生活质量方面是否提供了充足的物质保障与完备的公共服务供给。上城区幸福指数的客观指标体系由个人、社会和地区三个层次组成，其中，个体层次包含四个维度，分别是收入与分配、社会保障与就业、医疗卫生与健康、教育与文化；社会层次包含一个维度，即社区参与和凝聚力；地区层次包含两个维度，分别

---

① 本节中的测评体系和测评结果来自：浙江财经学院（现为浙江财经大学）项目组.上城区幸福指数测评体系及居民幸福感研究报告，2012：11-15
② 韩振峰.幸福指数：社会评价的新指标.人民日报，2011-09-21，第7版
③ 浙江财经学院项目组.上城区幸福指数测评体系及居民幸福感研究报告，2012：11-15
④ 浙江财经学院项目组.上城区幸福指数测评体系及居民幸福感研究报告，2012：11-15

为社会服务与权益保障、社会人居环境。各个维度分设 4～7 个测量指标,并赋予不同权重(表 8-18)。客观测量指标的数据来自上城区各职能部门。

表 8-18 上城区幸福指数客观测评体系及指标权重

层次	维 度	测 量 指 标	权重/%
个体	收入与分配	地方财政收入	20
		单位在岗职工平均工资	30
		最高最低组别收入比	10
		家庭收入分配的恩格尔系数	20
		住房相关费用占家庭消费支出比率	20
	社会保障与就业	基本养老保险覆盖率	25
		三项基本医疗保险参保率	25
		最低生活保障标准与城乡人均消费支出比例	25
		登记失业率	25
	医疗卫生与健康	人均预期寿命	25
		每千人口医疗机构床位数	25
		人均拥有体育场地设施面积	25
		居民平均休闲时间	25
	教育与文化	义务教育规范化学校覆盖率	30
		高中阶段教育毛入学率	30
		每万人拥有公共文化设施面积	20
		年人均参与文化活动次数	20
社会	社区参与和凝聚力	居民参与街道社区文体活动比率	25
		特殊教育需求儿童人数	25
		暂住人口比率	25
		家庭与邻里纠纷受理数	25

续表

层次	维度	测量指标	权重/%
地区	社会服务与权益保障	每万人持证社工人数	15
		困难群众救助覆盖率	15
		每万人拥有城乡社区服务达标率	10
		法院案件法定审限内结案率	15
		劳动人事争议仲裁结案率	15
		行政复议案件按时办结率	15
		每万人行政效能投诉量	15
	社会人居环境	城市人均公共绿地面积	20
		街道卫生评分状况	20
		十五分钟生活服务圈评分状况	10
		万人治安和刑事警情数	20
		各类生产安全事故死亡人数	10
		食品和药品安全指数	20

上城区幸福指数主观测评体系包括个人发展、生活质量、精神生活、社会环境、政府服务、社会公平、人居环境等7个维度，共42个测量指标。指标设置及权重情况见表8-19。主观测量指标的数据通过问卷调查获得。

表8-19 上城区幸福指数主观测评体系及指标权重

维度	权重/%	测量指标	权重/%
自我价值实现	19.3	您对自己目前的工作或职业发展是否满意？	4.1
		您对自己当前的收入水平是否满意？	4
		您觉得自己在工作中的付出与所获得的报酬是否合理？	4
		您对您在事业上的发展前途是否有信心？	3.7
		近一年中，您对工作或学业上取得的成绩是否有成就感？	3.5

续表

维　度	权重/%	测量指标	权重/%
生活质量	19.1	您对当前上城区的医疗服务水平是否满意？	2.7
		您对当前上城区的社会保障水平是否满意？	2.6
		您对当前上城区的养老模式、养老服务是否满意？	2.5
		您对当前上城区的就业、再就业状况是否满意？	2.3
		您对当前上城区的子女受教育状况是否满意？	2.2
		您对您目前的住房状况是否满意？	1.9
		您觉得您所在的小区附近购物、买菜是否方便？	1.8
		您对目前上城区的公共交通出行状况是否满意？	1.7
		您对自身的文化程度是否满意？	1.4
身心健康	15.1	您认为您兴趣爱好是否广泛？	3.6
		您认为您的文化娱乐生活状况是否丰富？	3.6
		您对自己目前的心理健康状况是否满意？	2.8
		您对自己目前的身体健康状况是否满意？	2.6
		工作生活之余，您对属于自己的休闲娱乐时间是否满意？	2.5
家庭与社会关系	7.7	您认为您当前家庭成员之间的关系是否和睦？	2.7
		您对您当前的婚姻（爱情）状况是否满意？	2.6
		您对自己当前的人际社交关系状况是否满意？	2.4
社会环境	12.6	您对目前上城区的社会诚信状况是否满意？	2.0
		您对目前上城区的消费环境是否满意？	1.9
		您对目前上城区的生产、创业环境是否满意？	1.8
		您对上城区居民的文明程度是否满意？	1.8
		您对上城区的食品药品安全状况是否满意？	1.8
		您对目前上城区的物价水平是否满意？	1.7
		您对所在社区的社会治安状况是否满意？	1.6

第八章 上城经验总结：协同治理效果分析

续表

维　度	权重/%	测　量　指　标	权重/%
政府服务与社会公平	15.0	您对目前上城区的政务公开状况是否满意？	2.0
		您对目前上城区政府的工作效率是否满意？	2.0
		您对目前上城区的廉政建设状况是否满意？	2.0
		您对目前上城区政府的服务态度是否满意？	1.9
		您对目前上城区的司法公正状况是否满意？	1.9
		您对目前的个人权益保护状况是否满意？	1.8
		您认为当前上城区的民意诉求表达渠道是否畅通？	1.8
		您对目前的社会分配公平状况是否满意？	1.6
人居环境	11.2	您对目前上城区的环境卫生状况是否满意？	2.6
		你对目前上城区的绿化建设状况是否满意？	2.4
		您对目前上城区的空气质量状况是否满意？	2.3
		您对目前上城区的饮用水质量状况是否满意？	2.0
		您对居住地的社区配套设施及其提供的服务是否满意？	1.9

注：权重由回归分析和因子分析得到。

研究者于 2012 年 8 月至 9 月间，对上城区 18 周岁以上的户籍人口进行分层随机抽样，累计发放问卷 2 050 份，有效问卷 2 033 份。其中，男性占 45%，女性占 55%，被调查者的年龄分布如图 8-37 所示。

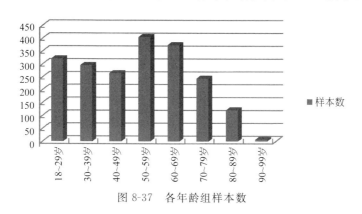

图 8-37　各年龄组样本数

在主观幸福指数调查问卷中,关于"假如幸福感最高是100分,您认为您现在的幸福可以打多少分"这个问题的得分结果显示(图8-38),19.6%的居民对自己的幸福自评分在91～100分之间;36.7%的居民对自己的幸福自评分在81～90分之间;26%的居民对自己的幸福自评分在71～80分之间;11.8%的居民对自己的幸福自评分在60～70分之间;5.9%的居民对自己的幸福自评分在60分以下。从图8-38可以看出,总体而言,上城区居民感觉是比较幸福的。

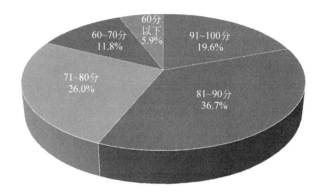

图8-38 上城区居民幸福自评分的分布

调查显示,居民的总体自我评估为3.48分(图8-39),显著高于临界值3分,而平均分在3分以上的有1 862人,占总体的91.6%,表明大部分居民对自己的生活表示满意。

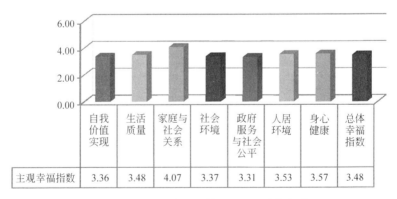

	自我价值实现	生活质量	家庭与社会关系	社会环境	政府服务与社会公平	人居环境	身心健康	总体幸福指数
主观幸福指数	3.36	3.48	4.07	3.37	3.31	3.53	3.57	3.48

图8-39 上城区幸福指数主观测量指标得分

第八章
上城经验总结：协同治理效果分析

观察不同年龄组的自评结果（图 8-40），可以发现，老年人群（60～69 岁、70～79 岁以及 80 岁以上）的自评得分普遍高于中年人群（40～49 岁、50～59 岁），而且，在老年人群的 3 个年龄组中，随着年龄的增大，总体幸福指数在增加（依次为 2.99 分、3.01 分、3.08 分）。这从一个侧面反映了上城区的养老工作成效明显。

进一步观察政府服务和社会公平指标（图 8-41），可以发现，居民对政府服务态度、个人权益保护状况、政府工作效率、政务公开状况、司法公正状况、民意诉求表达渠道和廉政建设状况的评分介于 3.27～3.47 分之间，表明居民在这些方面总体持比较满意的态度。社会分配公平状况为 2.98 分，低于其他各项指标，尽管提高社会分配公平状况不是一朝一夕可以实现，但政府部门仍需致力于加强社会分配公平。总体而言，社区居民对政府工作的表现及其产生的社会效益给予了相对积极的评价，表明上城区与提升政府绩效相关的各项工作取得了较好的效果。

此外，社区居民对上城区的社会治安状况和居民文明程度的满意度评分最高，分别为 3.63 分和 3.54 分，表明居民对上城区在这两方面的表现给予了最大的肯定，居民群众能够在日常生活中体验到归属感、安全感与和谐的氛围。

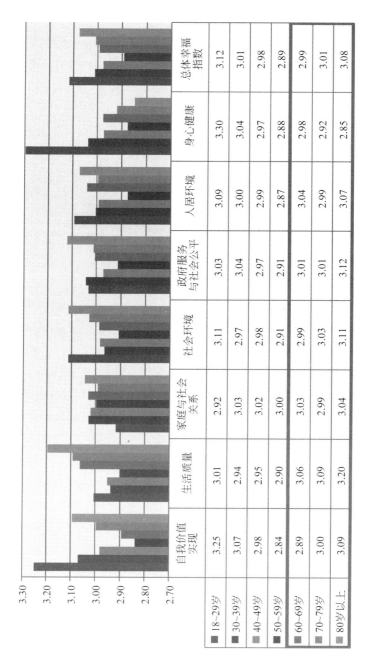

图 8-40 上城区幸福指数主观测量指标得分——按年龄层的分布

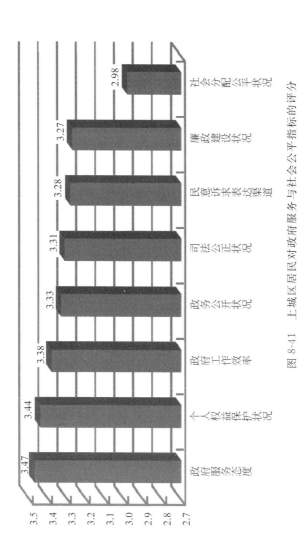

图 8-41 上城区居民对政府服务与社会公平指标的评分

第九章　结论：上城经验的启示

第一节　构建政府、企业、社会关系新格局

全球化、信息化和网络化使得国内外形势的变化更加快速、广泛和深刻,内外部矛盾更加复杂,不稳定、不确定因素有所增加,社会管理和公共服务问题不再仅仅局限于有限的时间、空间内,而是通过各种方式迅速扩散和蔓延,给现阶段城市社会治理带来新的挑战。

上城区的社会管理和公共服务实践经验显示,由于经济社会发展、人民生活水平提高和人

第九章
结论：上城经验的启示

口老龄化加剧等因素的综合影响，城市社会需求表现出复杂性、规模性和多样性特征。复杂性是指协调不同社会主体之间的关系，提高不同社会阶层之间的流动性，从而减少不同社会地位之间的差异性，增强不同文化之间的包容性。规模性是指社会管理服务对象不再局限于本地户籍居民，而是包括所有的户籍居民、新居民和流动人口，社会管理服务覆盖的人口规模日益增大。多样性是指社会需求不再局限于治安、卫生、基础设施维护等传统领域，而是包括养老服务、社区文化、社会组织建设等新型领域，同时，社会管理服务需要体现对于个性化需求的针对性。

上述特征共同形成了城市社会管理和公共服务的三大困难：一是人民群众更高、更新、更广的社会管理和服务需求与区级政府可支配公共资源的稀缺性之间的矛盾；二是社会管理与公共服务供给的普惠性和个性化同供给的公平与效率之间的矛盾；三是政府自身在履行社会管理职能时所面临的优化结构、完善运作机制、提升部门绩效等方面的现实挑战。

社会管理和公共服务的内涵包括城市管理、社会保障、社区和社会组织建设、公共卫生、应急管理等，涵盖就业、医疗、住房、教育、养老等民生问题的方方面面，牵动着人民群众最关心、最直接、最现实的利益问题，关系社会和谐稳定、党的执政地位、国家长治久安和人民安居乐业。目前，城市社会管理和公共服务主要有三个方面的问题需要改进：一是信息不全；二是多头管理；三是在执行中缺乏协调。上城经验表明，要更好地实现管理和服务的双重目标，切实做到责任全覆盖、管理无缝隙、情况全掌握、服务无遗漏，就必须创新社会管理和公共服务机制，更好地发挥政府、企业、社会在管理和服务中的作用。

政府与企业、政府与社会组织的协同，是缓解政府在社会管理方面的资源困境，减轻政府社会管理供给压力，提高政府社会管理服务质量的有效方式。政府在协同治理中发挥主导作用，根据社会需求情况，制定战略和规划，对辖区内社会管理资源和任务进行统一分配和协调。政府需要在规范市场主体行为，有效培育社会组织的基础上,健全政府、企业、社会三方协作机制,充分发挥社会力量在社会管理和公共服务领域的作用,从制度建设的高度建立起一个政府、企业、社会三元互动的治理体系,让政府、企业和社会能够充分发挥各自优势,实现资源整合、信息共享和责任分工,以更好地回应社会需求,逐步实现从管理到治理的有效转型。

为发展完善政府、企业、社会协同治理体系,必须重点做好以下三个方面的工作:一是健全政府、企业、社会三方协作机制,发展公私伙伴关系,完善相关法律和法规,提高监管水平,促进利益相关方积极参与,切实保障利益相关方的合法权益;二是充分有效运用信息和网络技术,改进行政服务方式,构建服务社会大众用户的信息化平台,健全公众参与机制,加强政府与社会互动,提升政府管理透明度;三是注重建设与维护良好的行政文化,包括政府部门成员共享的职业道德、价值准则和行为规范,从而增强政府部门成员之间的信任和凝聚,促进政府部门成员之间的协同与合作。

第二节 优化政府部门结构与运作

上城区的创新实践表明,微观层面政府部门结构与运作的良好表现,是宏观层面政府、企业、社会协同治理关系顺畅高效运转的必要保障。对于城市区级政府而言,要加强政府部门结构与运作,可从以下四个方面开展工作:

一、更好地发挥行政文化在政府履职过程中的作用

行政文化依托于政府部门而存在,对政府部门绩效具有显著、直接的影响。行政文化建设是一个更高层面的、在一定程度上真正实现政府职能转变的关键环节。政府部门在履行社会管理职能过程中,如果能够建设与维护良好的行政文化,有助于增强政府部门成员之间的信任和凝聚力,提高政府部门成员工作的积极性和主动性,改善政府部门成员的工作态度,促进政府部门成员之间的

协同与合作,从而确保政府部门履行社会管理职能的长期性和有效性。

行政文化有三个重要组成部分:一是职业伦理,即政府部门需要为在公共部门工作的人员制定一个符合社会需要的伦理体系;二是价值准则,即在社会管理过程中,建立一套符合当前核心价值观的价值标准;三是行为规范,即为公共部门的工作人员建立一套行政活动中必须遵循的规则、准则和具有一般约束力的行为标准。在行政文化建设层面,为确保行政文化能够真正渗透到公务员的日常工作中,应当通过人们喜闻乐见的形式,如典型事迹报告、纪录片、宣传展板等,通过潜移默化的影响,实现公务员的文化自觉。

二、更好地改革完善行政机构以优化政府社会管理效能

区级政府应当认真学习领会中央通过机构改革和职能转变优化行政管理体制机制的理念、思路和做法,结合区情,理顺职责,优化流程,按照中央的改革要求,做好与社会管理相关的政府部门的整合。整合过程中应当避免形式主义,避免办公场所和部门科室的机械合并,进一步明确权责分工,加强业务沟通,整合行政资源,强化部门协调,注重干部队伍整体培养和管理制度的配套改革,使部门整合取得实质、充分和持续的成效,实现优化政府社会管理职能的目标。

在机构改革的基础上,区级政府应当进一步探索相对成熟的部门间合作机制,从而强化部门合作的深度和广度。在社会管理领域,应当重点关注四个方面的部门合作机制建设:一是法律法规或政策条文明确规定需要多个部门共同负责的事项的管理;二是法律法规或政策条文没有明确规定,部门职责相对模糊,同时又缺乏约定俗成的办事准则的事项的管理;三是部门之间利益冲突明显或无相关利益,但又需要多个部门共同完成的事项的管理;四是条块分割明显,却又需要各相关部门协同应对的事项的管理。

在建立合作机制的过程中,应重点考虑以下五个方面:一是

合作过程中各部门的职责是否清晰,分工是否明确,是否覆盖到问题处理所可能涉及的所有方面;二是明确指定为所有合作单位所共同认可的牵头部门,负责合作各方的日常联络、过程安排和结果上报;三是明确各个部门是否有充足的资源和能力来完成合作过程中分派的任务;四是合作过程应当受到上级领导、监督部门和相关人员的监督和反馈;五是在合作过程中出现问题,应当追究各部门的连带责任。

三、更好地发挥信息和网络技术在社会管理中的作用

信息和网络技术的发展对政府社会管理提出了新的要求和挑战。政府部门应当充分有效运用信息和网络技术,改进行政服务方式,构建服务社会大众用户的信息化平台,健全公众参与机制,加强政府与社会互动,提升政府管理透明度。应充分借助信息和网络技术,实现数据收集、数据共享和数据挖掘三个方面的重要功能。完善数据收集渠道、数据库建设和数据收集工作机制,确保收集数据的动态性、及时性、准确性以及数据存储、管理、交互和使用的安全性;加强数据共享机制建设,通过平台融合、数据库对接、云计算等手段,提高政府数据中心的运行效率,降低数据中心的运行成本;运用科学、先进的数据挖掘技术,充分挖掘大数据背后的内在规律和价值,为政府部门科学决策提供信息支撑。

四、更好地完善制度建设,逐步建立社会公平保障体系

政府部门应该努力实现和维护社会公平正义,逐步建立以权利公平、机会公平和规则公平为主要内容的社会公平保障体系,使全体居民能够在经济社会发展中实现平等参与、平等竞争、平等发展和平等享有。唯有如此,以居民群众的权益和福利为导向的社会管理工作才能得到长期切实有效的推进。在制度建设层面,应当重点考虑三个方面:一是加强制度制定过程的科学性和合理性;二是在制度形成阶段,充分考虑和吸纳利益相关者的观点和建议;三是从制度制定完成到正式实施期间,应当通过多种形式加强

第九章
结论：上城经验的启示

前期宣传,确保公务员和居民群众对制度的实施及其影响形成正确认识。

第三节 公众舆论、国民素质与诚信文化

世界各国的发展经验证明,一个国家或地区的价值体系、国民素质、历史传统和文化习俗等人文环境越优越,协同治理效果和政府绩效就会越好。为营造更为有利的协同治理社会环境,必须大力培育社会主义核心价值体系,弘扬社会主义核心价值观,提升全体国民对社会主义核心价值体系和价值观的内在认同。社会主义核心价值体系和价值观是巩固全党全国各族人民团结奋斗的共同思想基础,体现了爱国主义的民主精神和改革创新的时代精神,体现了先进文化的前进方向和人类有益的文明成果,反映了社会主义荣辱观,为全民族提供了团结和睦与奋发向上的精神动力。现阶段,可以重点从规范公众舆论、提升国民素质和培育诚信文化三方面入手开展工作：

一、形成更加积极的公众舆论

公众舆论是公众对其关切的人物、事件、现象、问题和观念的信念、态度和意见的总和,公众舆论的普及面广、渗透力强、影响力大、持续性长,容易引起更加广泛的关注、追随和共鸣,并且可能对事态发展产生影响。理性的公众舆论能够发挥积极有效的社会监督作用,传播社会进步的知识和能量,激发民间智慧,形成社会自律,督促公权力的公开透明运转；非理性的公众舆论可能引发偏见、谴责和反对等负面情绪,干扰社会秩序,威胁社会稳定,需要加以避免。大众媒体是公众获取信息的主要渠道之一,从而对公众舆论产生直接影响。因此,大众媒体需要不断进行自我完善,以人民群众喜闻乐见的形式进行传统美德和价值体系的传播和引导,以专业化、建设性的态度报道与人民群众切身利益息息相关的问

题,客观、真实、及时地反映人民心声,通达社情民意,疏导公众情绪。

二、培育更加优良的国民素质

国民素质是国民思想面貌、道德水平、心理素质、健康状况、公民意识、敬业精神和业务能力等的综合呈现,是全面实现社会主义现代化建设的基石。良好的国民素质能够提高劳动生产率,缓和经济社会转型过程中面临的矛盾和冲突,降低社会风险的发生概率,净化社会环境和社会氛围。深化国民教育体系改革,以更加有效地发挥国民教育体系在提升国民素质中的基础性作用。加强社会伦理价值构建,以更加有效地发挥社会伦理价值在提升国民素质中的规范性作用。扩大时代典型人物宣传,以更加有效地发挥时代典型人物在提升国民素质中的引领性作用。

三、建设更加先进的诚信文化

"诚信"是指诚实无欺,讲求信用。诚信文化是指与诚信相关的道德风俗、意识形态、价值观等非正式约束。诚信文化不同于法律、条例等正式约束,在大多数情况下并无明确的条文及强制力量而是通过舆论、集体价值取向、道德评判等方式来规范人们的活动。在市场经济条件下,诚信文化对于支配和调节个人、政府、企业、社会各类主体之间关系和行为具有不可忽视的重要作用。诚信文化是先进文化的组成部分,是中华民族优秀传统文化最主要的内容之一。诚信文化建设需要"守信光荣、失信可耻"的社会氛围,需要互惠共赢的社会观念,需要自律与他律相结合的社会机制。在新时期,要把诚信文化建设作为一项社会系统工程来抓,调动一切社会力量,形成一股合力来共同推进。要把诚信文化建设纳入个人人生观与价值观的培育过程。要把诚信文化建设纳入企业文化建设,增强企业的社会责任感。要把诚信文化建设纳入行政文化建设,提升政府的公信力。

附录 A　中国政府部门结构与运作调查问卷

一、问卷设计背景

现阶段的中国政府部门结构与运作涌现出大量鲜活的实践活动,作为处于快速发展阶段、工业化和现代化进程中的发展中国家,中国的实践无疑为公共管理研究者们提供了丰富而宝贵的一手素材。回顾国内公共管理学科发展历程,不难发现,从 20 世纪 80 年代以来,国内已有大批学者置身于政府部门结构与运作研究,并发表了一系列的文章和著作。[①] 但遗憾的是，由于缺乏有效的研究工具或缺乏规范研究方法的训练，大部分研究较之于规范化道路尚存距离。

其中，针对政府部门结构与运作的定量研究更是少之又少。政府部门结构与运作无法通过宏观统计数据来反映和测度，因此这方面定量研究的前提是量表的设计。问卷调查法具有快速搜集高质量数据、对被调查者主观干扰小、经济成本低廉等特点，因此是公共管理类实证研究常用的数据收集方法。[②] 但问卷设计的质量会影响被调查者对问卷的理解和填写问卷的态度，问卷的信度和效度则会影响研究者所希望采集的数据的质量。因此，拥有一套设计完善且具备较高信度和效度的问卷，对于社会科学的实证研究至关重要。

问卷调查较为便利的途径是沿用现成的量表，因为现成的量表普遍经过信度和效度检验，尤其是多次重复使用的量表，一般具有较强的参考价值。但由于语言、文化和概念等的差异，直接沿用国外的量表，可能存在较大的测量失真的风险。国内目前测量政府部门结构与运作的成熟量表极为匮乏，宋雅琴、王有强、张楠在这个领域进行了探索性的尝试，他们设计的量表包含4个潜变量和20个测量变量，4个潜变量分别为部门间关系、部门制度建设、部门文化和部门内部绩效感知。测量标量的选取综合考察了中国政府部门间关系现状和国外学者在测量相同或相似变量时使用的语句。当然，研究者本身也指出在测量指标的扩展和细化上，还有很大空间。[③]

在反思中国政府部门结构与运作定量分析缺乏的现状后，研

---

① 叶林.中国公共管理研究的国际化道路.公共管理的未来十年.上海：上海人民出版社，2012：107-108

② 陈晓萍，徐淑英，樊景立.组织与管理研究的实证方法(第二版).北京：北京大学出版社，2012：190

③ 宋雅琴，王有强，张楠.政府绩效视角下的行政管理体制改革战略反思——基于地方政府公务员的感知调查.公共管理学报，2012(4)：10

附录 A
中国政府部门结构与运作调查问卷

究者致力于在前期探索的基础上,设计开发一套能够较好反映政府部门结构与运作的量表,为该领域的比较研究提供一般化的测量工具,也为相关领域的学者进行类似的研究提供一套实用性较强的测量方法。

二、问卷设计思路

研究设计了政府和居民两套问卷。政府问卷划分为结构、运作和绩效三个部分,分别对应着结构与运作分析框架的核心内容。综合考虑两方面因素:一方面,社会需求无法从政府问卷调查中得出;另一方面,社区居民是基层政府的社会管理和公共服务的直接受众,因此,结合政府问卷配套设计了居民问卷。居民问卷由需求和绩效两部分构成,其中绩效部分的设计思路与政府问卷相同,目的在于从政府部门内部和外部两个不同视角对政府部门的结构与运作情况进行全方位考察,但由于调查对象不同,文字表述上略有差异。

(一)结构与运作部分的设计与测量

结构与运作部分是政府问卷的主体内容,根据组织理论的相关研究和政府部门的实践经验,结构被划分为分工、协作和制衡三个潜变量,运作包含了制度、技术和文化三个潜变量。

在测量指标的设计中,反映型指标和构成型指标①均能用于测量理论构念,即潜变量。其中,反映型指标是理论构念的外在表现形式,随着构念的改变而改变,且反映型指标之间因为存在较多的共同成分而存在共同变异。由于认知的局限性和差异性,因此

---

① 反映型指标:测量指标是理论构念的外在表现形式,如知觉到的组织支持这个构念,可以用重视员工福利、为员工提供有意义的工作、改善员工的工作环境、关心员工的成长这组反映型指标来测量。反映型指标考虑测量过程中存在的误差,因此选择多个拥有共同成分的指标来测量同一个构念,以使测量结果更加接近客观现实。
构成型指标:测量指标的组合才能表现出完整的理论构念,如个人的社会经济地位,需要从教育水平、工资收入、家庭背景不同方面来共同决定。构成型指标存在概念模糊性、信度系数难以评估、统计不精确和构念效度难以推断等问题,在使用中会影响到测量质量。

通常会选取多个反映型测量指标来表征同一个构念,这些指标在内容上可以相互替换,但使用多个反映型测量指标能够消除单一指标的误差。相比而言,构成型指标测量的是构念的不同方面,一组指标的整合才能形成构念的全部意义,使用构成型指标潜在的假设是每个指标对构念的测量不存在误差。综合概念的清晰性、信度和效度的可评估性、统计的准确性和因果关系的明确性等诸多因素,[①]研究者在结构与运作部分构念测量中,均采用反映型指标。

分工是提升绩效所依托的部门工作分配状态。分工是部门存在的前提,测量分工潜变量的 5 项反映型指标均为有利于提升绩效的分工状态的外在表现。分工潜变量的测量指标和指标说明详见附表 A-1。

附表 A-1　分工潜变量的测量指标及其说明

测量指标	指标说明
1. 您部门承担的分工合理	(1) 分工合理:在统筹全局的状态下,任务分配给部门 A 比分配给其他任何部门更优; (2) 分工合理程度越高,反映出部门现阶段的分工状态越接近有利于提升绩效的分工状态
2. 您部门承担的分工明确	(1) 分工具体明确:当任务分配给部门 A 后,部门 A 能够理解并领会任务的具体要求; (2) 分工越具体明确,反映出部门现阶段的分工状态越接近有利于提升绩效的分工状态
3. 您部门有足够的资源来完成分工	(1) 分工不能停留在口头或纸面,有效的分工必然是能够付诸实施的; (2) 资源:部门 A 完成任务所需要的各种条件,包括与职责相匹配的权力和业务能力等; (3) 资源越充足,意味着完成任务的可能性越强,反映出部门现阶段的分工状态越接近有利于提升绩效的分工状态

---

① 陈晓萍,徐淑英,樊景立. 组织与管理研究的实证方法(第二版). 北京:北京大学出版社,2012:325,327-328

附录 A
中国政府部门结构与运作调查问卷

续表

测量指标	指标说明
4. 遇到工作交叉时,我们清楚自己部门的边界	(1) 分工不意味着部门间不存在职责交叉;出现职责交叉时,仍然可以通过分工明确各个部门的边界;① (2) 遇到工作交叉时,越清楚自己部门的边界,反映出部门现阶段的分工状态越接近有利于提升绩效的分工状态
5. 遇到工作交叉时,有明确的牵头部门	(1) 当出现职责交叉时,不仅需要考察部门边界是否清晰,还需要对牵头部门和相关部门加以区分; (2) 遇到工作交叉时,牵头部门越明确,反映出部门现阶段的分工状态越接近有利于提升绩效的分工状态

注:测量指标的编号对应问卷中的题号数,下同。

协作是提升绩效所依托的部门间协调配合的互动关系。分工与协作相辅相成,缺一不可。分工是组织产生效率的前提,但组织本身就是一个协作系统,只有在分工基础上进行协作,才有可能实现绩效。测量协作潜变量的 5 项反映型指标均为有利于提升绩效的协作关系的外在表现。协作潜变量的测量指标和指标说明详见附表 A-2。

附表 A-2　协作潜变量的测量指标及其说明

测量指标	指标说明
6. 遇到工作交叉时,牵头部门能负起组织协调责任	(1) 考察牵头部门对相关部门所发挥的作用; (2) 遇到工作交叉时,牵头部门越能负起组织协调责任,反映出部门现阶段的协作关系越接近有利于提升绩效的协作关系
7. 遇到工作交叉时,相关部门能积极主动配合	(1) 考察相关部门对牵头部门的回应性; (2) 遇到工作交叉时,相关部门越能积极主动配合,反映出部门现阶段的协作关系越接近有利于提升绩效的协作关系

---

① 工作交叉是政府部门的惯常现象,包括两种情况:一是必要的交叉,即多个部门同时负有某项职责,共同完成某项任务;二是不必要的交叉,即因职责划分不清而造成的职责交叉或重叠。

续表

测量指标	指标说明
8. 部门间容易建立合作关系	(1) 工作不交叉时,部门间同样需要保持协作; (2) 部门间越容易建立合作关系,反映出部门现阶段的协作关系越接近有利于提升绩效的协作关系
9. 部门间合作过程顺畅	(1) 考察在工作不交叉领域建立合作关系后,合作过程的顺畅程度; (2) 部门间合作过程越顺畅,反映出部门现阶段的协作关系越接近有利于提升绩效的协作关系
10. 现行协调机制健全完善	(1) 在考察部门显现出来的协调关系的同时,还需要考察协调机制本身;换言之,第6~9题考察的是"游戏"的结果,而第10题考察的是"游戏规则"; (2) 好的协作关系必然由健全的协调机制做支撑,反之不然; (3) 现行协调机制越健全完善,反映出部门现阶段的协作关系越接近有利于提升绩效的协作关系

制衡是部门职责之间的牵制或提升绩效所施加的部门行为规范的效果。制衡既强调制约,又强调平衡,制衡的目的是规范部门行为;实现绩效离不开有效的制衡。测量制衡潜变量的5项反映型指标均为实现绩效所不可或缺的制衡效果。制衡潜变量的测量指标和指标说明详见附表A-3。

附表A-3 制衡潜变量的测量指标及其说明

测量指标	指标说明
11. 部门重大决策公开透明	(1) 对事的制衡表现为对决策的制衡和对执行的制衡,此处考察的是对重大决策的制衡效果; (2) 部门重大决策越公开透明,反映出部门现阶段所受制衡的效果越接近实现绩效所不可或缺的制衡效果
12. 部门人事安排公开透明	(1) 人事安排:聘用、选任、任务安排等; (2) 部门人事安排越公开透明,反映出部门现阶段所受制衡的效果越接近实现绩效所不可或缺的制衡效果

附录 A
中国政府部门结构与运作调查问卷

续表

测 量 指 标	指 标 说 明
13. 财务管理部门对部门经费使用情况能进行有效监督	(1) 此处考察的是对部门经费使用情况的制衡； (2) 财务管理部门对部门经费使用情况越能进行有效监督，反映出部门现阶段所受制衡的效果越接近实现绩效所不可或缺的制衡效果
14. 公务执行过程中的规则和程序健全完善	(1) 此处考察对执行的制衡，规则和程序限制了使用自由裁量权时可能出现的随意性； (2) 公务执行过程中的规则和程序越是健全完善，反映出部门现阶段所受制衡的效果越接近实现绩效所不可或缺的制衡效果
15. 公务员纪律约束的有效性好	(1) 纪检部门的存在表明了对公务员进行纪律约束的重要性； (2) 公务员纪律约束的有效性越好，反映出部门现阶段所受制衡的效果越接近实现绩效所不可或缺的制衡效果

技术是提升绩效所使用的手段和方法。技术（包括现代通信技术、信息技术和管理技术等）能够通过降低成本或提高产出来提升绩效。测量技术潜变量的 5 项反映型指标均为有利于提升绩效的技术使用情况的外在表现。技术潜变量的测量指标和指标说明详见附表 A-4。

附表 A-4　技术潜变量的测量指标及其说明

测 量 指 标	指 标 说 明
16. 使用电脑来管理业务数据	(1) 考察计算机技术的使用情况； (2) 使用电脑来管理业务数据的程度越高，反映出部门现阶段使用技术的情况越接近有利于提升绩效的技术使用情况
17. 部门间通过网络开展工作交流	(1) 考察网络技术在内部工作交流中的使用情况； (2) 部门间通过网络开展工作交流的程度越高，反映出部门现阶段使用技术的情况越接近有利于提升绩效的技术使用情况

续表

测量指标	指标说明
18. 通过网络平台搜集需求信息	(1) 考察网络技术在需求搜集中的使用情况； (2) 通过网络平台搜集需求信息的程度越高，反映出部门现阶段使用技术的情况越接近有利于提升绩效的技术使用情况
19. 部门工作的技术（电子、网络、通信等现代技术）需求得到满足	(1) 考察部门的技术欠缺情况； (2) 部门工作的技术（电子、网络、通信等现代技术）需求得到满足的程度越高，反映出部门现阶段使用技术的情况越接近有利于提升绩效的技术使用情况
20. 部门工作标准明确规范	(1) 考察管理技术的使用情况； (2) 部门工作标准越是明确规范，反映出部门现阶段使用技术的情况越接近有利于提升绩效的技术使用情况

制度是提升绩效所共同遵守的办事规程或行动准则。制度为实现绩效提供基本保障。测量制度潜变量的5项反映型指标均为有利于提升绩效的制度设计。制度潜变量的测量指标和指标说明详见附表A-5。

附表 A-5　制度潜变量的测量指标及其说明

测量指标	指标说明
21. 部门日常工作管理制度好	(1) 考察日常管理制度； (2) 部门日常工作管理制度越好，反映出部门现阶段的制度设计越接近有利于提升绩效的制度设计
22. 部门的人事考评制度公平	(1) 考察人事考评制度； (2) 部门的人事考评制度越公平，反映出部门现阶段的制度设计越接近有利于提升绩效的制度设计
23. 部门的财务管理制度规范	(1) 考察财务管理制度； (2) 部门的财务管理制度越规范，反映出部门现阶段的制度设计越接近有利于提升绩效的制度设计

续表

测量指标	指标说明
24. 部门决策过程体现民主与集中相结合	(1) 考察民主集中制度； (2) 部门决策过程越能体现民主与集中相结合，反映出部门现阶段的制度设计越接近有利于提升绩效的制度设计
25. 部门的责任追究机制健全	(1) 考察问责制度； (2) 部门的责任追究机制越健全，反映出部门现阶段的制度设计越接近有利于提升绩效的制度设计

文化是高绩效政府部门所蕴含的价值观念、思维方式和行为特征。文化能够对人的心理和认知产生潜移默化的影响，文化有时比显性的制度更能激发人的工作动力。测量文化潜变量的5项反映型指标均为有利于提升绩效的文化氛围。文化潜变量的测量指标和指标说明详见附表A-6。

附表A-6 文化潜变量的测量指标及其说明

测量指标	指标说明
26. 部门同事工作认真踏实	部门同事工作越是认真踏实，反映出现阶段的部门文化越接近有利于提升绩效的文化氛围
27. 同事认同部门工作的社会价值	同事越是认同部门工作的社会价值，反映出现阶段的部门文化越接近有利于提升绩效的文化氛围
28. 同事看重社会对部门工作的口碑	同事越是看重社会对部门工作的口碑，反映出现阶段的部门文化越接近有利于提升绩效的文化氛围
29. 部门同事之间相互尊重、理解、支持	部门同事之间越能相互尊重、理解、支持，反映出现阶段的部门文化越接近有利于提升绩效的文化氛围
30. 部门同事工作积极	部门同事工作积极性越高，反映出现阶段的部门文化越接近有利于提升绩效的文化氛围

综上所述，政府问卷的结构与运作部分共包含6个潜变量，每个潜变量分别通过5个反映型指标来测量，这些反映型指标分别

从不同方面反映出潜变量的外在表现,以此在测量指标的设计环节尽可能减少反映型指标在测量潜变量时的综合误差。

(二) 绩效部分的设计与测量

结合诸多的绩效研究,不难发现,绩效分析的视角有助于科学反映政府部门结构与运作的实际效果。绩效测量方式的研究是政府绩效研究的重要组成部分,但设计、选择和测量绩效指标并非易事。

首先,设定目标是绩效管理的前提,但清楚地定义客观、量化和可测量的绩效目标并非易事;①其次,绩效测量的是政府公共投入所产生的社会效果及其创造的公共价值,②但社会效果和公共价值的概念尚无定论;最后,政府部门提供的服务包罗万象,但管理和服务手段具有无形性、不定型性、模糊性和多变性,其质量难以监控,两者的变化所引发的社会效果和公共价值的改变通常也难以觉察。③

一项简单的公共服务所产生的绩效可能是复杂而多元的,所以在不同情境下,绩效的具体表现形式不尽相同;同时,随着政府行政目标的转移或搜集信息能力的增强,绩效测量体系也需要进行适应性的调整或发生动态性的变化;因此,并不存在典型的、模式化的绩效测量体系。④ 具体而言,经济领域的政府绩效可能表现为健全的市场机制、低水平的政府干预、良性的制度环境和较低的税费;也可能表现为高质量的行政水平、有效的公共物品和服

---

① Kravchuk, Robert S., and Ronald W. Schack. Designing Effective Performance-Measurement Systems under the Government Performance and Results Act of 1993. Public Administration Review, Vol. 56, No. 4 (1996): 348-358

② 马国贤. 公共支出的绩效管理与绩效监督研究(上). 财政监督. 2005(1): 16-18

③ Ghobadian, Abby, and John Ashworth. Performance measurement in Local Government-Concept and Practice. International Journal of Operations & Production Management, Vol. 14, No. 5 (1994): 35-51

④ Ghobadian, Abby, and John Ashworth. Performance measurement in Local Government-Concept and Practice. International Journal of Operations & Production Management, Vol. 14, No. 5 (1994): 35-51

供给、有效的财政开支和民主化的运作方式等。值得一提的是,尽管绩效指标必须具有可测量性,但必要时定性指标也需要被纳入绩效测量体系当中,否则,单纯的定量指标可能会产生以偏概全的后果。①②

在缺乏统一的绩效测量体系或绩效管理方法的情况下,如何避免绩效指标设计时的任意性?学者提出了有效绩效管理体系的十项原则:

一是明确清晰、一致的使命、战略和目标;

二是制定详尽的测量规划;

三是考核对象的参与;

四是结构的合理化;

五是必要时设计差异化的测量指标;

六是在整个管理、服务或项目进程中考虑服务对象的需求和感受;

七是让考核对象充分了解绩效信息;

八是定期回顾和修订绩效体系;

九是兼顾纵向和横向因素;

十是避免信息冗余。③

这十项原则对于绩效变量设计具有一定的指导意义。当然,绩效变量的设计必须反映中国国情。中国共产党第十七届中央委员会第二次全体会议通过了《关于深化行政管理体制改革的意见》(以下简称《意见》),《意见》在深化行政管理体制改革的指导思想部分提出,要"按照建设服务政府、责任政府、法治政府和廉洁政府

---

① 马国贤. 公共支出的绩效管理与绩效监督研究(上). 财政监督,2005(1):16-18

② Ghobadian, Abby, and John Ashworth. Performance measurement in Local Government-Concept and Practice. International Journal of Operations & Production Management. Vol.14,No. 5 (1994):35-51

③ Kravchuk, Robert S., and Ronald W. Schack. Designing Effective Performance-Measurement Systems under the Government Performance and Results Act of 1993. Public Administration Review,Vol. 56,No. 4 (1996):348-358

的要求,着力转变职能、理顺关系、优化结构、提高效能,做到权责一致、分工合理、决策科学、执行顺畅、监督有力,为全面建设小康社会提供体制保障"。充分结合《意见》精神和绩效管理的理论和学术研究,我们将绩效划分为服务、责任、法治、廉洁和效能五个维度。各绩效维度同样使用反映型指标来测量。

服务政府是对民情的关注、公共服务精神和维护民众利益等的综合特征。测量服务政府潜变量的 3 项反映型指标均为服务政府的组成部门的外在特征。服务政府潜变量的测量指标和指标说明详见附表 A-7。

附表 A-7 服务政府潜变量的测量指标及其说明

测量指标	指标说明
31. 部门同事对民情的关注程度高	(1) 通过对民情的关注程度考察服务意识; (2) 对民情的关注程度可以不限于与民众直接打交道的部门; (3) 部门同事对民情的关注程度越高,反映出现阶段部门的特征越接近服务型政府的组成部门的外在特征
32. 部门同事在工作中体现了为民服务的公共服务精神	(1) 考察政府部门的公共服务精神; (2) 部门同事的公共服务精神不限于与民众直接打交道的部门; (3) 部门同事在工作中越能体现为民服务的公共服务精神,反映出现阶段部门的特征越接近服务型政府的组成部门的外在特征
33. 部门同事能从维护民众利益的角度做好本职工作	(1) 考察在工作中体现维护民众利益的程度; (2) 部门同事从维护民众利益的角度做好本职工作不限于与民众直接打交道的部门; (3) 部门同事越能从维护民众利益的角度做好本职工作,反映出现阶段部门的特征越接近服务型政府的组成部门的外在特征

责任政府是责任意识、处理疑难问题时的态度以及工作中讲求实事求是的程度等的综合特征。测量责任政府潜变量的 3 项反映型指标均为责任政府的组成部门的外在特征。责任政府潜变量

的测量指标和指标说明详见附表 A-8。

附表 A-8　责任政府潜变量的测量指标及其说明

测量指标	指标说明
34. 部门同事的责任意识强	(1) 考察责任意识； (2) 部门同事的责任意识越强,反映出现阶段部门的特征越接近责任型政府的组成部门的外在特征
35. 部门同事在遇到疑难问题时,不回避	(1) 考察承担责任的情况； (2) 部门同事在遇到疑难问题时,越是不回避,反映出现阶段部门的特征越接近责任型政府的组成部门的外在特征
36. 部门同事在工作中能做到实事求是	(1) 考察实事求是的程度； (2) 部门同事在工作中越能做到实事求是,反映出现阶段部门的特征越接近责任型政府的组成部门的外在特征

法治政府是依法行政意识、对法律法规熟悉程度、运用法律法规的准确性和有效性等的综合特征。测量法治政府潜变量的 3 项反映型指标均为法治政府的组成部门的外在特征。法治政府潜变量的测量指标和指标说明详见附表 A-9。

附表 A-9　法治政府潜变量的测量指标及其说明

测量指标	指标说明
37. 部门同事依法行政意识强	(1) 考察依法行政意识； (2) 部门同事依法行政意识越强,反映出现阶段部门的特征越接近法治型政府的组成部门的外在特征
38. 部门同事熟悉与本部门工作相关的法律法规	(1) 考察熟悉法律法规的情况； (2) 部门同事越熟悉与本部门工作相关的法律法规,反映出现阶段部门的特征越接近法治型政府的组成部门的外在特征
39. 部门同事在工作中能准确、有效地运用法律法规	(1) 考察运用法律法规的情况； (2) 部门同事在工作中越能准确、有效地运用法律法规,反映出现阶段部门的特征越接近法治型政府的组成部门的外在特征

廉洁政府是不铺张浪费、公私分明、廉洁奉公等的综合特征。测量廉洁政府潜变量的 3 项反映型指标均为廉洁政府的组成部门的外在特征。廉洁政府潜变量的测量指标和指标说明详见附表 A-10。

附表 A-10　廉洁政府潜变量的测量指标及其说明

测量指标	指标说明
40. 部门同事能够做到公私分明	(1) 考察公私分明情况； (2) 部门同事能够做到公私分明，反映出现阶段部门的特征越接近廉洁型政府的组成部门的外在特征
41. 部门同事不铺张浪费	(1) 考察铺张浪费情况； (2) 部门同事越是不铺张浪费，反映出现阶段部门的特征越接近廉洁型政府的组成部门的外在特征
42. 部门同事廉洁奉公	(1) 考察廉洁奉公情况，公私分明并不意味着廉洁奉公； (2) 部门同事越能廉洁奉公，反映出现阶段部门的特征越接近廉洁型政府的组成部门的外在特征

效能政府是工作质量和效率并重、有效的绩效管理与良好的职能履行等的综合特征。测量效能政府潜变量的 3 项反映型指标均为效能型政府的组成部门的外在特征。效能政府潜变量的测量指标和指标说明详见附表 A-11。

附表 A-11　效能政府潜变量的测量指标及其说明

测量指标	指标说明
43. 部门工作中，质量和效率并重	(1) 质量和效率并重：两者缺一不可； (2) 部门工作中，越能做到质量和效率并重，反映出现阶段部门的特征越接近效能型政府的组成部门的外在特征
44. 部门内存在有效措施引导同事实现工作绩效	(1) 考察绩效管理效果； (2) 部门内引导同事实现工作绩效的措施越有效，反映出现阶段部门的特征越接近效能型政府的组成部门的外在特征
45. 部门职能履行状况好	(1) 考察履行职能的情况； (2) 部门职能履行状况越好，反映出现阶段部门的特征越接近效能型政府的组成部门的外在特征

综上所述,政府问卷的绩效部分共包含 15 个反映型指标。

(三) 需求部分的设计与测量

居民问卷中的需求部分需要反映居民的需求现状,不同群体的居民需求可能存在较大差异,但统计意义上的居民需求能够反映社会需求的水平。马斯洛需求层次定理是最为经典的反映人的需求的一般性规律的理论。

根据马斯洛需求层次定理,人的需求由低到高分为五个层次,依次为生理需求、安全需求、归属与爱的需求、尊重的需求和自我实现的需求,如附图 A-1 所示。

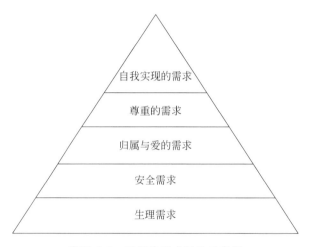

附图 A-1　马斯洛需求层次示意图

生理需求是人们最原始、最基本的需求,如吃饭、穿衣、住宅、医疗等。如果得不到满足,人类的生存就成了问题。即它是最强烈的不可避免的最底层需求,也是推动人们行动的强大动力。

安全需求要求劳动安全、职业安全、生活稳定、希望免于灾难、希望未来有保障等。安全需求比生理需求较高一级,当生理需求得到满足以后就要保障这种需求。每一个在现实中生活的人,都会产生安全感的欲望、自由的欲望、防御实力的欲望。

归属与爱的需求是指个人渴望得到家庭、团体、朋友、同事的关怀爱护理解,是对友情、信任、温暖、爱情的需求。这种需求比生理和安全需求更细微、更难捉摸。它与个人性格、经历、生活区域、民族、生活习惯、宗教信仰等都有关系,这种需求是难以察觉与度量的。

尊重的需求可分为自尊、他尊和权力欲三类,包括自我尊重、自我评价以及尊重别人。尊重的需求很少能够得到完全的满足,但基本上的满足就可产生推动力。

自我实现的需求是最高等级的需求。满足这种需求就要求完成与自己能力相称的工作,最充分地发挥自己的潜在能力,成为所期望的人物。这是一种创造的需求。有这种需求的人,似乎在竭尽所能,使自己趋于完美。自我实现意味着充分活跃、忘我、全神贯注地体验生活。

马斯洛需求层次定理的基本理论包括:

(1)五种需求像阶梯一样从低到高,按层次逐级递升,但这样次序不是完全固定的,可以变化,也有种种例外情况。

(2)需求层次理论有两个基本出发点:一是人人都有需求,某层需求获得满足后,另一层需求才出现;二是在多种需求未获满足前,首先满足迫切需求,该需求满足后,后面的需求才显示出其激励作用。

(3)一般来说,某一层次的需求相对满足了,就会向高一层次发展,追求更高一层次的需求就成为驱使行为的动力。相应地,获得基本满足的需求就不再是一股激励力量。

(4)五种需求可以分为两级,其中生理上的需求、安全上的需求和感情上的需求都属于低一级的需求,这些需求通过外部条件就可以满足;而尊重的需求和自我实现的需求是高级需求,它们是通过内部因素才能满足的,而且一个人对尊重和自我实现的需求是无止境的。同一时期,一个人可能有几种需求,但每一时期总有一种需求占支配地位,对行为起决定作用。任何一种需求都不会因为更高层次需求的发展而消失。各层次的需求相互依赖和重叠,高层次的需求发展后,低层次的需求仍然存在,只是对行为影响的程度大大减小。

（5）马斯洛和其他的行为心理学家都认为，一个国家多数人的需求层次结构，是同这个国家的经济发展水平、科技发展水平、文化和人民受教育的程度直接相关的。在不发达国家，生理需求和安全需求占主导的人数比例较大，而高级需求占主导的人数比例较小；在发达国家，则刚好相反。

居民问卷的设计充分考察了马斯洛需求层次定理，并根据居民问卷所要考察的社会管理和公共服务方面存在的现实需求的表现形式，进行指标设计。由此，居民需求由生理需求、安全需求、爱与归属的需求、被人尊重的需求和自我实现的需求五个潜变量构成。

生理需求是人们维持生存的最基本需求。问卷设计中选取的3项指标分别考察食品药品安全需求、居住区域卫生环境需求和社会保障需求。生理需求潜变量的测量指标和指标说明详见附表A-12。

附表A-12　生理需求潜变量的测量指标及其说明

测 量 指 标	指 标 说 明
1. 日常生活中，我对食品药品质量的担忧度高	日常生活中，我对食品药品质量的担忧度越高，表明现状与我期望的状态差距越大，我对提升食品药品安全性的需求越大
2. 我所居住的区域卫生环境状况好	我所居住的区域卫生环境状况越差，表明现状与我期望的状态差距越大，我对改善居住区域卫生环境的需求越大
3. 我对自己或家人享有的社会保障水平表示满意	我对自己或家人享有的社会保障水平的满意度越低，表明现状与我期望的状态差距越大，我对提高社会保障水平的需求越大

安全需求是人们免于伤害或灾难，寻求保障的需求。问卷设计中选取的3项指标涵盖了常态下和紧急状态下安全需求的外在表现。安全需求潜变量的测量指标和指标说明详见附表A-13。

附表 A-13　安全需求潜变量的测量指标及其说明

测 量 指 标	指 标 说 明
4. 我所居住的区域治安状况好	我所居住的区域治安状况越差,表明现状与我期望的状态差距越大,我对提高居住区域治安水平的需求越大
5. 在正常情况下,我和我的家人不担心生活经济来源	在正常情况下,我和我的家人越是担心经济收入来源,表明现状与我期望的状态差距越大,我对维持生存所需的经济保障的需求越大
6. 遇到公共突发事件时,政府的处理应对让我镇静	遇到公共突发事件时,政府的处理应对让我镇静的作用越小,表明政府应急措施的效果与我的期望差距越大,我对政府改善应急措施的效果的需求越大

爱与归属的需求是人们渴望得到爱护、理解、信任、关怀的需求。爱与归属的需求选取的 3 项指标考察了来自家庭、同事、朋友的爱与归属的外在表现。爱与归属的需求潜变量的测量指标和指标说明详见附表 A-14。

附表 A-14　爱与归属的需求潜变量的测量指标及其说明

测 量 指 标	指 标 说 明
7. 我与家人关系和睦	(1) 考察家庭满足爱与归属需求的情况; (2) 我与家人关系越不和,表明我对家庭的归属感越弱,我对爱与归属的需求越大
8. 我能从工作生活的环境中感受到关爱	(1) 考察工作或生活的环境满足爱与归属的情况; (2) 我越不能从工作生活的环境中感受到关爱,表明我对工作生活环境的归属感越弱,我对爱与归属的需求越大
9. 我对人际交往中的相互信任有信心	(1) 考察人际交往中的信任关系; (2) 我对人际交往中的相互信任越没有信心,表明我在人际交往中的归属感越弱,我对爱与归属的需求越大

被人尊重的需求是人们的自尊和人与人之间的相互尊重。被人尊重的需求选取的 3 项指标考察了被人尊重和人与人之间的相互尊重的外在表现。被人尊重的需求潜变量的测量指标和指标说

附录 A
中国政府部门结构与运作调查问卷

明详见附表 A-15。

附表 A-15 被人尊重的需求潜变量的测量指标及其说明

测 量 指 标	指 标 说 明
10. 我的自尊心没有受到伤害	(1) 考察我被人尊重的情况; (2) 我的自尊心越是受到伤害,表明我的现状与被人尊重的状态差距越大,我被人尊重的需求越大
11. 当我的看法与他人不一致时,也能得到倾听	(1) 考察我被人尊重的情况; (2) 当我的看法与他人不一致时,我越是不能被倾听,表明我的现状与被人尊重的状态差距越大,我被人尊重的需求越大
12. 人与人之间能互相尊重	(1) 考察人与人之间的相互尊重; (2) 人与人之间越是不能互相尊重,表明我感受到的现状与被人尊重的状态差距越大,人与人之间相互尊重的需求越大

自我实现的需求是人们充分发挥自己的潜能和创造力,以饱满的热情实现人生理想。自我实现的需求选取的 3 项指标考察了潜力发挥水平、个人理想的实现水平和工作热爱度自我实现的需求潜变量的测量指标及其说明详见附表 A-16。

附表 A-16 自我实现的需求潜变量的测量指标及其说明

测 量 指 标	指 标 说 明
13. 我感觉我的潜力得到了发挥	我的潜力越是得不到发挥,表明我的现状与自我实现状态的差距越大,我的自我实现需求越大
14. 我目前的状态与我的人生理想有距离	我目前的状态与我的人生理想的距离越大,表明我的现状与自我实现状态的差距越大,我的自我实现需求越大
15. 我对我目前做的工作和事情热爱程度高	我对我目前做的工作和事情热爱程度越低,表明我的现状与自我实现状态的差距越大,我的自我实现需求越大

三、问卷编排与修订

（一）指标数量与问卷长度

指标数量与问卷的长度息息相关，一般地，指标数量太少，无法实现抵消误差的效果；指标数量太多，问题数量会随之增加，填写问卷的时间就会延长。考虑到被调查者在填写问卷的过程中可能会出现疲劳或失去耐心，问卷设计得太长或问题太多太细，被调查者可能更加容易应付了事，这会影响到采集上来的数据的质量。但被调查者填写问卷时的真实心态研究者无法控制，因此，为尽可能使被调查者配合研究者的调查，认真填写问卷，我们在不降低问卷信度和效度的前提下，尽可能地压缩问卷的篇幅，控制问卷的长度。对于每个潜变量而言，反映型指标如果只有 2 个，仍然无法较好地避免测量误差较大的问题；反映型指标如果超过 6 个，不免会造成问题设置的冗余和问卷篇幅过长的问题。因此，无论是居民问卷还是政府问卷，各个潜变量的反映型指标的数量均为 3 个或 5 个。这也是许多量表设计惯用的做法。综上所述，研究者设计的政府问卷的主体部分共包含 45 个问题，整套问卷的填写时间不超过 15 分钟；居民问卷的主体部分共包含 30 个问题，整套问卷的填写时间不超过 10 分钟。

（二）问题表述与问卷编排

问题的表述方式不仅体现了文化差异，影响着测量制度的设计方式，还会影响问卷的信度和效度。因此，研究者本着尽可能简洁、大众、无歧义的原则，来描述每一道题目。这其中考虑的问题包括：(1)使用第一人称还是第二人称来描述被调查者；(2)不同背景的被调查者在阅读同一个问题时是否会产生不同的理解；(3)问题中是否出现了难以理解的专业性词组或学术化语言；(4)如何选择最佳的语言来实现通顺达意的效果；(5)问题的表述是否带有价值倾向性等。总之，问题的表述应以被调查者的视角出发，尽可能以被调查者最方便阅读和理解的方式呈现。基于上述考虑，问卷中大部分问题的文字描述都不足一行。

附录 A
中国政府部门结构与运作调查问卷

李克特量表是最为常见的测量指标变化程度的方式,宋雅琴、王有强、张楠(2012)的研究采用的是六度李克特量表,当时采用的是由负向到正向打分的李克特量表,可能的考虑是避免被调查者在没有清晰的个人判断的情况下,倾向于直接选择中间状态,即"一般""不好不坏"这样的选项。但研究者认为,六度李克特量表尽管能够避免被调查者的填写结果大量向中间状态聚集的情况,但其代价是损失了真正处于中间状态的信息。由此,排除了使用偶数尺度的李克特量表的情况。当然,也有一些研究会选用七度李克特量表,但基于两方面考虑,未予采用:一是七度李克特量表度与度之间的语义差异更小,对被调查者语义区分的灵敏度要求较高;二是有研究表明,使用五度李克特量表和七度李克特量表作为测量工具,不会对研究结论产生本质上的影响。综合上述考虑,研究者最终采用了经典的五度李克特语义差异量表。

问卷的编排同样需要遵循有利于被调查者的原则。页面布局、排版松紧、字号大小、问题顺序、正反面打印等都可能会影响到问卷的填写效果。当然,针对不同的调查对象和问卷类型,这些方面都需要进行灵活调整,以找到最适合研究者所需要采用的问卷的呈现方式。我们实际采用的问卷采用横向页面、两栏布局,每栏设置 15 个问题。考虑到双面打印可能会出现漏填的情况,因此,最终问卷全部采用单面打印。最终完成的政府问卷为 5 页,居民问卷为 4 页(包含封面和个人基本信息页),轻便简洁,容易携带,也容易让被调查者在接到问卷时就产生花几分钟就能填完的判断。问卷排版编辑完成后,务必需要仔细检查以下事项:(1)是否有错别字;(2)格式是否工整;(3)引导语和日期是否准确。一旦在这些方面出现错误,被调查者很可能会质疑研究者设计问卷的严谨性和对此次调研的重视程度,被调查者也会因此不那么认真地填写问卷。

(三)其他组成部分

除问卷主体部分的设计外,问卷通常还需要包括标题、调查单位、时间、引导语、答题示例、被调查者基本信息、感谢语等。问卷的标题应字数适中并能够准确反映出此次调研的目的;调查单位应当真实准确;问卷应当能够反映调查者和调查时间;问卷引导语需要以尽可能简洁的语言描述开展此次调查的原因,调研数据的用途等,并作出保密承诺。答题示例有助于引导被调查者规范填写问卷。感谢语可以放在问卷主体部分开始之前以及整套问卷的最后。

为了对被调查者进行人口统计学分析,一般都需要被调查者填写个人基本信息。匿名填写的问卷不需要被调查者签名,但必要时会要求被调查者留下联系电话和邮箱,以便调查者通过抽查和回访,确认问卷填写的真实性。根据需要,研究者在政府问卷中设计的个人基本信息包括:被调查者性别、年龄、受教育程度、是否为社会工作师、在地方政府部门工作时间、单位性质、行政级别、是否为部门负责人八项,问题的设置以勾选为主。研究者在居民问卷中设计的个人基本信息包括:性别、年龄、受教育程度、在被调查地居住时间、户口所在地、婚姻状况、工作状况、家庭年均可支配收入、家庭共同居住人数和身体状况。政府问卷个人基本信息的适用性更强,居民问卷个人基本信息的设计与研究者所希望考察的社会管理和公共服务需求的个体因素更加贴切。

作为示例,附图 A-2 展示了政府问卷的使用版式。

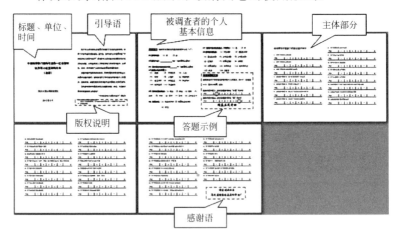

附图 A-2　政府问卷使用版式

附录 A
中国政府部门结构与运作调查问卷

四、预调研和问卷修订

问卷设计与开发团队由清华大学公共管理学院师生组成,包括多年从事公共管理教学和研究的教授、多次熟练开展问卷调查和实证研究的助理教授与系统学习并掌握问卷设计和调查方法的博士生等。研究者持续利用一个多月的时间进行问卷初稿的设计与开发,反复围绕问卷结构、潜变量、测量变量、测量方法、问题设置方式等关键环节进行数十次头脑风暴,经过反复斟酌、分析、探讨和十余次大的调整后,终于形成问卷初稿。

问卷初稿包括46个问题,为检验问卷的信度和效度,研究者于2013年5月20日晚在清华大学公共管理学院 MPA 班上进行了政府问卷的预调研。预调研对象主要为在中央或地方政府部门工作的公务员。此轮预调研共发放问卷31份,回收31份,有效问卷29份;问卷回收过程中,研究者逐一询问了被调查者填写问卷的感受,并仔细记录了被调查者提出的改进问卷的个人意见和建议。研究者在排除部分干扰性意见和建议后,对个别问题的设计和表述进行重新调整与修改。预调研结果显示,问卷信度为 0.947 3(α 系数),内容效度良好,整体情况比较乐观。附表 A-17 记录了预调研后政府问卷的修改情况。

附表 A-17 预调研前后政府问卷修改情况

修改前(总问题数:46 个)	修改后(总问题数:45 个)	修 改 说 明
1. 您所在部门的分工合理	1. 您部门承担的分工合理	此处应当强调部门"承担"的分工,既包括部门职责里的分工,又包括多部门协作是本部门所承担的分工。修改前容易理解成狭隘的部门职责规定的分工
2. 您部门的分工具体明确	2. 您部门承担的分工明确	

续表

修改前(总问题数：46个)	修改后(总问题数：45个)	修 改 说 明
13. 财务管理部门对部门经费使用情况的监督	13. 财务管理部门对部门经费使用情况能进行有效监督	修改前李克特量表的两极为"差"和"好"，修改后问题表述带有方向性，李克特量表的两极可以统一为"不是"和"是"
15. 公务员纪律约束的有效性	15. 公务员纪律约束的有效性好	
16. 使用电脑来管理数据	16. 使用电脑来管理业务数据	修改前管理数据的范畴较为笼统，修改后更加具体到管理"业务"数据，数据的范围更加明确
21. 部门日常工作管理制度	21. 部门日常工作管理制度好	修改前李克特量表的两极为"差"和"好"，修改后问题表述带有方向性，李克特量表的两极可以统一为"不是"和"是"
22. 人事制度	22. 部门的人事考评制度公平	修改前李克特量表的两极为"差"和"好"，修改后李克特量表的两极统一为"不是"和"是"；修改前，对于人事制度的评价过于笼统，修改后将评价集中于人事考评制度的公平性
23. 财务制度	23. 部门的财务管理制度规范	修改前李克特量表的两极为"差"和"好"，修改后李克特量表的两极为"不是"和"是"；修改前容易理解成对财务制度的评价，修改后将评价集中于财务管理制度的规范性
24. 民主集中制度	24. 部门决策过程体现民主与集中相结合	修改前李克特量表的两极为"差"和"好"，修改后李克特量表的两极为"不是"和"是"；修改前容易理解成对民主集中制度的评价，修改后，更加明确要考察的内容

附录 A
中国政府部门结构与运作调查问卷

续表

修改前(总问题数：46个)	修改后(总问题数：45个)	修 改 说 明
25. 问责制度	25. 部门的责任追究机制健全	修改前李克特量表的两极为"差"和"好"，修改后李克特量表的两极为"不是"和"是"；修改前容易理解成对问责制度的评价，修改后更加明确评价的内容
26. 部门同事工作积极 27. 部门同事工作认真踏实 28. 同事认同部门工作的社会价值 29. 同事看重社会对部门工作的口碑 30. 部门同事之间相互尊重、理解、支持	26. 部门同事工作认真踏实 27. 同事认同部门工作的社会价值 28. 同事看重社会对部门工作的口碑 29. 部门同事之间相互尊重、理解、支持 30. 部门同事工作积极	问卷预调研过程中，有被调查者反映无法识别"工作积极"和"工作认真踏实"的差异，因此在修改后的问卷中，将"部门同事工作积极"与之后三个问题的出现顺序进行了调整，以避免问题之间可能存在的相互干扰
31. 部门同事看重为民服务的价值	32. 部门同事在工作中体现了为民服务的公共服务精神	考虑"看重为民服务的价值"的人可能并不会采取为民服务的行动，因此对其进行修改，更加突出为民服务的公共服务精神的外在表现
34. 部门同事认为公共服务是自身的使命	删除	考虑外界无法准确观察到个体自身是否认为公共服务是其使命，因此对这个问题进行了删除处理。删除后，对该绩效潜变量的反映型指标还有三项
41. 部门同事不铺张浪费 42. 部门同事能够做到公私分明 43. 部门同事廉洁奉公	40. 部门同事能够做到公私分明 41. 部门同事不铺张浪费 42. 部门同事廉洁奉公	"公私分明"和"廉洁奉公"实属两个不同范畴，存在差异，但预调研中有被调查者反映这两项指标设计雷同，为避免问题间相互干扰，修改后的问卷对这组问题的顺序进行了调整

五、小结与讨论

社会科学研究领域的问卷设计是一项系统性工程和科学化的探索,一套好的问卷可以不断地在实证研究中得到信度和效度的检验。研究者设计的政府问卷和居民问卷具有严格的逻辑和理论作为其结构支撑,上城区实证调研采集的数据证明,政府问卷较好地通过了验证性因子分析,从而验证了问卷具备良好的结构效度。相对于政府问卷的一般性,居民问卷专门为社会管理和公共服务领域设计,配套政府问卷使用。

理论上,研究者设计的政府问卷适用于普遍意义上的政府部门结构与运作的相关研究。两套问卷的组合则尤其适用于社会管理和公共服务领域的定量研究。同时,在经过反复的实证检验后,研究者也可以就如何进一步提升问卷的信度和效度提供更具针对性的修改建议。测量工具的优化本身就是一项极其重要的学术研究,对此,研究者也提出一些问卷设计过程中还有待进一步探索、分析和解决的问题,这些问题主要针对政府问卷提出,具体包括:

- ➢ 如何设计问卷的长度能够保证尽可能多的被调查者能够在注意力相对集中的情况下认真填写问卷的所有选项?
- ➢ 如何设计问卷的版面、行距、字体、字号等,才能够保证尽可能多的被调查者在填写问卷时不出现或尽可能少出现漏填现象?
- ➢ 对同一潜变量的不同表述方式对于问卷的信度和效度的影响大小如何?
- ➢ 如何以更加科学化的方式判断究竟应该在问卷设计中选择五度、六度还是七度李克特量表?
- ➢ 当问卷的篇幅、问题的长度与版面的美观性不相容时,判断孰轻孰重的标准是什么?

以上这些开放性的问题值得更多学者共同探讨。

附录 A
中国政府部门结构与运作调查问卷

中国政府部门结构与运作——社会管理杭州市上城区调查问卷
（政府）

清华大学公共管理学院

2013 年

杭州市上城区在社会管理方面进行了系统的创新实践，积累了许多宝贵的成功经验。鉴于此，清华大学公共管理学院"中国政府部门结构与运作"研究组与上城区委区政府联合组织本次社会调查，以期全面深入了解政府部门的结构与运作，为研究、总结、宣传和推广上城区社会管理创新提供素材。

调查问卷不包括姓名和单位，所有问题的答案无对错之分。在填写调查问卷时，请根据您所了解的情况并按照您个人的想法，选择答案。调查问卷的所有信息不会对填写人有任何影响。

您的参与和帮助是做好本次调查的关键。在此，向您表示崇高的敬意和衷心的感谢！

"中国政府部门结构与运作"研究组

©2013 问卷版权声明：清华大学公共管理学院"中国政府部门结构与运作"研究组所有。

协同治理 杭州"上城经验"

基本信息（请在符合您情况的选项前的数字上打"√"）

P1 您的性别： (1) 男　　(2) 女

P2 您的年龄：_____周岁（请在横线上填写）

P3 您在地方政府部门工作_____年（请在横线上填写）

P4 您所在的单位属于：
(1) 党委　(2) 行政机关　(3) 人大
(4) 政协　(5) 公检法　(6) 军事机关
(7) 事业单位　(8) 国有企业　(9) 社会组织
(10) 民主党派　(11) 社会团体

P5 您的受教育程度：(1) 博士　(2) 硕士　(3) 本科
(4) 大专　(5) 中专　(6) 高中　(7) 初中　(8) 小学及以下

P6 您是否为：(1) 社会工作师　(2) 助理社会工作师
(3) 均无

P7 您是否为部门负责人（含副职）：(1) 是　(2) 否

P8 您的行政级别：
(1) 厅级副职　(2) 县处级正职
(3) 县处级副职　(4) 乡科级正职　(5) 乡科级副职
(6) 巡视员　(7) 助理巡视员　(8) 调研员
(9) 助理调研员　(10) 主任科员　(11) 副主任科员
(12) 科员　(13) 办事员

回答问题的方法

请根据您所了解的情况并按照您个人的想法，在一个（仅能选一个）数字上画圈。例如：

选择的数字越小，表明您越赞同左边"不是"的评价

不是　① 2 3 4 5　是

选择的数字越大，表明您越赞同右边"是"的评价

不是　1 2 3 4 ⑤　是

问卷正式开始

附录 A
中国政府部门结构与运作调查问卷

请根据您所在部门的现状进行评价

1. 您所承担的分工合理
   不是 1 — 2 — 3 — 4 — 5 是

2. 您部门所承担的分工明确
   不是 1 — 2 — 3 — 4 — 5 是

3. 您部门有足够的资源来完成分工
   不是 1 — 2 — 3 — 4 — 5 是

4. 遇到工作交叉时，我们清楚自己部门的边界
   不是 1 — 2 — 3 — 4 — 5 是

5. 遇到工作交叉时，有明确的牵头部门
   不是 1 — 2 — 3 — 4 — 5 是

6. 遇到工作交叉时，牵头部门能负起组织协调责任
   不是 1 — 2 — 3 — 4 — 5 是

7. 遇到工作交叉时，相关部门能积极主动配合
   不是 1 — 2 — 3 — 4 — 5 是

8. 部门间容易建立合作关系
   不是 1 — 2 — 3 — 4 — 5 是

9. 部门间合作过程顺畅
   不是 1 — 2 — 3 — 4 — 5 是

10. 现行协调机制制健全完善
    不是 1 — 2 — 3 — 4 — 5 是

11. 部门重大决策公开透明
    不是 1 — 2 — 3 — 4 — 5 是

12. 部门人事安排公开透明
    不是 1 — 2 — 3 — 4 — 5 是

13. 财务管理部门对部门经费使用情况能进行有效监督
    不是 1 — 2 — 3 — 4 — 5 是

14. 公务执行过程中的规则和程序健全完善
    不是 1 — 2 — 3 — 4 — 5 是

15. 公务员纪律约束的有效性好
    不是 1 — 2 — 3 — 4 — 5 是

· 341 ·

协同治理
杭州"上城经验"

16. 使用电脑来管理业务数据
不是 1 2 3 4 5 是

17. 部门间通过网络开展工作交流
不是 1 2 3 4 5 是

18. 通过网络平台搜集需求信息
不是 1 2 3 4 5 是

19. 部门工作的技术（电子、网络、通讯等现代技术）需求得到满足
不是 1 2 3 4 5 是

20. 部门工作标准明确规范
不是 1 2 3 4 5 是

21. 部门日常工作管理制度好
不是 1 2 3 4 5 是

22. 部门的人事考评制度公平
不是 1 2 3 4 5 是

23. 部门的财务管理制度规范
不是 1 2 3 4 5 是

24. 部门决策过程体现民主与集中相结合
不是 1 2 3 4 5 是

25. 部门的责任追究机制健全
不是 1 2 3 4 5 是

26. 部门工作认真踏实
不是 1 2 3 4 5 是

27. 同事认同部门工作的社会价值
不是 1 2 3 4 5 是

28. 同事看重社会对部门工作的口碑
不是 1 2 3 4 5 是

29. 部门同事之间相互尊重、理解、支持
不是 1 2 3 4 5 是

30. 部门同事工作积极
不是 1 2 3 4 5 是

31. 部门同事对民情的关注程度高
不是 1 2 3 4 5 是

附录 A
中国政府部门结构与运作调查问卷

32. 部门同事在工作中体现了为民服务的公共服务精神
不是 1 2 3 4 5 是

33. 部门同事能从维护民众利益的角度做好本职工作
不是 1 2 3 4 5 是

34. 部门同事的责任意识强
不是 1 2 3 4 5 是

35. 部门同事在遇到困难问题时,不回避
不是 1 2 3 4 5 是

36. 部门同事在工作中能做到实事求是
不是 1 2 3 4 5 是

37. 部门同事依法行政意识强
不是 1 2 3 4 5 是

38. 部门同事熟悉与本部门工作相关的法律法规
不是 1 2 3 4 5 是

39. 部门同事在工作中能准确、有效地运用法律法规
不是 1 2 3 4 5 是

40. 部门同事能够做到公私分明
不是 1 2 3 4 5 是

41. 部门同事不铺张浪费
不是 1 2 3 4 5 是

42. 部门同事廉洁奉公
不是 1 2 3 4 5 是

43. 部门工作中,质量和效率并重
不是 1 2 3 4 5 是

44. 部门内存在有效措施引导同事实现工作绩效
不是 1 2 3 4 5 是

45. 部门职能履行状况好
不是 1 2 3 4 5 是

调查到此结束
再次感谢您的参与和帮助!

· 343 ·

中国政府部门结构与运作——社会管理
杭州市上城区调查问卷
（居民）

杭州市上城区在社会管理方面进行了系统的创新实践，积累了许多宝贵的成功经验。鉴于此，清华大学公共管理学院"中国政府部门结构与运作"研究组与上城区委区政府联合组织本次社会调查，以期全面深入了解政府部门的结构与运作，为研究、总结、宣传和推广上城区社会管理创新提供素材。

调查问卷不包括姓名和单位，所有问题的答案无对错之分。在填写调查问卷时，请根据您所了解的情况并按照您个人的想法，选择答案。调查问卷的所有信息不会对填写人有任何影响。

您的参与和帮助是做好本次调查的关键。在此，向您表示崇高的敬意和衷心的感谢！

清华大学公共管理学院

2013 年

"中国政府部门结构与运作"研究组

©2013 问卷版权声明：清华大学公共管理学院"中国政府部门结构与运作"研究组所有。

附录 A
中国政府部门结构与运作调查问卷

基本信息（请在符合您情况的选项前的数字上打"√"）

P1 您的性别： (1) 男　(2) 女

P2 您的年龄：_____周岁（请在横线上填写）

P3 您在上城区共居住_____年（请在横线上填写）

P4 您的户口是否在上城区： (1) 是　(2) 否

P5 您的婚姻状况： (1) 已婚　(2) 未婚　(3) 离异　(4) 丧偶

P6 您现在是：
(1) 已退休　(2) 在工作　(3) 没工作　(4) 在上学

P7 您的家庭年均可支配收入： (1) 1万元及以下
(2) 1万~5万元（含）　(3) 5万~10万元（含）
(4) 10万~20万元（含）　(5) 20万元以上

P8 您的受教育程度： (1) 博士　(2) 硕士　(3) 本科
(4) 大专　(5) 中专　(6) 高中　(7) 初中　(8) 小学及以下

P9 您家有_____口人住在一起（请在横线上填写）

P10 您的身体状况： (1) 良好　(2) 一般　(3) 较差

回答问题的方法

请根据所了解的情况并按照您个人的想法，在一个（仅能选一个）数字上画圈。例如：

选择的数字越小，表明您越赞同左边"不是"的评价

不是　1　2　③　4　5　是

选择的数字越大，表明您越赞同右边"是"的评价

不是　1　2　3　4　⑤　是

问卷正式开始

协同治理
杭州"上城经验"

请按照您现阶段的真实感受填写

1. 日常生活中，我对食品药品质量的担忧度高
   不是 1 2 3 4 5 是

2. 我所居住的区域卫生环境状况好
   不是 1 2 3 4 5 是

3. 我对自己或家人享有的社会保障水平表示满意
   不是 1 2 3 4 5 是

4. 我所居住的区域治安状况好
   不是 1 2 3 4 5 是

5. 在正常情况下，我和我的家人不担心生活经济来源
   不是 1 2 3 4 5 是

6. 遇到公共突发事件时，政府的处理应对让我镇静
   不是 1 2 3 4 5 是

7. 我与家人关系和睦
   不是 1 2 3 4 5 是

8. 我能从工作生活的环境中感受到关爱
   不是 1 2 3 4 5 是

9. 我对人际交往中的相互信任有信心
   不是 1 2 3 4 5 是

10. 我的自尊心没有受到伤害
    不是 1 2 3 4 5 是

11. 当我的看法与他人不一致时，也能得到倾听
    不是 1 2 3 4 5 是

12. 人与人之间能互相尊重
    不是 1 2 3 4 5 是

13. 我感觉我的潜力得到了发挥
    不是 1 2 3 4 5 是

14. 我目前的状态与我的人生理想有距离
    不是 1 2 3 4 5 是

15. 我对我目前所做的工作和事情热爱程度高
    不是 1 2 3 4 5 是

附录 A
中国政府部门结构与运作调查问卷

请评价您居住区域政府部门现阶段的表现

16. 政府部门对民情的关注程度高
不是 1 2 3 4 5 是

17. 政府部门有为民服务的公共服务精神
不是 1 2 3 4 5 是

18. 政府部门能立足于维护民众利益
不是 1 2 3 4 5 是

19. 政府部门的责任意识强
不是 1 2 3 4 5 是

20. 政府部门在遇到疑难问题时，不回避
不是 1 2 3 4 5 是

21. 政府部门工作中能体现实事求是
不是 1 2 3 4 5 是

22. 政府部门依法行政意识强
不是 1 2 3 4 5 是

23. 政府部门熟悉工作中要用到的法律法规
不是 1 2 3 4 5 是

24. 政府部门能够在工作中准确、有效运用法律法规
不是 1 2 3 4 5 是

25. 政府公务人员能做到公私分明
不是 1 2 3 4 5 是

26. 政府部门不铺张浪费
不是 1 2 3 4 5 是

27. 政府公务人员廉洁奉公
不是 1 2 3 4 5 是

28. 政府部门工作时，质量和效率并重
不是 1 2 3 4 5 是

29. 我认为政府部门的工作环境有利于工作成效
不是 1 2 3 4 5 是

30. 我对政府部门目前的工作成效满意
不是 1 2 3 4 5 是

调查到此结束。再次感谢您的参与和帮助！

·347·

附录B 上城区政府管理与公共服务标准化建设情况

2012年国务院编制《国家基本公共服务体系"十二五"规划》,在明确国家基本公共服务制度安排的基础上,依据现行法律法规和有关政策,分别提出了九大国家基本标准,作为基本公共服务在国家层面的管理和技术规范。杭州市上城区基于精细化管理、人性化服务的现代城市治理理念,在浙江省率先就"政府管理与公共服务标准化"进行了积极地探索,取得了丰富的实践经验。2014年,上城区"政府管理与公共服务标准化"荣获第七届中国地方政府创新奖,成为此次获得该项殊荣的国内十个政府创新项目之一。

一、上城区标准化推进过程

上城区"政府管理与公共服务标准化"项目的推进过程经历了三个阶段：标准化导入阶段、标准化系统推进阶段以及标准化深化发展阶段。

（一）标准化导入阶段

标准化导入阶段的核心特征是：个别部门试点，单项标准编制，尝试性地开展标准化导入工作。2002年，上城区被确定为民政部147个城市社区建设示范之一；2003年，民政部发布了《民政部标准化工作管理暂行办法》，对民政标准的制订范围、标准的管理机构、标准计划的编制、标准的审批、标准的发布程序等内容进行了明确规定，为民政标准化工作步入制度化、规范化轨道奠定了基础。在社区建设与标准化双重准备的基础上，上城区政府为规范社区管理和提升社区服务水平，提出了4项浙江省《社区建设管理规范》系列标准（包括总则、社区管理、社区服务、社区文化四个部分），开始将标准化导入社区建设与管理。

（二）标准化系统推进阶段

标准化系统推进阶段的核心特征是：注重顶层设计，充分发挥信息化支撑平台等应用辅助体系的作用，全区系统推进标准化建设，建立标准化体系。2007年，上城区政府以"借鉴企业标准化管理思想，以规范行政权力、提升服务质量为目的，以构建政府职能标准化体系为核心，以制订具体职能管理标准为基础，以推进标准实施和动态完善为重点，全面推进区一级政府行政职能的标准化管理"的工作思路，率先在全国区、县（市）层面开始了"政府行政管理与公共服务标准化"建设。

具体内容包括：通过对政府具体职能的标准化，弥补现行法律法规中的空白与执行中的缝隙，使每一个具体事项都有标准可依循、可操作、可检查、可评价，保证各项行政职能统一、规范。通过区级政府职能模块标准化、部门间合作协调机制标准化、职能部门核心职能标准化以及区级政府与街道间协作机制标准化四个方面来梳理标准,逐步推进公共服务标准化建设。通过工作流程的重新梳理,以及标准的建立和合法化,将政府管理与公共服务逐步纳入规范化和流程化的轨道上来。

2009年7月,上城区"政府行政管理与公共服务标准化"项目被国家标准化管理委员会正式确定为首批政府行政管理和公共服务标准化试点。在此基础上,上城区政府出台了《杭州市上城区政府行政管理与公共服务标准化建设指导意见》及相关的《实施办法》和《工作方案》,并于每年年初都会制定该年度的标准制(修)订工作计划,对该年度的工作目标、工作任务、有关要求以及需要具体制订的各级别标准规范及相关单位需要完成的任务进行计划安排,明确每年度具体标准编制任务的同时,其完成情况也纳入政府自身建设的考核内容。2011年10月,上城区"政府管理与公共服务标准化"试点项目顺利通过国家标准验收。

(三)标准化深化发展阶段

标准化深化发展阶段的核心特征是:深化理论研究,加强国际和国外交流,进一步完善标准化体系。2012年以来,上城区进一步推进标准化建设的深化发展,促进标准化项目更加系统规范,更加集成化、信息化。上城区在"1个大体系、4个分体系、3个应用辅助体系、31个子体系"的基本体系框架中对其进行不断修正与完善,一方面切实发挥已制订标准的规范作用,一方面继续制订公众需求所反映的标准规范,并且争取将有推广意义的标准规范上升到省标、国标,同时积极建设标准化体系的应用辅助体系,尤其是信息化支撑平台以及绩效考评体系的建设与完善,充分推动标准化体系的有效运作,发挥其最大效用。

与此同时,上城区也加大了理论研讨和学术交流的力度,通过国内国际之间的交流提升上城区标准化工作的视野与层次,从而进一步推进标准化工作健康发展。2012年2月,上城区应国家标准化管理委员会邀请,赴北京参加全国标准化工作会议;2013年3月,国际标准化组织副主席皮亚特一行到上城区考察"政府管理与

附录 B
上城区政府管理与公共服务标准化建设情况

公共服务标准化"工作的开展和实施情况,对上城区标准化工作给予肯定;同月,由区委、区政府和浙江大学公共政策研究院共同主办的上城区"政府管理与公共服务标准化创新"专家研讨会召开,来自清华、北大、浙大、人大等全国各大院校政治学和公共管理相关领域的 16 位专家参与研讨;7 月,上城区作为中国唯一的地方政府代表,参加了国际标准化组织在丹麦举行的社区可持续发展技术委员会第二次全会。

二、上城区标准化体系建设

(一)标准化体系概况

经过将近十年的标准化建设,上城区逐渐形成了"1 个大体系、4 个分体系、3 个应用辅助体系"的政府管理与公共服务标准化体系。4 个分体系以四大政府职能(经济调节、市场监管、社会管理、公共服务)为基础建立,是整个标准化体系的核心;3 个应用辅助体系分别为保障体系、信息化体系以及绩效评估体系。

(二)四大分体系介绍

具体而言,经济调节标准体系包括经济社会规划、科技发展、财政预算、商贸旅游、招商引资等方面;市场监管标准体系包括经济社会监管、教育综合监管、知识产权监管、物价监管、财政税务监管、国土资源监管、城建监管、商贸旅游监管、文化体育监管、卫生监管、工商监管、技术监管等方面;社会管理标准体系包括经济社会发展管理、教育管理、科技管理、民政管理、司法管理、财政管理、人事管理、劳动保障管理、国土资源管理、环保管理、城建管理、商贸旅游管理、文化管理、体育管理、新闻管理、卫生管理、计生人口管理、审计管理、外经外贸管理、地方税务管理、国家税务管理、工商管理、质监管理、安全生产管理、统计管理、食品药品管理、规划管理、城市管理、城市执法管理、政府政务管理等方面;公共服务标准体系包括经济社会综合服务、教育公共服务、科技公共服务、民政公共服务、司法公共服务、财政公共服务、人事工作公共服务、劳动保障公共服务、国土资源管理公共服务、环境保护服务、城建公共服务、商贸旅游公共服务、文化公共服务、体育公共服务、新闻工作公共服务、卫生工作公共服务、计划生育公共服务、审计公共服务、外经外贸招商引资公共服务、地方税务工作公共服务、工商管理公共服务、质检工作公共服务、安全生产公共服务、统计工作公共服务、城市管理公共服务等方面。

此外，上城区在标准化建设过程中强调了服务保障和服务提供两种类型的标准规范。以民政标准体系为例，民政社会管理服务提供标准体系包含了行政许可运行管理规范、非行政许可运行管理规范、行政监管运行管理规范、行政处罚运行管理规范、行政强制运行管理规范、行政给付运行管理规范、其他行政运行管理规范、服务评价改进运行管理规范等一系列管理规范，而民政社会管理服务保障标准体系则包含了社会救助救济管理标准文件、社会福利管理标准文件、优抚安置管理标准文件、基层政权和社区建设管理标准文件、民间组织管理标准文件、行政区划地名管理标准文件、婚姻收养登记管理标准文件、殡葬改革管理标准文件等一系列标准文件；民政公共服务提供标准体系包含了社区公共福利服务规范、社会组织事务服务规范、社区工作指导服务规范等服务规范，民政公共服务保障标准体系则包含了社区公共福利标准文件、社会组织实务标准文件、社区工作指导标准文件等标准文件。

（三）三大应用辅助体系

保障体系由组织保障、政策保障、人才保障和服务保障四个部分组成。一是组织保障。建立上城区"政府管理与公共服务标准化"试点工作领导小组，由区长担任组长，成员单位由区委宣传部、区府办、区发改局、区财政局、区人事局、区建设局、区质监分局以及各街道办事处等38个部门组成；领导小组下设办公室，具体负责标准项目的申报、发布、实施和管理。领导小组每年召开一次至两次会议，听取办公室对试点标准化工作实施情况的汇报，协调落实各项任务，解决工作中的具体问题。二是政策保障。专项落实标准化试点工作经费；对被领导小组确定为标准化试点的实施项目和单位进行定期考核，确保每个试点项目都能够按时完成；对质量高、效益好的项目进行表彰奖励。三是人才保障。构建以全区各行政管理部门为主体的工作网络,建立标准化工作联系人制度,联系人负责规划并协调本部门标准化工作;建立标准化知识培训机制,重点提高全区各行政管理部门人员的标准化知识水平,如标准的制订,先进的激励方法、服务方法以及经验如何转化为标准等;积极与科研机构和高等院校开展合作,借助外力促进上城区政府管理与服务标准体系建设。四是服务保障。建立完善试点标准化服务体系和信息通报机制,设立管理与服务标准信息查询平台,建立政府管理与公共服务标准信息管理系统及标准化专家库。

信息化体系方面,上城区率先实现了公共服务和社会管理事项的"外网受理、内网办理、外网反馈、全程网上监察"。2010年以来,上城区积极探索"一化四网"社会服务管理复合联动实践,具体包括社会服务管理联动网、居家系列服务全覆盖网、城市智能管控网及为民为企办事服务网等。全区投资280多万元建起了电子政务平台,涉及19个业务部门的105个项目实现网上"一站式"审批服务;居民群众可通过互联网、有线电视网、电话网(三网)查找社会管理和公共服务职能事项所对应的部门,详细了解法律依据、审批时限、标准化审批流程、所需材料等信息,可通过网络申办审批事项,还可通过网络随时了解事项办理进程;为保证网上办事的公平公正,上城区监察局还成立了"'网上办公室'监察队",全方位监控19个部门"网上办公室"的工作以及审批的每一个流程。

绩效评估体系方面,在标准化体系运作过程中,绩效评估体系是不可或缺的组成部分。2008年,上城区制订了《财政支出绩效评价规范》和《行政事业单位绩效审计评价规范》。目前,上城区绩效评估体系涵盖质量管理工作机制、环境管理工作机制、职业健康管理机制、年度考核管理机制、绩效评价工作机制、改进提高管理机制和其他考核管理机制等内容。绩效评估体系同时也起着重要的信息反馈与监督作用。上城区在标准制订和实施后,建立起顺畅的信息反馈机制,根据标准实施和运用的情况进行总结提高,并在规定的期限内对标准进行修订和完善;标准实施后向社会公众公布,建立起了以主管部门和管理与服务对象为主体、与绩效考核挂钩的监督评估机制。全区将标准化建设与政府绩效考评有机结合,以推进标准的宣传贯彻与组织实施。

三、上城区标准化实践成效

上城区"政府管理与公共服务标准化"建设的成效主要体现在四个方面:进一步规范行政行为、进一步提升服务质量、进一步提高政府绩效、进一步拓宽社会参与。

第一,上城区"政府管理与公共服务标准化"建设进一步规范了政府的行政行为。上城区通过标准化建设,理清政府各部门以及各个层次的职责,有效地弥补了现行法律法规制定的空白与执行中的缝隙,使政府工作都有法律法规或标准可依循、可操作、可检查、可评价,进一步明确工作责任,规范行政行为,推动了权力阳光运行和廉洁政府建设,为深化行政体制改革和政府职能转变打下了扎实基础。

第二,上城区"政府管理与公共服务标准化"建设进一步提升了政府的服务质量。上城区把提升服务品质和提高服务效率作为公共服务职能标准化核心内容,针对群众关心关注的教育、医疗、住房等焦点问题,制定了关于学校安全、社区卫生服务机构、危旧房改善等方面的一系列标准,强化了与群众工作生活密切相关的公共服务的质量保证。如民政局制订的《居家养老服务与管理规范》,对居家养老服务的每个环节均作了明确规定,该标准已被上升为国家标准,上城区也被省民政厅授予"浙江省养老服务社会化示范区"荣誉称号。

第三,上城区"政府管理与公共服务标准化"建设进一步提高了政府部门的绩效。一方面,通过标准化规范政府职能,有效避免了行政部门"有选择的管理和有选择的服务"导致的部门分割、效率低下、成本偏高;另一方面,标准化体系既为绩效评估确定了最基本的标准和指标,又借助考核评估体系和机制,更好地改善服务质量,从而提高政府效能。如《城管执法智能管控规范》,推动了城市管理精细化作业。

第四,上城区"政府管理与公共服务标准化"建设进一步拓宽了公民的社会参与。标准化建设以明确的标准规范政府行为,提高了政府工作的透明度,既便于公众监督,也起到了吸引社会关注、激活民主意识、强化社会参与热情的作用。2013年2月的调查数据显示,上城区居民群众对标准化工作的知晓度为89.9%,比2009年提高了19%;其中,有97.2%的被调查者认为,标准化工作的实施效果比较显著,比2009年提高了17%。

(附录B主要内容由上城区委办公室、区委政研室提供)

参 考 文 献

[1] Agranoff, Robert. Inside Collaborative Networks: Ten Lessons for Public Managers. Public Administrative Review, Special Issue, Vol. 66 (2006): 56-65.

[2] Ansell, Chris, and Alison Gash. Collaborative Governance in Theory and Practice. Journal of Public Administration Research and Theory, Vol. 18(2007): 543-571.

[3] Boyne, George A. Sources of Public Service Improvement: A Critical Review and Research Agenda. Journal of Public Administration Research and Theory, Vol. 13, No. 3 (2003): 367-394.

[4] Brinton, Milward H., and Keith G. Provan. A Manager's Guide to Choosing and Using Collaborative Networks. Washington, DC: IBM Center for the Business of Government, 2006.

[5] Bryson, John M., Barbara C. Crosby, and Melissa M. Stone. The Design and Implementation of Cross-Sector Collaborations: Propositions from the Literature. Public Administration Review, Special Issue, Vol. 66(2006): 44-55.

[6] Copper, Terry L., Thomas A. Bryer, and Jack W. Meek. Citizen-Centered Collaborative Public Management. Public Administration Review, Special Issue, Vol. 66 (2006): 76-88.

[7] Crosby, Barbara C. Leading in the Shared-Power World of 2020. Public Administration Review, Special Issue, Vol. 70(2010): 69-77.

[8] Emerson, Kirk, Tina Nabatchi, and Stephen Balogy. An Integrative Framework for Collaborative Governance. Journal of Public Administration Research and Theory, Vol. 22, No. 1 (2011): 1-30.

[9] Ghobadian, Abby, and John Ashworth. Performance measurement in Local Government-Concept and Practice. International Journal of Operations & Production Management. Vol. 14, No. 5 (1994): 35-51.

[10] Hayek, Friedrich A. The use of knowledge in society. The American

Economic Review, Vol. 35, No. 4(1945): 519-530.

[11] Huxham, Chris, and Siv Vangen. Leadership in the Shaping and Implementation of Collaboration Agendas: How Things Happen in a (Not Quite) Joined-up Word. The Academy of Management Journal, Vol. 43, No. 6 (2000): 1159-1175.

[12] Huxham, Chris. Pursuing Collaborative Advantage. The Journal of the Operational Research Society, Vol. 44, No. 6(1993): 599-611.

[13] Huxham, Chris. Theorizing Collaboration Practice. Public Management Review, Vol. 5, No. 3 (2003): 401-423.

[14] Kanter, Rosabeth M. Collaborative Advantage. Harvard Business Review, July-August(1994): 96-108.

[15] Kravchuk, Robert S., and Ronald W. Schack. Designing Effective Performance-Measurement Systems under the Government Performance and Results Act of 1993. Public Administration Review, Vol. 56, No. 4 (1996): 348-358.

[16] Levi-Faur, David (ed.). The Oxford Handbook of Governance. London, London: Oxford University Press, 2012.

[17] Manyika, James, Michael Chui, Brad Brown, Jacques Bughin, Richard Dobbs, Charles Roxburgh, and Angela H. Byers. Big Data: The Next Frontier for Innovation, Competition, and Productivity. McKinsey & Company, [EB/OL]. (2011-05)[2014-03-01]. http://www.mckinsey.com/insights/business_technology/big_data_the_next_frontier_for_innovation.

[18] McGuire, Michael. Collaborative Public Management: Assessing What We Know and How We Know it. Public Administration Review, Special Issue, Vol. 66(2006): 33-43.

[19] McGuire, Michael. Managing Networks: Propositions on What Managers Do and Why They Do It. Public Administration Review, Vol. 62, No. 5 (2002): 599-609.

[20] Morse, Ricardo S. Integrative Public Leadership: Catalyzing Collaboration to Create Public Value. The Leadership Quarterly, Vol. 21 (2010): 231-245.

[21] Ostrom, Elinor. Governing the Commons: The Evolution of Institutions for Collective Action. Cambridge: Cambridge University Press, 1990.

[22] Pollitt, Christopher. Is the Emperor in His Underwear: An Analysis of the Impacts of Public Management Reform. Public Management Review, Vol. 2, No. 2(2000): 181-199.

[23] Purdy, Jill M. A Framework for Assessing Power in Collaborative Governance Processes. Public Administration Review, Vol. 72 (2012): 409-417.

[24] Sydow, Jöry, Frank Lerch, Chris Huxham, and Paul Hibbert. A Silent Cry for Leardership: Organization for Leading (in) Cluster. The Leadership Quarterly, Vol. 22 (2011): 328-343.

[25] Thomson, Ann M., and James L. Perry. Collaboration Processes: Inside the Black Box. Public Administration Review, Special Issue, Vol. 66(2006): 20-32.

[26] Thomson, Ann M. Collaboration: Meaning and Measurement, Ph. D. diss., Indiana University-Bloomington, 2001.

[27] United Nations. http://www.un.org/en/[EB/OL]. (2014-02-1) [2014-02-15]

[28] Vangen, Sir, and Chris Huxham. Enacting Leadership for Collaborative Advantage: Dilemmas of Ideology and Pragmatism in the Activities of Partnership Managers. British Journal of Management, Special Issue, Vol. 14 (2003): 61-76.

[29] Waugh Jr, William L., and Gregory Streib. Collaboration and Leadership for Effective Emergency Management. Public Administration Review, Special Issue, Vol. 66(2006): 131-140.

[30] Witesman, Eva M., and Charles R. Wise. The Centralization/Decentralization Paradox in Civil Service Reform: How Government Structure Affects Democratic Training of Civil Servants. Public Administration Review, Vol. 69, No. 1 (2009): 116-127.

[31] Worldwide Governance Indicators, [EB/OL]. (2014-02-1) [2014-02-15].

[32] http://info.worldbank.org/governance/wgi/index.aspx#home.

[33] 白钢,史卫民.中国公共政策分析(2001年卷).北京：中国社会科学出版社,2001：35.

[34] 包刚升."国家治理"的新思路.南风窗,2013-11-17.

[35] 常敏.社会治理中的多元组织协同机制研究——基于杭州的实证分析.浙江学刊,2009(3)：220-224.

[36] 陈凡,刘玉劲.社会公众的技术心理及其调适——论技术社会化过程中的社会心理问题.自然辩证法通讯,1993(2)：33-42.

[37] 陈世香,王志华.中国政府执行行为动力机制构成的实证分析——以湖北省为例.公共管理学报,2011(2)：34-42.

[38] 陈微,马丽华.中国和谐社区——上城模式.北京：中国社会出版社,2011.

[39] 陈晓萍,徐淑英,樊景立.组织与管理研究的实证方法(第二版).北京：北京大学出版社,2012：190-210,325-355.

[40] 陈秀琼,黄福才.基于社会网络理论的旅游系统空间结构优化研究.地理与地理信息科学,2006(5)：75-80.

[41] 陈勇.咖啡馆与近代早期英国的公共领域——哈贝马斯话题的历史管窥.浙江学刊,2008(6)：28-34.

[42] 道格拉斯·诺斯.论制度.经济社会体制比较,1991：55-61.

[43] 丁元竹.加强社会协同,进一步完善社会管理格局.学习时报,2013-08-01.

[44] 董新宇,苏竣.电子政务与政府流程再造——兼谈新公共管理.公共管理学报,2004(4)：46-52.

[45] 杜亮.体改委沉浮.中国企业家,2003(3).

[46] 弗朗西斯·福山.社会资本、公民社会与发展.马克思主义与现实,2003(2).

[47] 弗朗西斯·福山.大分裂：人类本性与社会秩序的重建.北京：中国社会出版社,2002.

[48] 勾学玲.西方发达国家政府购买服务的经验启示.学习时报,2014-05-12,第4版.

[49] 顾建健,马西桓.转型中的社会治理.上海：上海交通大学出版社,2006.

[50] 郭劲光.国家治理框架下民生审计的公民回应性及其指标测度.宏观经济研究,2013(7):32-38.

[51] 过勇,程文浩.城市治理水平评价:基于五个城市的实证研究.城市管理,2010(12):113-118.

[52] 韩振峰.幸福指数:社会评价的新指标.人民日报,2011-09-21,第7版.

[53] 赫伯特·西蒙.行政管理格言.彭和平,竹立家,等编译.北京:中共中央党校出版社,1997:129-149.

[54] 何海兵.我国城市基层社会管理体制的变迁:从单位制、街居制到社区制.管理世界,2003(6):52-62.

[55] 亨利·明茨伯格.卓有成效的组织.北京:中国人民大学出版社,2012:7.

[56] 胡税根,刘国东,舒雯."扩权强镇"改革的绩效研究——基于对绍兴市28个中心镇的实证调查.公共管理学报,2013(1):1-9.

[57] 胡颖廉.地方食药监管体制改革缘何快慢不一.中国改革,2014(2).

[58] 吉尔特·霍夫斯泰德,格特·扬·霍夫斯泰德.文化与组织:心理软件的力量.2版.李原,孙健敏,译.北京:中国人民大学出版社,2010.

[59] 焦文峰.观念和社会史中的三种公共领域.扬州大学学报(人文社会科学版),2002(3):61-65.

[60] 杰伊·怀特.公共行政研究导论.彭和平,竹立家,等编译.北京:中共中央党校出版社,1997:43-53.

[61] 金太军.行政改革与行政发展.南京:南京师范大学出版社,2003.

[62] 肯尼斯·纽顿.社会资本与民主.马克思主义与现实,2000(2).

[63] 李和中,高娟.地方政府结构合理化的三维透视.中国行政管理,2011(5):27-29.

[64] 李和中,方国威.大部门体制:地方政府规模与结构优化的逻辑选择.学习与实践,2009(9):62-66.

[65] 李辉,任晓春.善治视野下的协同治理研究.科学与管理,2010(6):55-58.

[66] 李文良.中国政府职能转变报告.北京:中国发展出版社,2002.

[67] 梁文松,曾玉凤.动态治理.北京:中信出版社,2010:34-35.

[68] 刘杰.中国政治发展进程(2004年).北京:时事出版社,2004.

[69] 刘伟忠.协同治理的价值及其挑战.江苏行政学院学报,2012(5):113-117.

[70] 刘晓.协同治理:市场经济条件下我国政府治理范式的有效选择.中共杭州市委党校学报,2007(5):64-70.

[71] 刘亚平.协作性公共管理:现状与前景.武汉大学学报(哲学社会科学版),2010(7):574-582.

[72] 刘易斯·梅里亚姆.几种改革观念.彭和平,竹立家,等编译.北京:中共中央党校出版社,1997:86-93.

[73] 卢瑟·古利克.组织理论按语.彭和平,竹立家,等编译.北京:中共中央党校出版社,1997:61-76.

[74] 罗伯特·阿格拉诺夫,迈克尔·麦圭尔.协作性公共管理:地方政府新战略.北京:北京大学出版社,2007.

[75] 罗伯特·帕特南.独自打保龄球:美国下降的社会资本,社会与社会发展.李慧斌、杨雪冬,译.北京:社会科学文献出版社,2000.

[76] 罗伯特·帕特南.使民主运转起来.王烈、赖海榕,译.南昌:江西人民出版社,2001.

[77] 罗德刚.论服务型地方政府模式的机构要素.中国行政管理,2003(9):9-12.

[78] 罗贵榕.论哈贝马斯视阈中的公共领域与西方政治.华北电力大学学报(社会科学版),2009(1):86-90.

[79] 麻宝斌,任晓春.政府与社会的协同治理之路——以汪清县城市社区管理改革为个案.吉林大学社会科学学报,2011(11):132-139.

[80] 马得勇,张蕾.测量治理:国外的研究及其对中国的启示.公共管理学报,2008(4):101-108.

[81] 马国贤.公共支出的绩效管理与绩效监督研究(上).财政监督,2005(1):16-18.

[82] 马克·摩尔.创造公共价值:政府战略管理.北京:清华大学出版社,2003.

[83] 马克斯·韦伯.官僚制.彭和平,竹立家,等编译.北京:中共中央党校出版社,1997:33-42.

[84] 马汀·奇达夫,蔡文彬.社会网络与组织.王凤彬,朱超威,等译.北京:中国人民大学出版社,2009.

[85] 孟庆国,吕志奎.协作性公共管理:对中国行政体制改革的意义.中国机构改革与管理,2012(2):33-37.

[86] 孟小平.揭示公共管理的奥秘——舆论学.北京:中国新闻出版社,1989.

[87] 倪星,付景涛.大部制体制:英法经验与中国视角.天津行政学院学报,2008(1):47-52.

[88] 欧黎明,朱秦.社会协同治理:信任关系与平台建设.中国行政管理,2009(5).

[89] 帕萨·达斯古普特,伊斯梅尔·撒拉格尔丁.社会资本——一个多角度的观点.张惠东,等译.北京:中国人民大学出版社,2005.

[90] 帕特里克·敦利威.民主、官僚制与公共选择.北京:中国青年出版社,2004.

[91] 裴蓓.基于社会网络的科研查新信息主题网络分析.情报理论与实践,2013(4):81-84.

[92] 彭芬兰.全球市民社会的内在困境分析.中南林业科技大学学报(社会科学版),2009(3):31-33.

[93] 钱冰,刘熙瑞.构建以政府为核心多元主体共同参与的市场监管网络.中国行政管理,2007(8):48-51.

[94] 青木昌彦.比较制度分析:起因和一些初步的结论.经济社会体制比较,1997:1-7.

[95] 桑玉成.官民协同治理视角下当代中国社会管理的创新与发展.山东大学学报(哲学社会科学版),2011(3):1-6.

[96] 沙勇忠,解志元.论公共危机的协同治理.中国行政管理,2010(4):73-77.

[97] 宋雅琴,王有强,张楠.政府绩效视角下的行政管理体制改革战略反思——基于地方政府公务员的感知调查.公共管理学报,2012(4):1-10.

[98] 孙秀艳.社会协同的内涵解析与路径选择.中共福建省委党校学报,2011(10):76-82.

[99] 谭海波.地方政府服务机构的运作机制及其逻辑——广东省J市行政服务中心的个案考察(1997—2011).公共管理学报,2012(4):39-54.

[100] 陶国根.论社会管理的社会协同机制模型构建.四川行政学院学报,

2008(3):21-25.

[101] 王川兰.论服务型政府的困境、超越与构建.公共管理学报,2005(4):19-25.

[102] 王澜明.改革开放以来我国六次集中地行政管理体制改革的回顾与思考.中国行政管理,2009(10):7-16.

[103] 王雷鸣,沈路涛,邹声文.1982—2003年五次大规模的机构改革.人民网,2003-03-06,http://www.people.com.cn/GB/shizheng/252/10434/10435/20030306/937651.html.

[104] 肖立辉.县委书记眼中的中央与地方关系.经济社会体制比较(双月刊),2008(4):145-157.

[105] 徐仁璋.中国地方政府的系统结构.中国行政管理,2002(8):29-31.

[106] 徐湘林.中国的转型危机与国家治理:历史比较的视角.复旦政治学评论,2011.

[107] 亚历山德罗·波茨.社会资本:在现代社会学中的源起和应用.李慧斌,杨雪冬,译.北京:社会科学文献出版社,2000.

[108] 杨冠琼,吕丽,蔡芸.政府部门结构的影响因素与最优决定条件.中国行政管理,2008(7):23-26.

[109] 杨效忠,刘国明,冯立新,梁家琴.基于网络分析法的跨界旅游区空间经济联系——以壶口瀑布风景名胜区为例.地理研究,2011(7):1319-1330.

[110] 杨兴柱,顾朝林,王群.南京市旅游流网络结构构建.地理学报,2007(6):609-620.

[111] 杨雪冬.全球化、治理失效与社会安全.中国人民大学学报,2004(2):17-24.

[112] 杨燕绥,罗桂连.政府改革需要明确目标和路径.人民论坛,2010(6):20-21.

[113] 叶岚.哈贝马斯语境下的中国网络公共领域.中国非营利评论,2011(2):76-91.

[114] 叶岚.技术认同度、个体适应性与政府内部治理结构优化——以城市管理部门为例.公共管理评论(第十七卷):已录用.

[115] 叶岚,王有强.城市区级政府部门结构与运作——基于S区社会管理领域公务员调查的实证研究.公共管理学报,2014(4):7-17.

[116] 叶林.中国公共管理研究的国际化道路.公共管理的未来十年.上海：上海人民出版社,2012：104-115.

[117] 郁建兴,金蕾.社区社会组织在社会管理中的协同作用——以杭州市为例.经济社会体制比较,2012(7)：157-168.

[118] 郁建兴,任泽涛.当代中国社会建设中的协同治理——一个分析框架.学术月刊.2012(8)：23-31.

[119] 俞可平.治理与善治.北京：社会科学文献出版社,2000.

[120] 余钟夫,马亚西,乔智玮.城市管理体制如何应时而变,变当其用——基于广州、深圳城市管理体制改革的调查分析.城市管理前沿,2011(4)：18-21.

[121] 尤尔根·哈贝马斯.公共领域的结构转型.曹卫东,等译.上海：学林出版社,1999.

[122] 尤尔根·哈贝马斯.在事实与规范之间：关于法律和民主法治国的商谈理论.童世骏,译.北京：生活·读书·新知三联书店,2003.

[123] 约翰·斯科特.社会网络分析法.2版.刘军,译.重庆：重庆大学出版社,2007：74.

[124] 臧雷振.治理类型的多样性演化与比较——求索国家治理逻辑.公共管理学报,2011(10)：40-49.

[125] 詹姆斯·科尔曼.社会理论的基础(上).邓方,译.北京：社会科学文献出版社,1999.

[126] 詹姆斯·威尔逊.官僚机构：政府机构的作为及其原因.北京：生活·读书·新知三联书店,2006.

[127] 张成福,李丹婷,李昊城.政府架构与运行机制研究：经验与启示.中国行政管理,2010(2)：10-18.

[128] 张东波.中国政府官员规模研究.政治学研究,2003(3).

[129] 张国庆.1998年中国政府机构改革的若干理论问题——大背景、新特点、主要难点、前提条件.中国行政管理,1998(12).

[130] 张立荣.中外行政制度比较.北京：商务印书馆,2002.

[131] 张立荣,何水.公共危机协同治理：理论分析与中国关怀——社会资本理论的视角.理论与改革,2008(2)：37-40.

[132] 张立荣,冷向明.协同学语境下的公共危机管理模式创新探讨.中国行政管理,2007(10)：100-104.

[133] 张攀峰.我国行政管理体制改革历程的思考.陕西广播电视大学学报,2009(3):57-59.

[134] 张时飞.政府"购买"服务的国外经验.人民论坛,2008(1B):35.

[135] 张贤明.推进国家治理能力现代化.人民日报,2014-01-05,第5版.

[136] 郑巧,肖文涛.协同治理:服务型政府的治道逻辑.中国行政管理,2008(7):48-53.

[137] 赵豪迈,白庆华.电子政务悖论与政府管理变革.公共管理学报,2006(1):34-39.

[138] 周雪光.基层政府间的"共谋现象"——一个政府行为的制度逻辑.社会学研究,2008(6):1-21.

[139] 竹立家.着力推进国家治理现代化.中央党政干部论坛,2013(12):9-11.

[140] 朱胜玉,李鑫.完善无锡市城市管理体制机制建议.城市管理与科技,2014(1):71-72.

[141] 朱武雄.转型社会的公共安全治理——从公民社会的维度分析.东北大学学报,2010(9):415-419.

[142] 浙江财经学院项目组.上城区幸福指数测评体系及居民幸福感研究报告,2012-11-15.

[143] 中国事业单位改革,亟待回归公共服务本色."瞭望"新闻周刊,2007(2).